国土与国运

罗盘 著

中国青年出版社

（京）新登字083号

图书在版编目（CIP）数据

国士与国运/罗盘著. —北京：中国青年出版社，2010.4

ISBN 978-7-5006-9244-7

Ⅰ.①国… Ⅱ.①罗… Ⅲ.①历史人物-生平事迹-中国 Ⅳ.①K820

中国版本图书馆CIP数据核字（2010）第048177号

责任编辑：金小凤

中国青年出版社 出版 发行

社址：北京东四12条21号 邮政编码：100708

网址：www. cyp. com. cn

编辑部电话：（010）84015592 门市部电话：（010）84039659

三河市祥达印装厂印刷 新华书店经销

*

660×970 1/16 15.75印张 3插页 250千字

2010年4月北京第1版 2010年4月河北第1次印刷

印数：1–10000册 定价：29.00 元

罗盘，原名罗会文，男，1961年12月出生，湖北仙桃市人。复旦大学新闻系学士，中南财经政法大学硕士；中国作家协会会员，中国报告文学学会会员。长期从事报告文学和散文写作，其长篇报告文学《塔克拉玛干，生命的辉煌》获1991年度中国优秀报告文学奖，长篇报告文学《特别关注，写给中国人民的故事》获正泰杯报告文学奖，列2005年中国报告文学阅读排行榜榜首。近年出版作品有《历史不容许沉默》《血祭金砂》《走过昨天》《生命的辉煌》《危情时刻》《裸妆历史》等。

目 录

序:历史的浩叹

2009年我的《裸装历史——历代改革悲情人物新说》一书,是由于丹教授作的序。据我所知,于丹似乎从未给某本书写过序。在那本书的序中,于丹以不长的篇幅,展示了她超凡的思想和文采,当然也颇有替我叫卖的意思,为此,我心存感激。

当这本《国士与国运》即将交稿的时候,我决定自己写序,虽然也还可以找到名满天下的朋友捉刀,但总不能老是麻烦朋友们吧?为这本书写序,我只有一声浩叹,是历史的浩叹!

许久以前,我去过西藏,走过西藏的山山岭岭。看西藏起伏的群山,感觉就像一幅中国历史的印象画,大起大落,辗转绵延,一会儿奇峰突起,直上蓝天白云;一会儿峡谷深沟,直下幽暗深渊。中国几千年的文明史,就是这么走过来的。这样的大喜大悲,这样的大幸大痛,这样的大起大落,几乎成了我们的命!我们就在这样的命运中轮回!在这样的命运中轮回,难道不应该发一声浩叹吗!

穿越历史的烟云,穿过历史的隧道,我们可以清晰地发现,中国人往往很容易地攀上了巅峰。历史上,从大乱而到大治,从大治而到大繁荣,三十年就够了。汉朝的文景之治,唐朝的贞观之治,清朝的康乾盛世,也就是用了三五十年就达到了,就到达了它的巅峰,就形成了所谓的盛世。

令人悲哀的是,我们的巅峰,我们的盛世,几乎都是昙花一现。与漫长的黑暗时代相比,与漫长的战乱时代相比,与漫长的分裂时代相比，我们所谓的巅峰岁月，我们所谓的太平盛世，真的是昙花一现，白驹过隙，短而又短。而且，每一次的太平盛世之后，总是以更加悲剧化的情节和更加悲剧化的方式，滑向更加黑暗的谷底：经济大衰败，人口大锐减，国土大分裂，文明大倒退。繁华过后，繁华落尽，一切又成梦！

巅峰过后，我们从来没有更上层楼。盛世过后，我们从来没有再创辉煌。从来没有。唉！

国运就是如此的悲凉：朝代的巅峰成了朝代灭亡的起点，历史的巅峰成了历史上升进程中一道迈不过的坎。

我们这个民族，喜欢谈论国运，喜欢谈论国士。喜欢谈论国运，是因为国运太多不顺；喜欢谈论国士，是因为国士太多悲情。有人说，中华民族是个易泪的民族。我个人以为，并非我们这个民族天生喜欢泪水这个东西，而是我们这个民族真的太苦太累！

越是苦难，越出国士。家贫出孝子，国难见英雄，时穷节乃见，也许就是这个道理吧。国士，就是些在巅峰之后奋起一争的人，是些奋起一搏的人。为国，为君，为民，他们要挽狂澜于既倒，他们要带骨血赴地狱。有勇气，有智慧，有能力；愿献身，愿作为，愿赴难。然而，他们几乎没有一次可以挽回了历史。悲凉的国运，加上悲情的国士，成为一部令人肝肠断裂的悲剧！

中国不乏曾经的仁人志士，中国不乏曾经的辉煌灿烂。中国为什么在一次次巅峰之后快速滑入了谷底？为什么在一次次盛世之后快速进入了黑暗？而且，沉沦在谷底的时间，总比出现在巅峰的时间长出许多？为什么？为什么？

历史，用一次次的滑落，已经回答了我们。一个昏庸的帝王，一个叛逆的将领，一个捣蛋的农民，一个落第的秀才，一个入侵的外族，等等，这些偶然的事件和个例的人物，都会快速地击破中国历史上的盛世。但这只是些暂时的原因，是些表象的原因。真正击破盛世、滑向谷底的原因，是我们自己，是我们这个民族几千年一丝不变的王朝制度。我们的玩法总是不曾变化，不曾变革。既定的游戏规则已经僵死，几个挺身而出的国士，又能改变什么？又能扭转什么？谁敢在历史的节点上挺身而出，谁就注定了是那个时代的悲剧英雄。当然，他们留下的财富，是一次又一次用他们悲剧的命运抚慰我们的心灵，让我们面对历史而思考，思考我们的出路在哪里，思考我们如何才可以在巅峰之后不再沉沦。

我们读史，更多的是习惯于同我们的既往历史比较，更多的是去作纵向的分析。回首我们的过去，我们当然是进步了，文明了，发达了，阔了有钱了。这，还用比吗？如果我们的今天尚不如我们的昨天，那我们究竟在干些什么？那真的是白吃白喝白活了。一头今天的猪，尚且会比昨天的猪胖呢！我们读史，不习惯于同我们的周边比较。其实，读史，应该有两个坐标，一个是时间，即我们的昨天和今天。这是我们习惯的，熟悉的。还有一个坐标，是空间，即我们的里面和外面。这是我们不习惯的，不熟悉的。读史，最好将这两个坐标同时比对。同一时间，我们在做什么，人家在做什么；我们做成了什么，人家做成了什么。这样，我们可以知荣，我们更可以知耻。知耻者，勇也。勇者无惧，勇者无敌。

我们曾经领先许多，我们现在落后更多。我们的外面强力变革，我们的里面尘封不动。几个仁人志士，叹何如哉！

许久以前的某一天，我们几个朋友在京城的一家餐馆吃饭。我记得在座的有于丹，有评论家萧立军，有作家戚鸣。于丹讲了一个故事，大致是这样的：一个地主起早贪黑在地里干活，而一个穷人却总是躺在地头的那棵大树下晒太阳。地主对穷人说：你这么贪图享受，怎么能过上好日子啊！穷人就问地主：你这么起早贪黑，到底为什么啊？地主回答：我这么起早贪黑，就是为了有个好收成，挣份大产业！穷人又问：有了好收成，有了大产业，那你准备怎么生活？地主回答：有了好收成，有了大产业，我就安心地享受天天晒太阳的乐子了！穷人大笑，说：哦，我不用起早贪黑，现在已经很安心地享受天天晒太阳的乐子了！地主无语。

这个故事，像个寓言。那时我们年轻，正是争强好胜的年龄，听到这个“于式”寓言，也只是笑笑而已。现在想来，其实，我们都是追求安乐的人。人，怎么会没有安乐的欲望呢？历朝历代，谁不追求安乐呢？

问题是，因为我们历史上的盛世太短，因为我们历史上的乱世太多，我们民族的安乐，总是被枪炮声击破！

有什么办法，可以让我们民族的盛世更长久？可以让我们人民的安乐更持久？可以让将来如我这样的说书人面对历史时少一声浩叹？

我们太需要一次长久的胜利，太需要久久地站立在巅峰之上。

春秋

春秋：侠客时代的生命格言

——史上最单纯的刺客豫让

一、要杀人

宝剑泛着青绿色的光，诡异、寒冷。

这是一柄青铜宝剑，握剑的是豫让。

豫让通体漆黑，双目如炬，横立桥头，倒提青铜剑。

“今天我要杀人！”豫让大声喊。

河水为之扬波，林木为之震动。桥头华丽的仪仗队，呆若木鸡。

谁是豫让？豫让是谁？他在这儿要干什么？

“今天我要杀人！”豫让再喝一声。

杀人？现在可是死罪！但是，还好，豫让站在春秋战国时代。春秋战国时代，诸侯列国文字不同，法律不同，许多小国基本没有什么律法，杀人是寻常事。一直到战国结束，秦一统中国，大秦的律法才在全国一致推行，杀人才第一次在全国范围内被定为死罪。

不过，你看看豫让这架势，他就是铁了心要杀人的，即使判他死刑，立即枪决或者打毒针或者上电椅，他也还是要杀人的，而且，就是要在这光天化日之下行凶杀人！

为什么要杀人？他有神经病？好像不是。

他要杀谁？谁令他非杀不可？好像不明。

杀人，对他有什么好处？是有人高价雇他来当刺客杀手？好像不对。

先别管这些，看看这小子到底今天能不能杀得了人。

二、大变局

多少回了，每一次我来拜谒晋祠，都会情不自禁地绕到西侧的围墙外，在这里徘徊，在这里寻找，在这里冥想，遥想当年那个以国士自诩的豫让，遥想那个孤身一人持剑当桥的豫让。

豫让所立之桥，即为豫让桥。

传说和记载中的豫让桥，位于太原西南二十四公里的赤桥村，在今日晋祠西侧。

传说和记载中的豫让桥，砂石砌筑，勾栏围护，始建于春秋时期。

传说和记载中的豫让桥，桥下之水名智伯渠。渠水清澈，灌溉着大片的农田。

如今，豫让所立之桥，早已不见踪影。桥下的清澈河流，早已不知去向。

苍黄的泥土，灰暗的烟尘，真的覆盖了曾经惊天动地的往事？

史上的山西，青山绿水。

史上的太原，河山如画。

两千多年前的晋祠一带，又该是何等的隽秀呢？

两千多年前，战国的大戏，刚刚开始上演。豫让，只是这场大戏中微不足道的一个小角色。

小角色面临大时代、大变局，更多的芸芸众生，是会如泥丸一样不知所从的。而这个豫让，在大变局中，每以国士自诩，并力践其行。

春秋时代，诸侯之间的无义战，已经十分频繁。国内的大王——周天子已经无法干预了。土地已被分封，诸侯已经坐大，周天子无地、无钱、无兵，只是名义上的一国之君。而他的公卿们，却在各自的封地里拥兵自重，自立号令，自行其是。还好，春秋时期，周天子大王的公卿们，还没有人敢以王相称，偶尔有两三个南蛮国家称王，也成不了大气候。大多数封国的国主们，不过称公称伯而已。这，多少给周天子一种安慰。

然而，天下熙熙，皆为利而来，既为利来，必动干戈。

春秋早年，晋文公重耳立志振兴，晋国一时之间雄霸中原，号称春秋五霸之一。然而，从春秋中期开始，晋国的公卿贵族坐大，把握政权，十余个公卿大臣，几乎已经分别把持了国家的全部公权。把持了大权的十多个公卿，并不热心国事，只是关心自己，他们今天你杀过来，明日他打过去。优胜劣汰之后，到了春秋末期，晋国国内只剩下四家公卿，他们分别是智家、赵家、韩家、魏家。

四个大臣，无不随时准备着替代晋君，吞食晋国公有的土地。实力排名第一的智家，主人是智伯瑶。此人聪明，实力又强，因此，率先挑起了土地争夺战。

此时晋国国内的这种情形，无非是整个中国情形的缩影。

这时候的全中国，名义上只有一个国——周王朝；名义上只有一个天子——周大王。周，就是全中国，是国家的全部。国家的行政划分，大约是按王、公、伯、子的顺序排列的。王，在全中国只有一个，就是周大王。

周大王之下，是公。公，在当时，全中国大约是数以百计的。这些公们，就是割据一方的诸侯。他们属于国家的二级政权，相当于今天的省级行政单位。这些个省级行政单位，司法独立，军事独立，人财物权独立。他们之间，争战不断，无不渴望着吞并他人的土地，取周室而代之。省级行政单位，这时候一律名叫诸侯国，领导人一律称“公”，就是现在的省长了。

公之下，是伯和子。当然，也有少许的诸侯公以伯为称的，但大体上看，伯，并不全是诸侯之称。在诸侯之下，是那些叫什么君的，叫什么子的，他们是诸侯公的下属，享有封地。在晋国公手下，就有许多个子。子，这是一种爵位，也是一种实际的权力。这些人属于国家的三级行政单位，相当于现在的地市级行政单位。这些行政单位的领导人，就是现在的市长了。

在晋国，智、赵、韩、魏，就相当于现在山西省下属的几个地级市。所不同是，这四个地级市，几乎已分割了晋国的绝大多数人口和土地。

读春秋战国史，我们常常被那些个什么公什么伯什么子的名字搞得不明所以，因为我们没有分清他们的级别。现在我们分清了，就知道是怎么回事了。

周之礼，成为几千年中国历史的母体，为什么？因为它的设计是完整的，就比如封地的设计，爵位的设计，都已经分出了明确的等级。一直到大清，到袁世凯称帝，都一直沿用了周的爵位制度，即“公侯伯子男”。

春秋末期，晋国已经衰落，如同周王朝的衰落一样。晋国，这个古老而雄峻的诸侯王国，走完了晋文公之时辉煌的历程，走过了晋文公之后残阳的余晖，就像一个蹒跚的老人，在暮色中无可奈何地摇头叹息。

公元前455年，智氏家族的主人名智瑶，官职称伯。这个智瑶随便找了个借口，一半是威胁一半是利诱，联合了另外实力较弱的两家——韩家和魏家，组成了三家联军，一起杀奔赵家而来。

赵家的主公名赵襄，职位称为子，连起来应该称他为赵襄子。中国有一个非常有名的寓言，名字叫东郭先生和狼。说是东郭先生救了一条被猎人追赶的狼，结果等猎人走后，狼却要吃掉东郭先生。后来猎人及时赶回，才救了倒霉的东郭先生的命。这个猎人，大名赵简子，时为晋国公手下的重臣。现在的赵襄子，就是寓言中的猎人赵简子之后。

赵襄子身材短小，相貌丑陋，父亲虽是重臣，母亲却是家仆，出身实在卑微。但人不可貌相，世间许许多多的伟人、大人物，好像个子都不太高，相貌都不太俊，可人家有智慧、有胸怀、有领袖魅力，所以才成了大事。没听说有谁靠英俊而成就什么大事业的。

智伯瑶统三家联军直奔过来，晋国马上面临一场大变局。

20世纪之前的整个人类史，每一次大变局，都是战争造成的。

敌军汹涌而来，赵襄子自知不敌，率先退守晋阳，也就是现在的太原。

三家联军围困太原，却久攻不下。因为太原城内，武器充足，士气高昂，人心齐整，加上城墙坚固，将士用命，三家联军一筹莫展。

一日，智伯瑶站在华丽的战车上，出营巡视阵地。天降大雨，立时水满沟壕。原来，雨季悄然到来了。看来，历史上的山西，是雨水十分丰足的，远不像现在这样年年渴得要命！

大雨拨动了智伯瑶的一根神经：如果开渠筑坝，蓄水冲城，那么，小小的晋阳，岂不要成为一片泽国？想到这里，智伯瑶开心地笑了，对驾车的小兵说："你看看，我就是聪明！"

是日，智伯瑶调动三家联军，开渠的开渠，筑坝的筑坝，硬生生在晋阳城外建起了一个人造大水库。水库蓄满水之后，他又命令从水坝上打开一个缺口，让洪水直向晋阳冲去。很快，晋阳城内一片汪洋，眼看就要守不住了。

生死存亡之际，赵襄子派出能臣，暗中串通了敌方三家联军中的另外两家人——韩家和魏家，晓以唇亡齿寒、兔死狐悲的硬道理，终于将韩、魏两家硬拉过来，结成了自己的三家联军，并在次日晚上，将水坝对着智伯瑶驻军的一方打开豁口，同时，三家联军一起杀向智家军。

结果正如史书所记载的那样：智家军被彻底消灭，智伯瑶也被人从水里捞起来，让赵襄子割去了脑袋。

谁先发动战争，谁就先吞食战争的恶果。此言不虚。赵襄子一伙人灭了智家军后，一不做，二不休，将晋国最后的国君晋静公也废了，将晋国的土地平分了。

这，就是历史上有名的三家分晋。

三家分晋，是春秋时代终结、战国时代开始的重要标志。三家如此分晋，灭了自己的上国，于周天子之法，于周天子之理，都实在说不过去。在此之前，还没有哪个诸侯国内部发生过这样大逆不道的事情！然而，三家人深知周天子想管也管不了，干脆上书周天子，要求以国家的名义，将这三个地级市一起晋升为省级诸侯国。周天子郁闷良久，只好下发公文、加盖公章，正式承认三家人的违法行为的后果为合法的结局。后来，司马光写《资治通鉴》，开篇就从三家分晋说起。他，以及他后来的所有的史学家一致认为，三家分晋，给诸侯各国开了一个很坏的头，彻底搅乱了国家的法度，彻底引导和诱使了全中国随后展开的大变局、大战争！

国家的大变局，跟那个手提青铜剑、口呼要杀人的豫让，又有什么关系呢？

三、小角色

曾几何时，在智伯瑶的家中，在智伯瑶的军营，人们经常看到一名长身玉立的美男子，手提青铜剑，时进时出，与智伯瑶如影随形。

他，就是豫让，智伯瑶手下的一名亲信，一名武功高强的剑客。

智伯瑶率三家联军围攻晋阳时，豫让随行军中。赵襄子率三家联军反攻智伯瑶时，豫让也在军中。此一时也，洪水汹涌而来，追兵凶狠赶来，智伯瑶孤舟受困，行将不敌。豫让突然出现在他的身后，奋力将主公的小舟推出很远，然后跃身水中，单剑拒敌，还回头大声喊："主公快跑！"

但洪水实在来得太猛，豫让一下子被冲出去很远，连自己也不知身在何处。此后不久，智伯瑶终于被赵襄子抓住，一刀切下脑袋。

赵襄子对智伯瑶恨之入骨，将仇人的脑袋切下后，找来平遥城做推光漆的匠人，将他的脑袋做成了一个头骨小便壶，每天对着智伯瑶的头骨撒尿，以解自己的仇恨。这件事情被智伯瑶的亲信豫让知道了。

豫让，何许人也？司马迁写刺客列传，写了他，但也说不清出生年月。人们能知道的，是这位豫让为春秋末期晋国人，是智伯瑶尊崇和信任的家臣。据说，他的祖先曾为晋国武将，功夫十分了得。他生活的年代，是车辚马啸"春秋无义战"的年代；他活动的舞台，是六卿角逐纷争不已的晋国。在这个时代，他立过什么功，做过什么事，史无记载。一直到赵襄子灭了智氏全族，这个豫让，才突然间浮出历史的水面。

主公战败被杀，豫让藏于深山。藏在深山之中，豫让是如何听说赵襄子用智伯瑶的头骨做便壶的？那会儿没有电视广播，没有电子网络，深山中的豫让，当时应该是与世隔绝的。他从何处听到这一消息，是谁向他传送这一消息？我们真的搞不清楚。我们只知道在深山里，听到消息后的豫让，仰天长叹——

"士为知己者死，女为悦己者容。智伯知我、信我，我一定要给他报仇雪恨。"

于是，豫让改名变姓，扮作服劳役的刑事犯，身上藏了短刀，混进赵襄子宫中，伺机行刺。豫让认为，一个人如果上厕所，一定会放松警惕的。于是，他将行刺的地点选在赵家的厕所。一天，赵襄子正要如厕，突然觉得冷风入骨，心胆俱寒。于是，他让卫士们搜查厕所，发现一个刑徒劳役神色异常，目露凶光，便捉来审问。结果，此人声称自己名叫豫让，是智伯瑶的旧臣，是为智伯瑶报仇而来。赵襄子的警卫人员立即要把豫让推出去杀掉。赵襄子摇摇头说："这个人是个有义的人啊，今后我注意防备他就是了。况且，智伯全族被我灭掉，已经没有了后人，他的臣子要为他报仇，真是贤人义士之举。"这样一来，赵襄子并没有杀死豫让，还亲手释放了他。

小角色豫让，在春秋战国这出历史的大戏中一出场，便来了一句震古烁今的道白：士为知己者死，女为悦己者容。这一道白，两千多年来，不知道被引用了多少回！如果每引用一次都要给豫让算版权费，这老兄的后人，可真的发死了！

简单的一句话，道出了豫让真实的心态：我是智伯瑶的士！身为主人的士，就要做士当做的事情！

豫让这个小角色真的是胸怀祖国、放眼世界啊！他，绝不认为自己只是一个小角色，而是国之上士！

国士又该做什么？

有人以国士自称，有人被誉为国士。上国之士，国之上士，岂是这么容易称得、当得？治国而昌，护国而兴，救国于难，扶国于厄，这样的人，是可以称为国士的。也许并没有称相拜将，也许并没有封王封侯，但，做了国之砥柱，是为国士。豫让之前，豫让之后，许多人治国无术，窃国有方，谋国无策，误国有余。这样的人，也是可以称国士的吗？

四、纯爷们

看中国足球队比赛的时候，唯一的感觉，是这帮人不像男人，更谈不上爷们！当然喽，这个时代，举目望去，真正的爷们，又有几个？

其实，中国是不缺纯爷们的，豫让就是。

第一次刺杀失败，豫让并不罢休。

第二次刺杀赵襄子，结果又被赵襄子抓到。看来，赵襄子真的命大。

被赵襄子第二次抓到后，赵襄子问他："子不尝事范、中行氏乎？智伯尽灭之，而子不为报仇，而反委质臣于智伯。智伯亦已死矣，而子独何以为之报仇之深也？"

豫让说："臣事范、中行氏，范、中行氏皆众人遇我，我故众人报之。至于智伯，国士遇我，我故国士报之。"

豫让当仁不让，他以国士自居，并且说要用国士的方法回报之。

中国漫长的历史上，悲多于喜，衰多于兴，分多于合，真如漫漫的长夜，只有两个时期，可以说是人才辈出、国士辈出，一个是豫让所处的战国时代，诸侯群起，周室旁落，中国从奴隶社会向封建社会开始转型，社会大动荡，民族大危难，适者生存的环境，将人们推向竞争的极致，非国士不能图强救国。第二个时代，应该是清末年间，列强环视，华夏危卵，中国的封建社会向半殖民地开始转型，民族危亡千钧一发，朝廷腐败沉疴已重，图存救亡的迫切，将人们推向绝望的边缘，非国士不能图存。大变局往往能激发大才智、大勇气。除了这两个时期，中国的国士，几乎都是士气低落的，虽然许多人饱食了高官厚禄，却真的不是什么士。

豫让第二次被放出来后，应该洗心革面重新做人吧？

可他偏不，就不！

他总结了前两次失败的教训，对自己下狠心"革面"！他刮掉眉毛和胡须，以此改变自己的面容；他吞食火炭，以此改变自己的声音；他将含毒素的漆涂抹在身上，以此让身体脓肿长癞疤，改变自己的形体。做完这些之后，他沿街乞讨，连他的妻子从他身边走过都认不出他来。为了以国士的形式报仇，这小子对自己真够狠的！

有一天，豫让从前的一位好友在大街上认出了他，惊讶地问："你不是豫让吗？"

豫让回答："是我。"

好朋友见他现在的样子，痛心疾首："以你的才干和本领，如果到赵襄子门下做事，必然会得到他的宠幸。先混到他身边，然后再找机会杀掉他，岂不非常容易吗？何苦要这样自残身体，损毁容貌，想一个这么难的方法呢？”

豫让听了，不以为然，正色回答：“既然委身投靠人家，做了人家的臣子，又要图谋人家的性命，岂不是怀着二心服侍君主？我若这样干，不正败坏了天下人臣之义，这和贼寇之行还有什么区别呢？我现在这种残身苦行的做法，自知极为艰苦，而且不易达到目的。然而我这样做，就是要使后世做臣子而对君主怀二心的人，看了我的榜样而感到羞耻惭愧。”说罢，拂袖而去。

你看看，这小子把话也说得真够绝的。

为了自己心中的目标，够狠，够绝，这是纯爷们才做得出的事情。

五、千古憾

愈挫愈勇，是国士的品格。两次失败，似乎更激发了豫让的必死之心。

一日，豫让正在街头闲逛。反正也没几个人能认得出自己，想逛就逛吧。

突然有人在说：明天，赵襄子要外出，要到智伯渠去察看。

说来也有些幽默。智伯瑶开渠，本是想水漫晋阳，没想到战事之后，这渠倒成了灌溉农田的水渠，于是，赵襄子命名为智伯渠。

豫让得知这一重大情报，当晚提前行动，匿伏在智伯渠的一座桥下。次日上午，赵襄子行至桥上，突然马惊嘶鸣。赵襄子立刻停了下来，对左右说：“这必是豫让所为。”于是派人搜寻，果然找到了豫让。

赵襄子有些恼火，眼神冷冷的。你几次要杀害我，我都放了你，你这个人啊，怎么回事？

豫让并不恼火，眼神冷冷的。

赵襄子恼火了，眼神里露出了杀机。

此时，豫让持青铜剑，据桥而绝无退让之意。

上午的阳光，明亮而温暖，阳光中有春天的气息，气息中有野花的香味，香味中有万物的生机。

桥下的流水，清澈而徐缓，徐缓中有琴瑟的韵律，韵律中有恬淡的闲适，闲适中有人生的快乐。

大桥之上，诸人环列。赵襄子与豫让，两个山西老乡双目对视，片刻便有了对白。对白当然是山西味的哦。

你是豫让？赵襄子说。

你咋知道的？豫让答。

你整了容，可是你的眼神未变！你就是豫让！赵襄子说。

是了！饿(我)就是豫让。咋了?！豫让答。

你这人格搅(没完没了)！饿(我)几回放了你，你又跑来做啥了？你想咋了？赵襄子说。

饿(我)不想咋了！饿(我)就想要你人头了！饿(我)就是想给饿(我)主人报仇了！豫让答。

傻货！都好久的事咧，你还瞎谝个啥！赵襄子说。

赵襄子说完了这句话，对傻货豫让颇为不屑。抬头看天，似乎不再把这个傻货放在眼里。

这时候，豫让鼓了鼓劲，不再用山西话了，而是用很标准很字正腔圆很有板有眼的普通话很义正词严地对赵襄子说———

我这个人，从前是范氏、中行氏的臣子时，他们都把我当一般臣子对待。所以，我也像一般人那样报答他们。至于智伯，他视我为国中杰出的人物而厚待我，所以我也必须以杰出的行为来报答他，一定要为他报仇雪恨。

豫让这些话，让赵襄子很感动。赵襄子也收起了山西腔，用很标准很字正腔圆很有板有眼的普通话很无可奈何地说——

豫让呀！你为智伯瑶竭忠尽义，已经成名了；而我也宽宏大量赦免于你，也做到仁至义尽。今日我不能再放走你了。

赵襄子这些话，让豫让也很感动。

豫让从容回答："我听说贤明的君主不埋没别人的优点，忠诚的臣子有为义而死的责任。上次你已经宽赦了我，天下无人不称赞你的贤明。今天我死而无憾，只求将你的衣服给我一件，让我刺上几剑，以了我报仇的心愿。这样即使立刻死去，我也毫无遗恨。我不敢奢望你能答应我的请求，只是冒昧地把心里话告诉你。"

赵襄子无话可说了。面对这样的一个义士，你又能怎么样？他赞赏豫让的义心，于是递给他衣服。

豫让拔剑而起。他三次跃起，三次击衣，完事后，高喊："我可以报答智伯的知遇之恩于九泉之下了。"

于是，豫让举剑刺向自己，飞身跃入河中。一时间，河水鲜红，桥面尽赤！

豫让死后，这桥被称为赤桥，又称为豫让桥。

豫让死后，赵国的仁人志士无不悲痛，后人更是推崇至极。今天在太原市赤桥村西侧，仍然残留着千百年来人们祭祀豫让的祠堂——豫让祠。而赤桥村还保留有当年豫让行刺时所在"赤桥遗址"。时至今日仍有一首古诗流传在当地——

> 卧波虹影欲惊鸥，此地曾闻手椹愁。
> 山雨往来时涨涸，岸花开落自春秋。
> 智家鼎已三分裂，志士恩凭一剑酬。
> 返照石栏如有字，二心臣子莫径由。

一千八百多年后的明代，以儒学闻名的大臣方孝孺写了一篇文章《豫让论》，对豫让的做法提出批评，他这样说："苟遇知己，不能扶危为未乱之先，而乃捐躯殒命于既败之后；钓名沽誉，眩世炫俗，由君子观之，皆所不取也。"

方老先生者，手无缚鸡之力也。可是，就是这么一个人，却认为豫让"国士——济国之士也"，豫让既为国士，早就应该对智伯瑶攻打其他家族的错误行为提出异议，甚至以死谏之，"若然，则让虽死犹生也，岂不胜于斩衣而死乎"？

这位方老先生如此评说豫让，他最后的死法却也未能如自己的文章所说。史事记载，"建文四年(1402年)，燕王朱棣发靖难之役，率军入南京，将即帝位，召他草即位诏书，他以丧服哭殿陛，拒不草诏。成祖怒，被杀，并诛十族"。同样也是"捐躯殒命于既败之后"。

郭沫若先生对豫让有个评价，比较中肯——

"在昔有豫让,他是义侠儿。"

六、谁够种

重名轻利是春秋的时尚,杀身成仁是战国的信念。有这样的时尚和信念,才有那时候凛然的国士气质,有那时候国士的荡气回肠。

司马迁的《史记·刺客列传》中写的刺客很多,但他们去行刺,都有不同的理由。然而,只有这个豫让,行刺的理由最为纯粹,最富理想色彩,最有国士气度。豫让只有"士为知己者死"的原则,将一个义字高高托举在一切准则之上,并以生命作为殉葬。古往今来,除了豫让,你几乎再也找不出一个这样的国士了。面对这样一个绝版两千多年的传奇,我感到悲哀,为他的绝版而悲哀!

豫让面前,谁还敢说自己够种?!

也许正因如此,中国人常常被称为一盘散沙,其实我们自己也经常这样自叹啊!宋末时期,常常是少许几个元兵,就可以驱赶着一大群中国男人,将他们一个个拉过去砍头;到了清兵入境,这样的故事重演着,只有时间在变化。再到了日本人打进南京,也常常是几个日本兵驱赶着成千上万的中国被俘虏军人,让他们一个个跳进土坑活埋。这样的一群人,不就是一盘散沙吗?但是,我们不能责备这些散沙,因为可以凝聚他们的士早已逃之夭夭了!

国家是人民的,这没错。可是,治国、救国,却不是人民可以做的事情,这需要真正有士气的精英,需要他们出谋划策,率众而行。但可悲的是,许多时候,这些占据了高位的人,要么没有士的勇,要么没有士的谋,尤其是面临外敌的时候,这些人往往唯外人之说是从,整个一个纸上谈兵,整个一个谈虎色变。千百年来中国的衰败,就是这些人惹的祸!

豫让,也许还算不上真正的国士,但是,他至少有一个国士的勇气、决心和义气。

士者,王之佐也,他们应该是国家的栋梁,人民的向导,力量的载体,行动的大旗!

士，已经死了，占据了士位的行尸走肉们，对内部穷凶极恶，对外部丑态百出。自唐末以来，朝朝如此，代代如斯。外部强硬之时，正是士人挺身之机。然而，可悲的是，自那以后，强项的士人太少，胆怯的士人太多。以清以来为例吧，日本的海军到了门口，外人说你的海军不可战，战则会败。虽然那时大清的海军，在技术上在吨位上在火力上远胜于日本海军，可咱还是听外人的，老老实实将海军关在家里，让日本人万炮齐发，一轰而沉！日本人的军队占领了东北，直逼承德，外人说，承德不能守。咱还是听外人的，乖乖逃跑，让区区一百多名日军将数十万国军打得满天飞，占领承德。

一部近代中国史，是士大夫们被外敌劝败的历史！

血与火的战争已经远去了，新时代面临的是民族与民族、国家与国家的经济之战、金融之战。没有炮火，可战争的残酷，远胜于炮火的掠夺，我们一个个的士们，真的醒了吗？

据说上世纪后半期，在二战中败于美国的日本人，经济突飞猛进，直逼美国。于是，大和民族的民族自尊心又一次高扬起来，他们拿着坚挺的日元，想要强奸美利坚，到美国的土地上开始趾高气扬地攻占，买企业、买广场，买他们想要的一切。战争面前，美国人只好发动经济卫国战争，直逼日元升值，接着又是精心设计的金融较量。一场没有硝烟的战争下来，日本无声无息地惨败了，经济总量减少了百分之五十！

这样的战争，比起炮火的攻杀，并不逊色啊！我们一个个占着高位的士们，真的看到了吗？真的醒了吗？真的准备好应对了吗？

没准备好，就别吹牛，别说你够种！

七、别较真

当年的智伯渠，因为20世纪50年代太原市搞什么河渠覆盖，全部被覆盖成了一条暗沟，终年不见天日。豫让桥也因此毁掉了。

处江湖之远，忧庙堂之高，真有点杞人忧天啊！还是寻找历史吧！

于是，我到晋祠，希望寻找到豫让的影子。晋祠的土地神告诉我："那个豫让啊，他在地狱待着呢！"可不是吗，千万年以来，中国死去的人们的灵魂，都会进入地狱的！好吧，我们就到地狱去寻找。

那日豫让桥上，豫让引剑自毙，扑身入河，成仁了。一缕烈魂，缥缥缈缈，直奔地狱。

入地狱容易，出地狱却难了。国士豫让，本来长身玉立，神采奕奕，堪称是美男子的。可是为了成仁，他毁了自己身体，毁了自己面容，哑了自己喉咙，坏了自己双目。这般自残躯体，有失父母养育之恩。身体发肤受之父母，怎可这样毁掉？他又弃了妻儿，置他们于不顾，不养，不抚。人伦之道，怎能这样不顾呢？犯了这么多儒学的戒律，那你豫让只好下到第十八层地狱，因为这些罪，也真的不可赦啊！

地狱的一角，豫让正郁闷地抽着烟，好像是红中华的香烟，官场很流行的那种。没人答理他，他也不答理别人。清高的士人，即便为鬼，也依然清高。

地狱不空，誓不成佛。大殿之上，地藏王如是说。

郁闷的豫让抬了抬眼皮子，自语道：这句话，你都说了几千年了！

抬了抬眼皮子的豫让想问一声：我何时出地狱？

地藏王好像已经看出了他的心思，说：慢慢排队吧，你急什么！

谁先出地狱，谁后出地狱，地藏王从来不说。地狱鬼魂亿万，一个个排着队慢慢来吧！

于是，豫让这样的士，只好在地狱憋屈着，等待着。他着急呀，地面之上，多少以士的名义自居的人正横行霸道，干着与士人相反的一切，而真正为士的他，却没法子出地狱而转世为人！

既以国士自称，必以国士自律。国士的律，到底是什么？豫让之前的孔夫子说了很多很多，但他老先生毕竟是个文人，所以，他啰里啰唆说得很多，远不及豫让说的一句。

豫让的一句话，是这样说的——

士为知己者死，女为悦己者容。

气壮山河又入情入理，震古烁今又质朴无华。这，就是士的律，是士的行为准则。在他那个年代，知己者，国君也；国君者，国也。君即是国的化身。所以，为国君之士，不成功，则成仁。成仁即死。

什么样的人才可以称之为国士？

战国时代的士，是以国士自誉的，那时候的士，是由三个支柱鼎足而成，缺一不可。其一是忠，忠君，忠国，有邦国之志；其二是勇，勇敢，勇气，有涉险之概；其三是才，才华，才智，有成事之能。三者不可或缺，缺一则不可以为士，则为士人所耻。在国与君面前，他们没有自我，没有个人利益，甚至连生命也不在话下。因为这样，战国时代的士，成为一个特殊的阶层，享有极高的地位，甚至超过了儒家的位置，得到君王和平民的一致喜爱。他们的行为，以这三者为标准；他们的人格，以这三者为准绳。风云激荡的岁月中，无数的士人因此成就了一时功业，成就了一世英名。士，在那个时代，是国的救星，是民的救世主，是正义的守护神。这时候的士，才是中华民族真正的士人，是中国真正意义上的士。

战国之前和战国之后，士的理解，士的作为，是大有区别的。战国结束之前，国士，士，是这样的一些人：文可以安邦，武可以定国；风雅可以吟诗弄赋，孔武可以舞剑挥戈；有文人的心，有侠客的胆。士，是文与武的完美结合。而战国晚期中国人的文字里竟然多出了一个字——侠，就是这一个字里新包含的文化，将勇武从士中间硬生生地分离出来，勇武的，使刀的，持剑的，赴死的，统以侠称之。士，则成为舞文弄墨者的专用词。愚不才，以为正是这一分离，让真正的士从此死去，让国士从此消失在华夏风起云涌的千百年烟云中了！

排斥了侠，排斥了剑雨刀光，排斥了危难时的挺身而出，以士的名义出现的文人士大夫们，真的已经没有什么见识了，更别说临危的胆气与才气！

战国之后，士没落了，士气也从云端坠入了凡尘。以士自诩的一些人，因为占了高高的位置，掌了大大的权力，吞了多多的钱财，腰肥了，胆壮了，也就真的感觉自己是个士了。其实呢，他们的骨子中，一丁点儿士的味道都没有。你看看，一是无忠，无国，无君，更无民，哪儿还有邦国的一点儿想法？二是无勇，无勇气，无献身，你想要他舍小我而全大局，那等于痴人说梦；三是无才，无才华，无才气，成事不足，败事有余，即便有那么一点小聪明，也首先用来谋一己之私。这是些无德而又无才的人。这样的人，如果仅仅以士自娱自乐也就罢了，可真的如果让他们长久地占在治国谋国的位置，那真的让我们这些治下之民不寒而栗！

因此，我说——

士是忠贞的人，是侠义的人，是聪慧的人，是够种的人，是纯爷们儿！

而另外一些人，身居要职，位在高处，处在巅峰，而忠勇和才智，却在粪沟里！这种东西，不是才能可以拥有的位置却要强占着，是贪位；不是智慧可以持有的公权却强持着，叫贪权。这些人啊，平时治国无术，急时救国无方；私利百端诡计，国事一筹莫展。这些人啊，咱不要他们搀和事会更好！

一个时代的兴衰，往往是由人才的兴衰开始的。这个观点，我不知道是否准确。但有一点我可以肯定：一个衰落的时代，是没有士的时代；没有士的时代，是没有士气的时代；没有士气的时代，是死寂的时代，是灰色的时代，是比衰落更可怕的时代！

国内大学者季羡林先生去世前说了一句话，让我震撼。老先生说：权力加上无知，是最可怕的事情。

季先生一生文章很多，说话也多，他说的许多话，我真的都没有什么印象，对错均没有在意，独独这一句话，让我震撼，真的很震撼。也许，这会是季先生一生中最经典的一句格言。人之一生，不在乎说多少，不在乎说错多少，只要有那么一两句话可以传世就行了。

然而，愚钝的我，觉得季先生的话还有可以补充的余地。我试试看——

权力加上无知加上无耻，是最最可怕的事情。

好了。处江湖之远，未必不是一件让人快慰的事情，至少，你可以有许多时间去读史，去炒股，去打架，去泡妞，去游山玩水，去唱卡拉OK。

其实，读史是一种乐趣、一种爱好、一种消遣，你还千万别看得太认真，千万别真格地陷进去了，那样会郁闷的，那些事毕竟是古人的事，是不能推倒重来的事。再说了，你那么较真，谁又真把你当回事？明白吗？读豫让，也得有这份心态。

别较真，千万哦！

西汉：文人团队挑战强藩集团
——史上最智勇的幕僚群体主父偃等

夏天，站在安徽与河南交界处的芒砀山前，确实已经很难感受到山体的伟岸。一片绵延的丘陵，在广阔的平原上，像成群的羔羊，温驯而且宁静。很难想象，这儿，就是汉高祖刘邦斩蛇起义的地方。

也许，两千多年前，这片丘陵曾经是伟岸的群山。只是因为黄河淮水屡屡将大量的高原泥土带到这儿，一次一次在泛滥时留下泥沙，终于堆高了平原，而同时也低矮了山丘。也许吧。

我们的历史，也就是这么堆积而成的。许多历史烟海中动人的故事，就堆积在一次次的沧海桑田之中。

长达四百年的大汉王朝，成就了我们这个民族的名字——汉族；成就了我们这个民族的语言——汉语；成就了我们这个民族的服装——汉服。这个王朝，因为时间较长，因为威名远扬，因为影响深远，所以，成为我们这个民族真正大统一的第一个王朝。

汉王朝能够如此长久，能够如此扬威，很大程度上得益于一批文人团体的努力。正是他们，帮助这个王朝完成了建国后成功的转型。

他们是以主父偃为主的幕僚群体。

一、分封，为国家埋下巨大隐患

公元前221年，经过春秋战国几百年的诸侯战争，秦始皇嬴政统一中国。

然而，新的统一，仅仅十五年。这是一个短命王朝。

秦朝灭亡之后，项籍建立了西楚政权。

西楚政权，在历史的烟云中，仿佛一粒埃尘，没有人重视，没有人述说。但是，作为大汉王朝的前奏，我们却不得不提到它。

建立西楚政权的项籍，是楚国贵族的后裔。他是个老派人物。他建立西楚后，首先全面恢复分封制，东一个王，西一个王，大加分封，刚刚统一的全国，立即又成为诸侯割据。秦帝国所建立的郡县制度，被这个新政权全面抛弃。应该说，项籍在历史潮流中，开了一次倒车。本来，历史已经到了从分封制向郡县制过渡时期，然而，他却反其道而行之，结果，他的政权很快受到沉重的打击！

公元前206年，刘邦建立西汉王朝。经过五年楚汉战争，人气和武功均高于刘邦的项羽在乌江兵败自刎。汉朝在立国初期，采取的依然是分封制。因为采用分封制，所以各种问题很快便浮出水面，直接危及帝国的安全。

汉朝刚刚建立的时候，天天要打仗，王朝要鼓励将领们去拼命。为了安抚自己的将领，也为了对付敌对的势力，汉王朝不得不分封了七个异姓王。

后来，天下安定，宇内一统，内部的战争基本结束。

不过，虽然战乱已停，天下却没有安定。当了皇帝的刘邦，还是没有法子睡个好觉。他怕呀，他怕手下那些个当了王的将领们。这些人，个个是战争的好手，他们，是不是也在想着分了天下，各自做各自的皇帝？想到这，老头儿刘邦很不踏实。

于是，他，加上他的那个年纪很小的老婆，便开始采取各种手段，逐步清除这些异姓王。在汉初三大名将中，楚王韩信和梁王彭越先后被诛，淮南王英布被逼起兵造反，这是汉朝中央政府和诸侯王国之间的第一次较量。

较量的结果，当然是朝廷取得了胜利。接着，朝廷用更大的力度解决封王的问题，前后没有多少时间，七个异姓王中除了最弱小的长沙王吴氏得以保存外，其他皆被消灭。

汉王朝所用的分封制，看来只是刘邦用来拉拢人的一个小手段。

从心底来看，他并不喜欢这个制度。从这一点看，刘邦这个小混混出身的人，比起大贵族出身的项籍，在政治上要高明多了！作为天字第一号领导人，不要你武功盖世，不要你文采惊人，只要你政治上有见识！政治的高明，胜于一切要求！

这时候，汉王朝才算是真正实现了统一。

统一的汉王朝，困难重重。

在疆域领土方面：因为中原内战，河套地区重被匈奴占据，南方百越地区也纷纷叛离，汉初领土甚至小于战国时期，更无法跟秦朝全盛时相比了。

在经济水平方面：秦王朝末年，社会经济已濒于崩溃。再经陈胜、吴广起义以及楚汉相争的长期战乱，人口锐减，生产萎缩，物资匮乏，物价飞涨。全国各地城市残破，户口损耗，比如原来有三万多户人家的曲逆县(今河北完县东)，这时只剩下五千户。

在社会文化方面：百家学术受到严重破坏，人心涣散，战国时期赫赫有名的墨家学派组织甚至销声匿迹。

历史往往就是这样：当正统的华夏文明处于低谷时，外部的恶势力却如雨后的野草一样疯狂成长！

汉王朝的周围，恶邻环绕。帝国最强大的劲敌——匈奴，正时时行动着。秦汉之际，匈奴冒顿单于杀父自立后，东灭强大的东胡，西边逐走月氏，南边征服了楼烦。秦朝大将蒙恬开拓的河套南部土地，现在已全部被人家占去。这时的匈奴，已统一了辽阔的北方。据说，他们共有三十多万骑士。再加上当时北边不少闹分裂割据的人替匈奴的掳掠行动充当前驱，使他们在南侵中占尽了便宜。

大汉王朝的四面，几乎全部反叛。

然而，面对周围大大小小的敌人，汉朝内部却不能团结一致。为了防止外姓叛乱的事情再次发生，刘邦将原先各异姓王的领地分封给刘姓子侄，一共九个同姓王，并杀白马盟誓，约定从此以后非刘姓不得为王，目的是确保刘汉一家治天下。

在开国之初，刘邦大封同姓王还有两方面的重要原因：

一方面是因为当时有人出了个乱主意，说是秦朝二世灭亡的原因，就是由于没有实行分封制，特别是没有封自己的子弟亲属为诸侯王，所以一旦出现反叛就没有人出来拱卫皇室，结果嬴政权就那么土崩瓦解了。出身“细微”的刘邦自然希望自己的政权传之千秋，所以凡是能封王的兄弟、子侄几乎都封了，以为这样一来，国内要有什么风吹草动的话，众多的同姓王必定会竭尽全力拱卫皇室，而这也是保卫他们自己的王位。

另一方面，郡县制实行的时间毕竟太短。这种制度到底有多少优越性，当时的政治家们还不太明白。而且秦始皇利用中央集权制度进行残暴统治，使一些人对郡县制不以为然，不少人认为实行郡县制导致了“暴秦”的出现。还有些人并不否定郡县制的优越性，但觉得分封制也有存在的必要，两者可以并行不悖。这些看法对刘邦的决策有很大的影响。

刘家的人，很快做了许多个地方王。用现在的语言来说，就是汉王朝相当于全国集团公司，而各地的王们，则是国家集团公司下属的分公司。皇帝是国家公司的董事长，是国家公司的法定代表人；王则是这些分公司的董事长，是分公司的法定代表人。分公司是完全独立的。这么一来，国家，是不是可以安定了？

刘邦以为，有了这样的“磐石之宗”，刘家的天下就可以固若金汤。其中的一个大王爷，竟据有六郡七十余城土地。王爷们的相，也就是分公司的总经理，由中央委派。此外，一切事情，全部由分公司董事长决定，临民治国，掌握实权。

汉朝全国总公司共有九个分公司，这九国共占有土地三十九郡之多，而汉王朝直辖的郡县地区才只有十五郡，仅相当于战国末年的秦国版图。

于是，汉王朝的政治格局是前所未有的：郡县和封国并立。

不可否认，在汉初的特定历史条件下，照血缘来分封诸侯王，对巩固刘氏政权确曾发挥过一定作用，没有哪个诸侯王会起来反对刘邦。

然而，随着时间的推移，后代皇帝与后代诸侯王之间的血缘联系越来越稀释，封国对中央政府的忠诚之心也就越来越淡薄。于是，国家集团公司出现了分裂因素。

这时期还出现了一段重要插曲：刘邦去世后，从皇后晋升为太后的吕雉独断专权，不但无视刘邦定下的非刘姓不得为王的规矩，大量提拔吕氏子弟，而且大肆迫害刘姓各诸侯王，导致中央政府和诸侯王国之间的关系更加疏远，隔阂也逐步加深，很多同姓王被迫重走异姓王的老路，战乱时有发生。吕雉死后，太尉周勃杀光了吕家的人，迎立刘邦的儿子刘恒为帝，是为汉文帝。吕氏专权是西汉王朝遭遇的第一个政治危机，分封制在这场危机中起到了作用。当时吕后虽然权倾天下，朝野莫敢不从，但各地刘姓诸侯王的力量却很强大，吕氏想当女王，一方面力量不足，另一方面人心不归。其垮台后刘氏诸侯王的力量得到进一步的加强，像吴越王、淮南王、楚王等的封地、财力、军力都空前强大。国中有国之外，诸侯们还干预中央朝政，成尾大难制之势。直到吕雉亡故，吕氏家族衰败，这种情况才稍微得到缓和。

早在分封之初，刘邦似乎有不祥的预感。他曾经对吴王刘濞说："汉后五十年东南有乱者，岂若邪？然天下同姓为一家，慎无反！"果然，整个西汉全期，对中央政府造成最大威胁的一次诸侯王造反——七个封国叛乱之首正是刘濞。

大封诸王，为汉帝国埋下了一个巨大的隐患。

此后，西汉的文景之治和汉武大帝给中华民族带来巨大的影响，中国的第一个盛世就产生在这个期间。但削藩和匈奴问题是当时汉朝悬而不决的难题，尤其是削藩成为文帝、景帝乃至武帝夙夜难眠的首要大事，这几乎使大汉王朝重蹈秦朝灭亡的覆辙。

汉朝从立意削藩，到爆发"七国之乱"，到后来施行推恩令完成"强干弱枝，不足为患"的战略目标，时间跨度为文帝时期的公元前 174 年到武帝元朔二年即公元前 127 年，近五十年时间。不得不说，国家为此付出了巨大的代价。

在这个漫长的过程中，汉王朝完成了中华民族走向第一个盛世的伟大转折。

而在这场变革当中，除了文景武三位皇帝居功厥伟之外，以贾谊、晁错、主父偃为主的文人改革家们功不可没。文人团队挑战强藩集团的背后，也成就了一个史上最智勇的幕僚群体。

他们是真正的国士。

二、愤青，冒危险说出盛世危言

汉初文景之治、大唐贞观之治是中国历史上鼎鼎有名的盛世。

在当时，历经乱世数百年的人民拥有了难得的和平时光休养生息，士大夫们对朝廷和皇帝一片赞美之声。

但就是在这个被称为中国历史上有名的清平世界的表面的安静之下，长期积攒的力量早已蓄势待发，在这场决定中国未来两千年命运和发展方向的斗争中，也注定有一些关键人物登上历史舞台。

第一个人的名字叫贾谊。

贾谊生于汉高帝七年(公元前200年)，河南洛阳人。

这个贾谊，大约是个神童。据说，他从小博览群书，先秦诸子百家的书籍，无所不读。少年时，他就跟着荀况的弟子、秦朝的博士张苍学习《春秋左氏传》，后来还作过《左传》的注释。贾谊对道家的学说也颇有研究，早在青少年时期，就写过《道德论》、《道术》等论著。贾谊除了做注解之类的学问，还酷爱文学，尤其喜爱战国末期的伟大诗人屈原的著作。当然，那时候的贾谊绝对不会想到，多年后司马迁会把他和屈原放在同一列传里。

神童成名都很早。公元前183年，贾谊才十八岁，已然成名。他因为能诵《诗》、《书》和撰著文章而闻名于河南郡。当时的河南郡守吴公是原秦朝丞相李斯的同乡，又是李斯的学生，学识渊博。其治理河南郡成绩卓著，被评定为天下第一。吴公对贾谊这个学识渊博的优秀人才非常器重，并把他召到自己的门下。在其门下学习的贾谊受到很大的教益。

汉高后八年(公元前180年)，高后吕雉死，右丞相陈平、太尉周勃杀诸吕，迎立高帝刘邦庶子代王刘恒为帝，即汉文帝。第二年，即汉文帝刘恒元年(公元前179年)，吴公被征召到中央政府，任命为当时最高的司法长官廷尉。他没有忘记自己的得意门生，就向汉文帝推荐说："贾谊颇通诸子百家之书，是个年轻有为的人才。"有关系办事就是好，在其关照下，贾谊没有经过公务员考试就直接被任命为博士，成了政府的高级顾问。

从此，贾谊步入了政治活动的舞台。此时他才二十一岁，在当时所有的博士中，他是最年轻的。

春风得意的贾谊是儒家出身，而吴公属于法家。一个儒生能够得到法家高官的赏识，可见贾谊还是有真才实学的。当然，年轻气盛又才能出众的人总会招人嫉妒的，木秀于林，风必摧之。

汉文帝对年轻的贾谊钟爱有加，准备任命他为公卿，相当于现在的总理或部长。这时候，那些功臣贵族们，对这个坐"直升机"升官上来的河南洛阳小子反感透了。主要的原因，可能是反感他的才能。何况贾谊少年得意，根本不拍这些人的马屁。功臣贵族一合计，决定要踢走贾谊这个愣头小子。这些老臣就是绛侯周勃、颍阴侯灌婴、东阳侯张相如、御史大夫冯敬等人。在这几个老家伙的接连进攻之下，汉文帝招架不住，只好将贾谊派离长安。

贾谊被贬出京城，到长沙国去当长沙王的太傅。长沙国地处南方，离京师长安有数千里之遥，当时还属于帝国的边疆蛮荒之地，远非现在的鱼米之乡。那时候的长沙，可能更像亚热带森林中的居民定居点，是国家刚刚开发出来的一个并不发达的地区。贾谊赴任之时，交通困难，长途跋涉，历尽千辛万苦自不必说，更使贾谊难受的是心中的悲愤。他本来雄心勃勃地想辅佐文帝干一番大事业，如今受谗被贬，那份孤独和失望，又有几人知道？

一路南行的才子，一路忍受着心中的不平孤独。

这一天，他途经湘江。

望着滔滔的江水，贾谊思绪联翩，想到了爱国诗人屈原。屈原就是遭到佞臣权贵的谗毁而被贬出楚国都城，最后投汨罗江而死。自己的遭遇，与屈原太过相似。也许，可以倾诉心结的那个听众，只有屈原吧？

于是，他写了一首《吊屈原赋》，以表达对屈原的崇敬之心，并抒发自己的怨愤之情。他写道：……多么不幸啊，遭逢时世不祥。鸾鸟凤凰躲藏奔窜啊，恶鸟高空翱翔。小人显贵啊，谗谀之徒得志猖狂。贤良正直之士处逆境啊，是非颠倒反常。过去有人诬伯夷贪赃啊，反说盗跖廉洁善良；还把利剑当做钝剑啊，却夸铅刀有锋芒！多么不得意啊，先生无故受中伤。国人不理解自己啊，向谁诉说衷肠？凤凰飘然而飞去啊，远离浊世而深藏。

从这首赋中可以看出，失意的贾谊已经变为一个愤青。

汉文帝七年(公元前173年)，想念贾谊的文帝又把他从长沙召回长安。此时，朝廷上人事已发生了很大变化，原来曾压制过贾谊的灌婴已死，周勃在遭冤狱被赦免后回到绛县封地，不再过问朝中政事。但是，文帝还是没有对贾谊委以重任，只是把他分派到梁怀王那里去当了太傅。

但对贾谊来说，他所关心的似乎不是自己职务上的升降，而是国家的政治形势走向。

在当时，西汉王朝的政治局势基本是稳定的，但也面临两个矛盾并逐渐尖锐化。一个是中央政权同地方诸侯王之间的矛盾，一个是汉王朝同北方匈奴奴隶主政权之间的矛盾。比如：文帝三年，济北王刘兴居反；文帝六年，淮南王刘长反；吴王刘濞更是一直不断地在招兵买马，蠢蠢欲动；而匈奴也经常侵扰西汉北部边境。透过当时政治局势的表面稳定，贾谊看到了其中潜伏着严重的危机，他接连多次向文帝上书示警。终于在从长沙回长安后，贾谊上书《治安策》，发出了振聋发聩的“盛世危言”。

贾谊先是对那些颂圣的人进行痛击：“那些向陛下进言的人都说，现在天下已经安定了，已经治理得很好了，唯独我认为没有达到那种境界。那些说天下已经大治的人，不是愚蠢无知就是阿谀逢迎，都不是真正了解什么是治乱大体的人。”接着他剖析局势的危急，“我私下认为现在的局势，应该为之痛哭的，有一项；应该为之流涕的，有两项；应该为之大声叹息的，有六项。至于其他违背情理而伤害原则的事，很难在一篇奏书中一一列举。”他还用了一个比喻，“有人抱来火种放在堆积的木柴之下，自己睡在这堆木柴之上，火还没有燃烧起来的时候，他便认为这是安宁之地；现在国家的情况，与此有什么不同！”

事实上，刘恒在位时期对如何安抚诸侯王国并没有什么高明的对策，总体上还是沿袭刘邦的方式，仍然是依靠血缘的纽带来维持封国对中央政府的忠诚，不能说这种办法一点作用都起不到，后来七国叛乱时其亲子梁王刘武全力阻击叛军保卫朝廷便是最典型的例子。但贾谊对局势的洞悉要比刘邦、刘恒这两代皇帝来得更加深刻和透彻：如果说异姓诸侯王有理由叛乱，那么和皇帝一样姓刘，身上流着同一个祖宗血的同姓王造反理由则更加充分，大家都是老刘家的子孙后代，凭什么你能当皇帝，我就不能？

在《治安策》中，贾谊提出汉朝最大的隐患就是藩王势大危及中央统治，他强烈要求削藩以巩固中央权力。他警告说："封立的诸侯王过于强大，就必定产生君臣上下相互猜疑的形势，而目前天下的形势，正如一个人得了脚肿病一样，一只小腿几乎与腰一样粗，一个脚趾几乎与大腿一样粗，平常屈指伸腰的动作都不能如意，一两个脚趾发生病痛，全身都无法应付。"为了解决分封诸侯国所带来的分裂和内战危险，贾谊提出了一个足以让自己留名青史的高明建议："众建诸侯而少其力。"

贾谊认为，诸侯王是否反叛不是取决于血缘的亲疏，而是取决于中央政府和封国之间力量的强弱对比，一旦封国的实力膨胀，反叛便是形势使然，非人力所能阻止。贾谊所提出的对策就是把疆域广阔、实力雄厚的大国拆分，然后让过世诸侯王的子侄后辈们分别受封，这样诸侯国总体数量增加，但单个的力量却削弱了，一块巨石碎裂成一堆沙砾，最终必然失去与中央对抗的力量。为了防止诸藩王的抵制，贾谊还提出，原属诸侯国所有的每一寸土地、每一个百姓，朝廷都不贪图，以此显示朝廷的公心。

应该说文帝属于鸽派皇帝，如果贾谊晚生几十年，遇见强势凶狠的武帝，像他这样夸大其词抨击体制隐患的人，落得个满门抄斩的可能性极大。看看武帝一朝有多少大臣被诛九族！但贾谊碰到的是赏识他的汉文帝，就连司马迁在《史记》中也认为汉文帝是唯一配得上"仁"字的好皇帝。他评价说："孝文德至盛也！"

这一年，贾谊才二十六岁。

不过，赏识归赏识，谨慎的汉文帝当时没有接受贾谊马上削藩的建议。他似乎对削诸侯一事无动于衷，对待诸侯王这些刘家亲戚，他很是宽容,吴王诈病不朝,不但不问罪而且还赐拐杖给予慰问。只是在公元前164年分齐地为六国,分淮南王地为三国,算是对贾谊《治安策》的呼应。也就是这样,他把削藩这个难题留给了他的子孙景帝和武帝去解决。

贾谊是中央集权帝国时代第一个提出“削藩”主张的人,他的“众建诸侯而少其力”的主张,首次把解决封国问题的着眼点从中央政府的外部施压转移到诸侯王国的内在结构上面，希望把封国实力膨胀所带来的巨大压力通过内部作用消化掉，而不是向外扩散以至威胁中央。

然而贾谊并未获得成功,因为他高明的策略超越了自己所处的时代:诸侯王国的力量还很强大,分封建制的习惯依然牢固,迫于形势,中央政府的法令根本无法在封国得到有效的推行。可能这也说明了贾谊自己也是点儿背,英年早逝,最终都没能爬上三公九卿的位子大展宏图。

但贾谊的主张代表了当时很多有识之士的想法,他们此后不断地进行着和贾谊相类似的尝试,甚至成为西汉及历代朝廷处理和解决藩国问题的指导思想。

三、改革,激进派坠入悲惨人生

文帝之后,景帝即位。

公元前157年，汉文帝刘恒驾崩，皇太子刘启顺利即位，是为景帝。

即位之初,景帝就提拔了一个自己一直以来非常欣赏的人,这个人便是晁错。

这时,藩王势力越发强大,贾谊的“盛世危言”开始应验。此时距贾谊客死他乡已经十二载。

谁是晁错？晁错是谁？

晁错,是贾谊的老乡,河南许昌人。

这个人,思想理念与贾谊接近,而言辞和行为则更加极端。他早年身为太子家臣，也就是说，在景帝还是太子时，他就已经是跟班了。在景帝还是太子时，他就经常为太子当参谋。

史书上有关晁错的记载，用了四个字作为对他的评语：峭、直、刻、深，意思分别是严厉、刚直、苛刻、心狠。这是一个“锐于为国远虑而不见身害”的人。

晁错出身普通，却个人才能突出，不但文笔相当出众，而且学识非常渊博。不过，他的学习经历跟贾谊刚好相反，年轻时学习“刑名”颇有心得，也就是擅长法律政治类的知识，更为重要的一点是，他的思想也因此受到了法术学说的熏陶。到了后来，他受太常寺公派，去跟著名儒生济南伏生学儒家“几乎失传”的《尚书》，因此得以兼儒学、法术两家之长。

到了镀完金回来，晁错做太子家臣，所以跟太子，也就是后来的汉景帝关系很铁。毕竟是近水楼台，汉景帝继位以后，这位“近臣”在不到两年的时间里就做到御史大夫，名列三公，已是位极人臣。

不得不承认，晁错这个人很有治理国家的能力，早在文帝朝的时候，身为太子令的他就常常上书言兵事，分析汉匈形势、发动战争的利弊，提出了以夷制夷的对匈策略，随后又上书叫文帝募民迁徙塞上，熟悉匈奴地形而攻之。紧接着又提出了徙民塞上的具体措施与军队编制问题。在经济方面，他建议汉文帝“广蓄积，以实仓廪，备水旱”，重农抑商，拜爵入粟于边者，而后又建议文帝减民税以勤农。这一系列政治主张体现在他的政论《论募民徙塞下书》、《论贵粟书》里。重要的一点是，晁错对于国家的时弊不仅敢于直言不讳，而最重要的是他在分析原因之后，还提出了具体应对措施和解决方法。

更为重要的是，与贾谊同年出生，却晚他十四年去世的晁错还向文帝指出了当时威胁汉王朝统治的最大隐患，提出要“削诸侯”，虽然当时文帝没有理会，但也没给他小鞋穿。

汉初的高级官员，多数都是贵族或者功臣出身，资格和背景深厚，晁错毫无疑问是其中的另类：一个没有资历，仅仅靠着能言善辩、夸夸其谈就平步青云的人，本来就让朝中元老们看不顺眼，偏偏他还一刻都不肯消停，不断地搞什么改革、变法，与汉初一贯采用的道家“无为”

作风格格不入。

果不其然，晁错很快便成为了朝廷百官眼中的公敌，不过靠着刘启的信任和支持，晁错的大多数政治主张都得到了实施。

也许自己的政治主张执行得太过顺利吧？他似乎已经被胜利冲昏了头脑，于是便更加大胆地提出了一项新的建议。也正是这一举措让他一举成名，并永载史册。

公元前154年，晁错向景帝上《削藩策》，强烈要求削藩，并建议先拿吴王刘濞开刀。

吴国是当时实力最强的诸侯国。吴国首府在今天的江苏扬州，有渔盐之利，又有铜山，可以直接铸钱，富可敌国。刘濞在吴国经营达四十年，有实力和朝廷对抗。多年来吴国与朝廷屡有摩擦，刘濞和朝廷的嫌隙越来越深，多次假装有病不到中央朝见。晁错认为刘濞日后必反：如今削减他的封地他会反，不削减他的封地他也会反；现在削藩，他反得快，祸害小一些；如果不削藩，他反得慢，将来有备而反，祸害更大，不如先下手为强。

事实上，此时这位吴王刘濞在封地铸钱煮盐，招纳天下豪杰，谋反之心早就化为实际行动。而他谋反的一个重要原因是他和景帝之间的个人恩怨。当年他的儿子因博戏被还是皇太子的刘启所杀，老来丧子，焉得不积怨于心，以至诈病不朝。也许文帝之前不理任何削藩的主张，也多少有点觉得自己儿子有欠吴王刘濞的吧！

与父亲不同，汉景帝刘启却接受了晁错的建议，决意厉行削藩。先后下令削赵国的常山郡、胶西国的六个县、楚国的东海郡和薛郡、吴国的豫章郡和会稽郡等封地。然而，晁错不断推进他的削藩的措施，也使天下诸侯无不哗然，诸侯王则很快发动反击。晁错的激进恰恰成为谋反的借口。

吴国是第一个忍不住的。

吴王刘濞领头，联络各路诸侯王共同举事反叛，最后正式起兵的一共是吴、楚、赵、胶西、胶东、济南、淄川七个封国。各封国虽然起兵反对中央政府，但并不直言造反，而是打出了“诛晁错，清君侧”的旗号。

面对突如其来的叛乱，三十四岁的汉景帝慌了神。为平息干戈，他接受了袁盎的建议，诛杀晁错，并灭其族。平时树敌无数的晁错就这样被仇家们联合起来怂恿景帝当替罪羊杀掉了。

然而，汉景帝求和要求七国退兵，却被吴王刘濞所拒绝。

战争往往是历史发展的节点。汉景帝虽然竭力想避免一战，和平解决问题，但刘濞们哪肯放弃这么好的逼宫机会，旌旗直指长安。当然，出师有名还是要的。晁错既死，原先的旗号已经无法再继续打下去，刘濞随后正式提出要争夺皇位。刘启无奈之下终于决定，命令太尉周亚夫领兵镇压。周亚夫只守不攻，并切断吴军粮草。吴军前进失利，后无粮草，很快叛乱被平息。吴王刘濞被杀，楚王自杀，剩下的五国相继投降，七封国都被废除。这场叛乱一共持续三个月，史称“七国之乱”。

七国之乱平定之后，各诸侯国势力急剧削弱，朝廷受制于藩王的局面蔚为改观。

如果说贾谊的《治安策》还停留在理论研讨阶段(削藩建议虽然招致藩王们的反对，但停留在纸上的削藩没有给贾谊带来性命之虞)，而晁错《削藩策》的直接实施则更加激进，由此引发的后果也严重得多。在杀身灭族和血雨腥风都一起载入了史册之后，让人不禁感到疑惑：对待分国，晁错的立场为何这般坚决?

其实只要看看晁错的个人履历，便不难理解为什么他的态度会如此强硬。

一方面：他没有显赫的身世背景，他所获取的地位和成就完全是依靠个人才能拼搏奋斗得来的，他的飞黄腾达堪称是一部最标准的职业官僚发迹史，对于他这种典型的政治代理人而言，只有高度集权的中央政府才能提供他展示才华技艺的舞台，只有大权独揽的专制君主才能给予他实现宏图抱负的机会。

另一方面：他内心所坚定信奉的法术思想也要求他必须站在帝国中枢一边与地方领主及诸侯王们对抗，并且不顾危险、不惜代价地采取铁血手段强制推行自己的政治主张。

晁错就这样被推到了历史的矛盾冲突点上，分封制和中央集权这两种社会体制之间的殊死争斗，在西汉景帝年间的七国之乱中达到了最高点，作为点燃这一场制度大革命导火索的人，晁错也最终在历史上留下了一个永不磨灭的印迹，只是他的下场让人感觉到了一丝的悲凉。

鲁迅先生评论："为西汉鸿文，沾溉后人，其泽甚远。"

然而，由于强制推行"削藩"政策所导致的七国之乱，是帝国制度发展历史上的一次重大事件，是中央集权体制成长阶段所遭遇到的最严酷的一次考验，并为完成真正的中央大一统打下了基础。

四、智取，推恩令深入全国各地

平定七国之乱以后，景帝马上收回诸侯国的人事任免权，颁令藩王不再直接治理民众，诸侯国官吏编制也大为精简，中央政府与封国之间的实力对比开始朝有利于前者的方向发展，但是西汉王朝的体制隐患并没有真正消除。

直到汉武帝刘彻登基，汉王朝的诸侯国仍然尾大不掉。一些诸侯国甚至连城数十，地方千里。他们有国有民有兵，骄奢淫逸，聚众抗命，仍然有可能对朝廷构成诸多的威胁。

汉武帝是什么人物啊，他怎么能够容忍这种事情啊！当了国家集团公司董事长的他，推动中央政府采取行动，加快了逐步蚕食封国势力的步伐。在这期间发生了一件具有划时代意义的重大事件，决定了今后两千年帝国的政治格局，那就是汉武帝采纳了主父偃的《推恩令》。

主父偃到底是一个什么样的人？这个人，其实很复杂。

根据史书记载，主父偃，西汉齐国临淄人，自幼家境贫寒，年轻时主要学习纵横家、辩士之说，成年后又学习了儒家经典《易》、《春秋》及诸子百家之说。他在故乡曾广泛结交各个学派的人物，颇有纵横之学，但都未能得到赏识，并且还受到齐地儒生的排挤，从来没有得到施展抱负的机会。

如果他生于战国时代，他这样的人，是大可以受到诸侯的重用的，比如张仪、苏秦，不都是普通人出身吗？想想战国之时，纵横学家们凭借"三寸不烂之舌"，纵横捭阖，暗中操纵着列国之间的战和，多么快意啊，多么有成就感啊！

自西汉开国直到吴楚七国叛乱为止，纵横之士依然很活跃，但叛乱被削平之后，纵横家走上了由盛而衰的末路，到汉武帝时终至废绝。在这一过程中，纵横家的影响日渐缩小。他主父偃成年时，天下已经安定，哪还有什么纵横家的余地啊？他恨自己生不逢时，又很不甘心。

贫寒而且从来没有得到过机会，傲才而且又生不逢时，这让主父偃的人格有些另类。他对常规伦理和政治规则根本就不放在眼中，他的一切理想，就是依附权力，一展才能。

备受排挤的主父偃，特不甘心的主父偃，为了步入仕途，经历了一番波折，大费了一番苦心。

为了将来能有个出头之日，他曾托宦官齐人徐甲，请求齐王把女儿纳入王宫做妃嫔。但齐王母纪太后根本就看不起主父偃，并当面拒绝。为此，主父偃对齐王恨死了。

主父偃郁闷啊。想把女儿送到宫中做妃嫔，人家居然不要！想过点好日子，偏偏生活日渐窘困。他奶奶的，咱干脆走吧，此处不留爷，自有留爷处！处处不留爷，爷也不在乎！怀着这样的愤愤，他走了。

他离开故土，到燕、赵、中山（今河北、山西一带）等诸侯国寻求出路。可是，汉朝的诸侯王，真没几个有出息的，没几个识才的。这些王们中，没有任何一个人给主父偃一点点礼遇。于是，他更加穷困潦倒。

他奶奶的，处处不留爷，爷往哪儿去？主父偃在想。

干脆，到长安去，到天子脚下去！诸侯王不跟老子玩，老子还不想跟你们玩呢！

下了决心的主父偃，直奔长安。

到了长安，他投奔大将军卫青，请他把自己直接引荐给汉武帝。

当然，之后情况的发展让人惊奇，在地方上屡屡碰壁的他，到了中央却时来运转。大泽之龙，真的不是一洼水坑可以养育的。

到了长安，找到了卫大将军这样的大靠山，机会离他只有一步。卫青虽多次为他说话，但很长时间内没有引起汉武帝的重视。主父偃想啊，咱可不能这么干等着啊，咱得行动。一千多年后的那个拿破仑，不是说过什么“先投入战斗然后再见分晓”吗？于是，咱先投入战斗！

他大着胆子，写了一封很长的上书，“所言九事，其八事为律令，一事谏伐匈奴”，直接向汉武帝刘彻上书。

两汉时期，是个政治相对开放开明的时期，老百姓不管是什么人，都可以直接给皇帝写信，自陈己见。这些写给皇帝的信，用不着经过什么办公厅啊信访局啊转来转去的，直接就可以到达皇帝手中。皇帝看到百姓的信，认为果有可取，即予召见，经过当面谈话，感到满意，便予以官职。你看看，那时候的百姓，通过给皇帝写信，就可得到官职了，用不着给组织部门送钱送物，也用不着抽查考察。

汉武帝本人堪称一代雄主，在位五十四年(公元前 140 年—前 87 年)，占整个西汉王朝的四分之一，而且正当最繁荣强盛的时期。他继承了文景之治造就的富强国势和安定政局，对内加强皇权巩固统一，对外开疆拓土宣扬国威，是完成封建专制主义中央集权大帝国的重要人物。武帝本人有雄才大略，内政外交多所改易，又继承了数十年来积聚的实力，正准备大举讨伐匈奴。但初次出兵无功而返，且导致双边关系彻底破裂。

正是在这一背景下，主父偃提出匈奴问题。

主父偃认为：秦亡的主要原因就是征伐匈奴。“曝兵露师十又余年，死者不可胜数”，致使赋税繁重，人民疲敝，“男子疾耕不足于粮饷，女子纺绩不足于帷幕”，结果“天下叛秦”。高祖吸取了平城之围的教训，及时采取了“和亲”政策。现在征伐匈奴是重蹈亡秦覆辙，“此臣之所大忧，百姓之所疾苦也”(《史记》)。尽管汉武帝后来征伐匈奴取得了重大胜利，但也付出了“海内虚耗，户口减半”的沉重代价，如果不是武帝末年悔征伐之事，及时改弦更张，主父偃的忧虑不是没有可能。

一天早上，主父偃将自己给皇帝的信装好，给皇帝寄了出去。快中午时，主父偃回到自己的小家之中，倒头就睡。能做的咱已做了，谋事在人，成事在天吧，等着。

刚刚睡着，主父偃听到有人大拍其门。拍门的人高叫：“主父偃，你出来！”

出来就出来，谁怕谁啊？

出门一看，拍门的人是皇差。

原来，汉武帝早晨接到上书，下午就急忙让人寻找主父偃，立即接见。接见之后，立即拜为郎中。

一封信，让主父偃当官了。从此之后，他经常上书言事，颇得武帝赏识，“岁中四迁，至太中大夫”。

由主父偃早期的这些经历可以看出，为了步入仕途，主父偃想尽了一切办法，忍受了别人的冷嘲热讽，甚至排挤和打击。但他并未因此而放弃自己的追求，百折不挠，历经坎坷，表现出强烈的入官从政意识和不屈的韧性。可以说，他是个“官迷”。

“官迷”主父偃当了官，开始施展自己的才华。在他之前，在他之后，许许多多的官迷，目的只在于做官，或者搞钱，然而，主父偃不是。做官，只是他的手段，他要通过当官，施展自己的抱负，让人家看得起自己！一个官迷，如果这样去求官，也许并不是一件坏事情。

这时的汉王朝，诸侯势力仍然是国家的大问题。而且，对于这个大问题，很多人已经不太敢说什么了。你看看，就在不久前汉文帝的时候，贾谊上书，认为诸侯太大，建议削减，结果没法子搞成，还孤立了自己；就在不久前汉景帝的时候，晁错上书，认为诸侯太大，建议削减，结果景帝杀晁错，“内杜忠臣之口，外为诸侯报仇”。从此以后，忠臣们谁还敢提削藩的事？

终于，到了汉武帝时代，有个敢吃螃蟹的人来了。

这个人就是主父偃。

主父偃本人算是术家出身，后来兼通儒学，这一点同晁错极为相像，他对待封国的态度，也一样是力主“削藩”，但是手段却高明得多，也隐蔽得多。他提出了诸侯占地太多太大的敏感问题，但却不主张采用晁错的办法。他认为：用行政命令来强行削减诸侯的封地，只能引起诸侯王的不满，甚至反抗。

公元前127年，主父偃借鉴了贾谊、晁错削藩的措施，并加以完善发展，向武帝提出建议：削藩不能真正解决，则亡国隐患就会存在，以后还会有七国之乱发生。可以说，主父偃此举是贾谊“盛世危言”的另一个版本。汉武帝是个杀伐决断极其干脆的皇帝，他要求主父偃拿出一揽子解决方案。成竹在胸的主父偃拿出一套终极解决方案，就是历史上著名的《推恩令》。

关于《推恩令》，《史记·平津侯主父列传》是这样记载的："（主父）偃说上（汉武帝）曰：'古者诸侯不过百里，强弱之形易制。今诸侯或连城数十，地方千里，缓则骄奢易为淫乱，急则阻其疆而合众以逆京师。今以法割削之，则逆节萌起，前日晁错是也。今诸侯子弟或十数，而适嗣代立，余虽骨肉，无尺寸地封，则仁孝之道不宣。愿陛下令诸侯得推恩分子弟，以地侯之。彼人人喜得所愿，上以德施，实分其国，不削而稍弱矣。'"

在这段记载中，主父偃向武帝刘彻的建议提到了之前景帝时候的七国之乱和晁错，他似乎不赞成晁错的《削藩策》，但实际上反对的仅仅是"以法割削之"而已，从个性上来讲，两人反倒颇有些类似。

汉武帝马上采纳了主父偃的建议，颁布诏书："梁王、城阳王亲慈同生，愿以邑分弟，其许之。诸侯王请与子弟邑者，朕将亲览，使有列位焉。"（《汉书·武帝纪》）贾谊提出"众建诸侯而少其力"，只是一种指导思想，他当时设想的具体办法并不可行。主父偃的"推恩"制度则是一项措施得力的创新，成效更是立竿见影。

此时，中央颁布《推恩令》，诸侯王是无法抵制的，因为"非嫡长子们"会以诏令为依据，强行要求分割土地。原来只有长子能继承王位，其他儿子什么也得不到，现在允许每个儿子都能受封当王，可以想象一下，即使做父亲的、做大哥的很不情愿，但是不愿意能行吗？

这一套搞下来，结果可想而知。仅分封的王侯人数就达到创纪录的四百零八人。各封国越来越小，势力已大不如前。作为《推恩令》的辅助，武帝又颁布了《酎金律》，规定诸侯每年要贡献一定数量的黄金助祭宗庙。之后，武帝又常常借口黄金成色不好、分量不足，将诸侯们慢慢削爵除国。元鼎五年（公元前 112 年），武帝一次就依据《酎金律》削夺一百一十六人的王侯爵位。慢慢地，汉朝分封的王侯就只剩下五人了。

借助《推恩令》，西汉在文景之治后，在武帝一朝趋于鼎盛。在历史上，开创了中国享誉世界的一代盛世。

五、盛世，出现在决战胜利之后

在中国的历史上，汉唐宋明清都经历过或长或短的盛世，都有削藩问题存在，甚至清朝还爆发了三藩之乱。但汉朝的削藩比起清朝康熙的削藩复杂得多，也困难得多。

事实上，从秦始皇嬴政完成全国大一统到汉武帝刘彻即位这段时间，社会体制的变动非常剧烈。

其中，尤其是西汉初期的文景两朝，为了强化中央集权统治，期间既有削藩专家贾谊、晁错、主父偃的献计献策，又有汉文帝刘恒、汉景帝刘启、汉武帝刘彻三代皇帝的亲力亲为。文帝重情谊，不想大动干戈。景帝作为过渡，能下决断平定七国之乱，但对母亲至孝，对弟弟梁王格外开恩，以至于"削藩"问题有始无终。

只有汉武帝一举解决削藩和匈奴两大难题。

纵观西汉整个削藩过程，几乎就是职业官僚出身的文人改革家们同诸侯王国进行的残酷斗争。也正是他们之间的冲突随着时间推移而变得日益激烈，终于在"七国之乱"中彻底爆发出来。

正是七国之乱平定后，中央政府和封国之间的实力对比才发生了质的变化，代表帝国利益的职业官僚集团已经占据了有利位置，主父偃在这个时候提出《推恩令》，可以说是一种因势利导、水到渠成的举措。其成就并不仅仅是依靠他个人的学识和才能，更重要的原因是，之前的改革家们已经做出了巨大的贡献，经过几代的不懈努力，为削藩事业打下了坚实的基础，也为主父偃创造了一个良好的局面，让他的政治抱负可以在没有遇到太大阻力的情况下得到施展，并最终获得成功。

毫无疑问，在帝国制度成长阶段，围绕削藩而进行的拉锯战中，主父偃是最后一个环节。他，是压倒骆驼的最后一根稻草，他也因此功成名就，成为收获胜利果实的那个幸运儿。

如果说晁错为削藩而采取的是"堵"的方法，那么主父偃采取的就是"疏"的策略，相比《削藩策》，主父偃的《推恩令》其实更接近于贾谊早先提出过的“众建诸侯而少其力”。贾谊的办法虽然对帝国有利，但那时正是各诸侯王国实力处于最顶峰的时候，根本没有办法得到实施；而贾谊一生只活了三十三岁，他也没有时间等到更好的机遇来临。晁错希望走捷径，通过强制手段来削藩，他认为各封国是“削之亦反，不削亦反”，削的话，反得早，祸害小，不削的话，反得迟，祸害大。晁错认定封国迟早必定反叛，这个判断本身是非常正确的，但是他的方法过于强硬，结果人为激化了矛盾，最终导致决战。

从手段上来看，主父偃的削藩策略和贾谊的建议基本上没有多少区别，这本不奇怪，加强中央集权，完善郡县体制，原本就是帝国制度的必然要求。而削弱封国势力，减轻叛乱威胁，既是西汉初期文、景、武三朝长期难以解决的大问题，也是从贾谊、晁错，到王臧、赵绾、田蚡，再到主父偃这一路人马所一脉相承的政治主张。但结果却是大相径庭，贾谊毕生没有看到自己的理想和抱负成为现实，最后忧郁而终；晁错则因为其过于强硬的姿态激起兵变和内战，最终成了为平息叛乱而被牺牲掉的替罪羔羊；而主父偃却完成了他们未竟的事业，他成功地帮助汉武帝彻底解决了诸侯王国的威胁，顺利完成了向郡县制的全面过渡。因此可以说，在帝国制度的发展道路上，《推恩令》具有里程碑式的价值。

那么，《推恩令》本身又有何高明之处呢？

先看看实施后的效果就知道了。史书记载，刘彻采纳《推恩令》之后不久便颁下诏书“诸侯王或欲推恩分子弟邑者，令各条上，朕且临定其名号”(《史记》)；“诸侯王请与子弟邑者，朕将亲览，使有列位焉”(《汉书》)；《汉书》中对《推恩令》的评价更加直接：“(武帝)用主父偃谋，令诸侯以私恩裂地，分其子弟，而汉为定制封号，辄别属汉郡。汉有厚恩，而诸侯地稍自分析弱小云”。

用现在的话来说，“以人为本”可以说是《推恩令》成功利用人性的结果。中央政府鼓励诸侯王分封自己的私有土地给自己的子孙，而皇帝亲自为封国定制封号，从表面上来看，这种册封行为是以中央政府的名义在推行，但分封所需要的土地却一寸都不需要从帝国划拨，因此中央政府其实是在拿各诸侯王的财产给自己赚名声，这么做一来削弱了当代诸侯王的力量，二来博取了下一代诸侯王的好感。但主父偃心里清楚：土地究竟是有限的，不可能永无止境地一代又一代地分下去，终归会有“地尽而止”的那一天，到了那个时候，诸侯王的后代们将落得个一无所有的下场，沦落为与平民无异。

古今中外历史上，糖衣炮弹从来就不是那么好吃的。

短暂的幸福之后，接踵而来的必然是高昂的代价。

事实证明，尽管主父偃提出《推恩令》的最初目的，或许仅仅是为了削弱封国势力，强化中央集权，其原本只想对政治体制结构作一番变动，然而最终产生的影响力却远远超出了政治改革的范畴，扩展到了思想、观念、文化等各个领域。它几乎奠定了以后两千多年里整个帝国的底层基础，后世的绝大多数王朝，如东汉、西晋、隋、唐、元、明、清，政体上实行的都是郡县制，虽然是战国后期的术家发明了郡县制，但是一直到汉武帝采纳《推恩令》，这种管理方式才真正牢固地稳定下来。

西汉是中国历史上第一个强盛的封建王朝。

在这一时期，能人辈出，尤其是汉武帝时期，在其周围聚集了一大批杰出的文臣武将，文臣如公孙弘、董仲舒等，武将如卫青、霍去病、李息等。贾谊是汉文帝朝的人，晁错在汉景帝初年最风光，主父偃靠汉武帝发迹，三个不同年代的人有个共同点，即他们都曾提出过削弱诸侯实力的办法：贾谊首创“众建诸侯而少其力”之策，晁错力主削夺诸侯王的封地，主父偃促成了《推恩令》的发布。有人说晁错是实干家，比贾谊强，我不以为然。在我看来，如果要比谁最高明，肯定是贾谊，晁错不唯比不过贾谊，比起主父偃来都要略输一筹。

事实证明，刘彻在位五十四年，在漫长的汉武一朝中，文人幕僚团队所起的作用影响深远。

在政治上：正式创立皇帝年号，设置十三部刺史用以监察地方，采用选拔人才的察举制。

在经济上：把铸币、冶铁、煮盐、酿酒等重要产业的经营权全部收归中央，设置平准官、均输官用以官营贸易和运输，兴修水利，屯田西北，实行“代田法”，进行了人类历史上第一次人口统计。

在军事上:废除自高祖以来对匈奴的和亲政策,北伐匈奴,东征朝鲜,南灭夜郎、南越;外交上遣使出西域,打通"丝绸之路"。

在思想上:采纳董仲舒的建议,"罢黜百家,独尊儒术",当然这个说法本身并不准确,在中国实行帝国制度的两千多年里,实际上几乎一直都是"儒术合流"。在不少人看来,只有采纳主父偃的《推恩令》才称得上是汉武帝时期最重要也最关键的一个举措,它是中国历时两千年的中央集权式帝国的真正开端,是中国古代职业官僚所主导的最绝妙的一次政治改革,充分体现了新兴的政治权力代理人阶层高明的手段与高超的本领,如果要从中华帝国两千多年历史中多如牛毛的律条里,挑选一个政治智慧排名首位的伟大决策的话,那么《推恩令》当之无愧。

古往今来,知识分子们在对人生终极目标的探索和追求中,忍受着特有的煎熬与痛苦。历史往往有着惊人的相似性,对社会变革起到过重要作用和影响的改革家们,又有哪一个的自身结局得以圆满呢?从商鞅到晁错,历史似乎是在用不断重演的方式告诉我们:人类社会的进步,从来就无法避免沉重的代价。

正是在文人幕僚群体智勇的坚持下,汉朝从立意削藩,到爆发"七国之乱",施行推恩令,时间跨度为文帝前174年到武帝元朔二年前127年,付出了巨大的代价,削藩问题才最终解决。其经验后来更是为历代朝廷所采纳。

也正是在这个漫长的过程中,西汉王朝才得以走向第一个盛世。

东汉：平淡岁月问天下谁是英雄

——史上最强项的草根派人物张俭和杜根

望门投止思张俭，忍死须臾待杜根。

我自横刀向天笑，去留肝胆两昆仑。

——谭嗣同《狱中题壁》

有的诗，尽管你可能并不真正十分理解，但却非常喜爱它。

谭嗣同的《狱中题壁》就是这样。

只是，对于多数人来说，这首诗是既熟悉又陌生的。

1898年9月28日，谭嗣同引颈就戮于北京菜市口。

纵死犹闻侠骨香。

从此，诗人生前的绝命诗广为传诵。这首七言绝句，意象阔大，磅礴有力，充溢着至大至刚的浩然正气。我们在为戊戌变法失败感叹欷歔的同时，也为谭嗣同本人的大仁大勇、慷慨赴义而感动落泪，甚至干脆把这首狱中题壁诗理解成了就义诗。

百余年来，谭嗣同这首悲壮的就义诗，感动了无数的人。

无数被感动的人，对于谭嗣同诗的后两句，再熟悉不过了。谭嗣同诗的前两句呢？也许有人并不那么熟悉，也许曾经熟悉的人也正在遗忘。

在生命的最后时刻，谭嗣同诗中的张俭和杜根，是什么样的人？

一、豪强政权形成非常年代

春秋战国和大统一的秦王朝之后，是刘邦建立的大汉政权。大汉王朝，我们的历史，分西汉和东汉。西汉和东汉之间，是王莽建立的、时间短暂的新朝。

当刘秀——汉高祖刘邦的这个后人击败王莽，再次恢复汉王朝时，后人们将其称之为东汉王朝。

东汉王朝，是一个由豪强大地主建立起来的政权。开国皇帝刘秀本人就是大豪强，追随者更是如此。刘秀开国后，大封功臣三百六十五人，加上外戚四十五人，这些人与刘姓宗室王族合在一起，便形成了一个实力空前的豪强集团。在这个集团中，有不少家族享有世袭特权，往往一门数侯，累世尊显，几乎垄断了东汉王朝的所有重要官职。此外，还有部分富商大贾和地主，凭借资财结交官府和王侯，也上位而成为地方豪强。

总之，东汉王朝，是一个完全的豪强政权。

豪强地主势力的快速膨胀，压缩了普通民众的生存空间，土地不断被兼并，自耕农不断沦为佃农、雇农和彻底的无产者。结果，贫富差距疯狂加大，政府赋税大量减少，社会安定成为大问题。

这是历史的大背景。在这个大背景下，东汉王朝的国运，时时面临巨大的风险。

后来，刘秀意识到了问题的严重性，忍无可忍，为了增加政府的赋税收入，也为了解散豪强地主的武装，专门下诏进行改革，但收效不大，以后的皇帝在这方面更加无所作为。

于是，东汉国家政权是贫弱的，没有足够的钱；其政治也很不稳定，各种政治力量之间的斗争一直纠缠不休。

各种政治力量，来自不同的集团。不同的政治集团，为了自己的政治利益，一定会时时冲撞。比如外戚集团和宦官集团之间，频繁发生争斗，愈演愈烈。

外戚，是封建时代特有的产物，他们是皇帝的母族或妻族。当年幼的皇帝即位后，母后临朝，照例总要委托自己的父兄处理政事，让他们担任大将军并参录尚书事等重要官职，把持军政大权。后来，皇帝长大，亲自执政，必然与专权的母亲家族发生矛盾，新皇帝往往利用服侍自己的亲信——宦官的力量来发动宫廷政变，清除母亲家族的势力，这样宦官就又攫取了大权。东汉王朝，就是这样循环往复的，尤其在东汉后期，国家政权几乎完全处于外戚与宦官交替执政的状态，政治生态就是一幅彼此对立、互相倾轧的大图景。

政治生态一旦演变成互相敌对，社会生态就会完全破坏，和谐社会就会到此完结，全中国就会大动荡、大破坏、大分裂。

在动荡与斗争中，首都的太学生、州郡的学生和一部分耿直派的官僚走到了一起，他们同以宦官为代表的当权集团进行斗争。这就是发生在东汉末年桓帝、灵帝时期的"党锢之祸"。

学生和文人，怎么能斗得过官场的老手们？又怎么能斗得过占据中央权力的高官们？于是，在宦官集团的残酷镇压下，学生和官员们失败了。他们被挟持皇帝的宦官诬为"诽讪朝廷，疑乱风俗"的党人，遭遇死、徙、废、禁者上千人。

张俭，就是"党人"中有广泛社会影响的一个小人物。

张俭字元节，为东汉名士，邹县人。他的出身，有一定的背景，先祖张耳，在刘邦打天下时帮过忙出过力，被封为赵王。父亲张成曾经做过江夏（今豫鄂地区）太守，也算是个中级官员。

张俭本人，也是比较争气的，属于青年才俊一类，青年时期被推荐为秀才。东汉的时候，国家用人，要么是选择达官子弟，要么就是社会推荐。张俭既为官家子弟，又得到社会推荐，可以说是符合了双重标准。当时，秀才是不能称之为秀才的，因为光武帝刘秀的名字有个秀字，要避讳，因此，国家教育部的官员们想了个办法，称之为茂才。有人还推荐他到兖州所属的郡县任官，但他感到与兖州刺史的关系不易协调，以生病为由加以拒绝了。

张俭很有些清高。

清高，在东汉这样的社会环境，一些文人士大夫是情有独钟的。社会问题如此之多，除了清高，你还能做什么呢？除非你想同流合污、随波逐流！

所以啊，在东汉的时候，不仅仅只有张俭一个人玩清高、装清高、要清高。

当今社会，如张俭这么做的，已经很少。看看我们每年报考公务员的人数，多如牛毛，恨不得挤破头。更有人为了考上公务员，借拿许多个身份证去刷啊刷的，制造很多人报考的假象，让他人不敢竞争，真所谓无所不用其极。是啊，当公务员，当官，是社会最大的时尚，是当今社会最大的价值体现。东汉的那些读书人，怎么就不明白这个道理呢？真是些书呆子！

豪强时代的东汉，偏偏有许多士人拒绝当官。这种时尚，在东汉的知识分子中间很流行。稍微有名望的读书人，都会以拒绝官府征召来显示自己的清高，抬高个人的声望。在张俭这样的“党人”中，几乎都有拒绝朝廷或官府征召的经历，有的人甚至屡征屡拒，终身不仕。也就是说，你中央政府虽然多次任命我当官，但我就是不去，不屑去！这种人成为了社会名流，成为了一个团体，成为了一种社会阶层。

这些个社会名流，与在朝的士大夫官僚们在政治上有一致性，就是反对宦官专权。在这个目标下，社会名流和在朝官员们互相标榜，互相吹捧，共同发表对敌斗争的文章，与宦官的斗争也达到白热化程度。

165年，东汉延熹八年，当时翟超任山阳太守，他很想拉个自己人充实力量，于是就请张俭做了山阳郡的东部督邮。

督邮，是个很小的官，级别也低。在当时，每郡大都设东、西、南、北四个督邮，分别对所属的县乡官吏和地方豪强进行监察。督邮的职位虽然并不怎么高，但权力却不小，像什么传达教令、督察属吏、审查案件刑狱、监察审核不法之徒都归这个督邮管，就像上级政府派到下级地方的专员，官不大，却是上头派下来的，什么都管，还不能得罪。张俭就是这么个官。

这时的张俭虽然有点权，但级别毕竟很低，在官场，只能算是草根派。

就是这样一个草根派，发动了中国历史上士人集团对宦官集团的第一次大决战。

宦官,是中国政治生态中的毒瘤。总体来说,这个特殊的政治团体中,偶尔也有一两个正面的人物出现,但绝大多数情况下,这个团体是败坏的,是整体上败坏的。国家给予他们多大的权力,他们就一定会做出多大的坏事!中国历史上,正直的文人士大夫与宦官的大规模斗争,几乎从没有停止过,多少次惊心动魄,多少回血流成河!

张俭面对的宦官首领,是侯览。

正直的士人,与丑陋的宦官,从来是一对矛盾,形同水火,古今如是。张俭与侯览,就是矛盾,就是水火。

166年,就是东汉的延熹九年,也就是张俭出任山阳郡的东部督邮这一年,正好发生了一件大事。

当时宦官唆使张成的弟子牢修上书控告河南尹李膺,理由是这些士人们"交结诸郡生徒,更相驱驰,共为部党,诽讪朝廷,疑乱风俗"。宦官们又纷纷出来当庭作证。于是,东汉桓帝大怒,命令全国各地的干部,将士人们逮捕起来。偏偏有一个士人出身的干部,当时是太尉的官职,相当于公安部部长,名叫陈蕃。此人抗旨,不服从命令,还写一封信,提出反对。桓帝看到这封信,很是不满啊。皇帝不高兴,谁惹得起啊?皇帝下了命令,将李膺、太仆杜密、御史中丞陈翔等二百多人逮捕下狱。这一下,士人们,党人们,受到重大打击。皇帝还对一些逃走的士人们悬赏通缉。

陈蕃对皇帝的命令,非但不听,而且又上书直谏。桓帝也真有些晕了头,以陈蕃"辟召非其人"将其免职。

这件事一直闹到第二年,桓帝的皇后窦氏的父亲窦武等人,上书要求释放党人。社会舆论如此强大,东汉桓帝不得不对党人实行大赦,但是下令禁止他们以后为官。桓帝将党人免去死罪,"赦归田里,禁锢终身",这就是第一次"党锢之祸"。值得庆幸的是,张俭在第一次"党锢之祸"中并没受到追捕。

然而,因为第一次"党锢之祸"中被捕的人都被"赦归田里",结果,好像起到放虎归山的效果,党人们,士人们,将斗争转入了民间。天下士人群起反对皇帝的错误行为,社会各界纷纷响应。"八俊、八顾、八及、八厨"等美称就是那以后人们授予那些不畏宦官势力的正直士大夫的。而且，由于“党锢之祸”在社会上引起的“逆反心理”，党人们的声誉反而上了一个新的台阶。

于是乎，张俭成为了“导人追宗”的“八及”之首，后受邀同为“八及”的翟超做山阳太守。

二、士子文人挑战宦官集团

167年，东汉的第一次“党锢之祸”后不久，到了永康元年冬天，东汉桓帝死了，灵帝即位。

想想东汉光武帝刘秀是何等伟大的人物，可是，种下的龙种，生出的却偏偏是些跳蚤。这个新皇帝与桓帝一样是昏庸无道之君，被宦官玩于股掌之上。东汉的国运越来越差，就是皇帝们的无能与宦官的疯狂造成的，怪不得后来的张角闹事，也怪不得后来的阿瞒专权！

此时，另一个悲壮的人物登上历史的舞台，进行了短暂的表演。这个人就是成了大将军的窦武。

早在165年，窦武的长女入宫做了桓帝的贵人，不久立为皇后。于是，窦武父以女贵，成为外戚。此人“多辟名士，清身疾恶，礼赂不通，妻子衣食才充足而已”，平时还经常把得到的皇家赏赐或散给太学诸生，或购买粮食施舍给贫民。他反对宦官集团把持朝政，因此支持党人，在第一次党锢之祸中就曾经设法营救。所以，灵帝即位后他马上任用陈蕃为太傅，并重新任用了李膺等一些名士，清议的力量更加壮大。但这时候曹节、王甫等宦官势力日益膨胀，引起了陈蕃的不安，上书窦太后要求除宦官未果，他便开始与窦武合谋诛除宦官。

168年，也就是建宁元年，陈蕃、窦武再次上书要求立即诛除专横的宦官，但是窦太后的犹豫不决延误了动手的时机。计划泄露被曹节等人发觉后，曹等人立刻挟持灵帝，下诏拘捕窦武，窦武兵败自杀，窦太后被软禁。陈蕃带领属官及诸生抵抗，失败被捕，不久被杀害，其家属被流放，门生、故吏也都被免官或禁锢。陈蕃、窦武的失败是对士人官僚的巨大打击，之后形势急转直下，又一次掌握了政权的宦官们，更加疯狂，宦官集团的想法，大约是彻底解决不听话的士人们，对他们进行肉体消灭。

169年,宦官再度掀起党锢。

当时,张俭正在督邮任上,他可能已经感到危险正向自己逼近。

也许是冤家路窄,此时官居中常侍的大宦官侯览的家正在张俭的监察区,此人特受桓帝的信任与赏识,被封为高乡侯。他依仗权势,大势聚敛,强占民田,残害百姓,其母亲更是恃势妄为,称霸乡里。早些时候,其兄侯参依仗他的势力,当上了益州(辖区囊括今四川、云南、贵州大部分)刺史,因贪残成性,辖区内百姓凡“丰富者”,即“诬以大逆”,加以诛灭,将其财产没为己有,“前后累亿计”,后被太尉杨秉参奏,桓帝下令槛车征京师治罪,途中自杀。为此,侯览一度免官,但不久又官复原职。

到了169年,侯览母亲死去。侯览返家,自己虽然是个宦官,但也要给母亲极大的哀荣啊!他大事张扬,为母亲办丧事,还修起高大的坟冢。办完这些,侯览高高兴兴地赴京师去了。可是,这事让张俭知道了。张俭虽然职位不高,权力也不大,但他不畏权势,而且讨厌宦官。讨厌宦官,自古以来,正常的中国人,都有这么一种情结。

于是,张俭毅然给朝廷写了一封具名的举报信,揭发侯览侵吞民田、暴虐不法的罪行,请求诛杀问罪。这封信是这样举报侯览的:“贪侈奢纵,前后请夺人宅三百八十一所,田百一十八顷,起立第宅十有六区,皆有高楼池苑,堂阁相望,饰以绮画丹漆之属,制度重深,僭类宫省。又豫作寿冢,石椁双阙,高庑百尺,破人家室,发掘坟墓,虏夺良人,妻略妇子。”再加上其他罪行,请皇帝杀掉此人。

古代的中国,许多毛病与现代的中国一个样子。你看看,张俭几次写了具名举报信,结果,这些信都被侯览同党扣押了,不仅到不了皇帝和中央纪检部门的手上,而且居然直接到了被他举报的那个人——侯览的手中。

侯览对张俭那个恨呀,真的恨到了骨头里!张俭知道奏章没能“上达天听”,于是干脆一不做,二不休,亲自带领属下抄没了侯览的资产。然后再上奏章继续写他的具名举报信,揭露侯览之母“生时交通宾客,干乱郡国”。

张俭的行为，很快被媒体报道了，互联网啊，都市报啊，手机报啊，到处都是张俭的光荣事迹。百姓们看到这些，大感意外，又很是佩服，于是，张俭的“光荣事迹”又进一步在社会上广为传颂，士大夫阶层的不少人也纷纷来到他的门下，并予大力推崇，从此之后，张俭“知名天下”。

张俭出名了，他自己可能在偷着乐吧？可是，有一个人正在哭着，正在磨刀！这个人是侯览。

为了报仇，侯览想着法子找到了张俭的一个同乡，名朱并。这位朱并是乡间的流氓无赖。早些时候，他曾想攀结张俭，结果被拒之门外，因而怀恨在心。

现在，侯览找到了一个最好的“人肉炸弹”，决定反击。他唆使朱并上告，诬称张俭等人是黑社会性质的团伙，正聚众准备造反，“与同乡二十四人别相署号，共为部党，图危社稷”。更要命的是，他们告状说，张俭就是黑社会团伙的老大，黑社会骨干有二十四人，名单如下：“八俊”：张俭、檀彬、褚凤、张肃、薛兰、冯禧、魏玄、徐乾。“八顾”：田林、张隐、刘表、薛郁、王访、刘祗、宣靖、公绪恭。“八及”：朱楷，田槃、疏耽、薛敦、宋布、唐龙、嬴咨、宣褒。

好人举报坏人，难啊难！坏人诬蔑好人，容易啊容易！这也是古今以来中国的规律！侯览、曹节等宦官收到自己谋划的告状信，根本就不向更高领导作详细的报告，直接就下手了！他们用汉灵帝的名义，下命令捉拿逮捕张俭等“党人”。

坏人一旦下手，绝无留情的可能，一般来说，坏人对付好人，通常会宁可错杀一万，决不放过半个！这一回，几个老不死的宦官们，找到了机会，放马杀来，放马扩大战果，凡是像个士人的，全抓！不光是全抓，还要让他们全死！凡是说过宦官坏话的，也是全抓！结果，全国一片恐怖，党人司空虞放、太仆杜密、长乐少府李膺、司隶校尉朱寓、颍川太守巴肃、沛相荀翌、河内太守魏朗、山阳太守翟超、任城相刘儒等百余人，这些人最后都受尽折磨，死于狱中。这次党祸，官僚集团和太学生诸生中的许多精英人物，几乎被一网打尽了，前后百余人被杀，六七百人遭“禁锢”，被陷害的太学生数以千计。这就是东汉末年的第二次“党锢之祸”。

第二次“党锢之祸”，导火线是张俭对宦官侯览家族势力的惩罚。顺理成章，张俭成了第一号要犯被追捕。不过，求生本能主宰了行动，面对死亡的威胁，作为“党魁”的张俭选择了闻讯潜逃。当然，国家机器也不是吃素的，立即就下达了全国第一号“通缉令”！大意是：有藏匿留宿张俭者，罪当连坐，即也要获死罪。

“通缉令”下达之后，侯览还“刊章讨捕”，就是自己出了报纸，到处免费赠送，上面印了张俭年龄及外貌特征，还印了通缉令。在这份报纸上，侯览还写了评论员文章，指出必须抓住张俭的重大意义，然后将报纸颁行州郡，要求各州郡协助缉捕。

据说，这是中国历史上的第一份全国“通缉令”！

也许以前也有过吧？但是，在此之前的中国没有纸张，通缉令是很不好发行的，印刷的成本也太高昂。好在东汉时出了一个叫蔡伦的人，这人又偏偏造出了纸，于是，印刷全国性的通缉令和与通缉令同时发行的报纸，就成为了可能。

因为这是全国有史以来第一张通缉令，因此，张俭很可能是我们历史上被通缉令缉拿的第一人。当然，你也完全可以大声地说：错了错了！春秋战国时的伍子胥，才是中国历史上被通缉的第一人！是啊，春秋战国时期，吴国名将伍子胥糊里糊涂地裹入一场政治斗争，搞得楚平王到处追杀他。楚平王命人制作了他的画像，张贴到各地，并悬赏捉拿，伍子胥的画像就是最早的“通缉令”。但是，别忘记了，楚平王通缉伍子胥的通缉令，只能在楚国发行，而不能到其他国家。所以，伍子胥不能算全国被通缉的第一人！

当然，这些都是题外话。

侯览发出的通缉令，官方看到了，民间也看到了。于是乎，民间人士将这一通缉作为重大情报，准备着——不是举报张俭，而是准备着帮助张俭！人心向背，如此分明。这个国家，这个王朝，还有戏吗？他奶奶的！

张俭受到通缉，一路逃跑。因为走的时候太仓促，张俭什么也没有带，没有带人民币，没有带通行证，没有带矿泉水，也忘记了拿几件T

恤衫和牛仔裤。这可怎么办啊？于是，他看到门就上前敲，恳求收容留宿。他所到之处，所有的人家都开门迎接他。要知道，通缉令上是说了的，谁收留张俭是要杀头的。可是，民间人士愿意这样，你怎么办？你教育？你说服？谁听你的啊，一边去吧！

民间冒着抄家灭族的危险，收留张俭，帮助张俭。在民间，人们以为张俭提供过救助而自豪。一边是国家政权的通缉，一边是人民群众的冒死帮助。人民与国家政权，咋就有了这么大的仇恨呢？是人民出了问题，还是国家政权出了问题？要知道，张俭你小子这么一路逃，一路鼓动群众，你这可是在挑起群体事件啊，你要负责的！

张俭倒是不想再跑了，可是，后面有官兵啊，官兵追得紧啊，不跑就会没命啊！他无处藏身，只好一直跑下去。

三、逃亡之路成为播种之旅

张俭就这么逃啊逃，逃到了山东的曲阜孔府。

逃到了曲阜孔府，那就是到了孔融家了。看到孔老夫子的画像，张俭来了精神。咱张俭，作为您孔子的门生，是有骨气的！他在心底说。

张俭和孔融的哥哥孔褒，是铁哥们儿。所以，张俭来到曲阜孔府，便跑到孔褒家躲藏。可是，张俭来到的时候，孔褒正巧外出办事去了，没有在家，其母亲也不在家中。家中，只有他的十六岁的弟弟孔融在家。

看到这么一个十六岁的少年，张俭好生失望，准备离去。

孔融问他："你是那个逃难的张俭吗？"

张俭答道："正是在下。"

孔融说："我哥哥虽然外出了，难道我就不能为他做主吗？难道我就不会留下你吗？"

于是，张俭住了下来。

不几天，这一消息被官府知道了。官吏们飞跑着来到孔府追捕，结果，张俭已经逃走了。官吏们无法复命，只好就把孔融及刚刚回家的孔褒兄弟双双抓进大牢。

后来国家知道了，决定对孔家问罪。不要以为你们是圣人的后代就可以逃避刑事责任。

他们被拉到法院的公堂之上。

法官们首先提审孔融。这个十六岁的少年站出来说："张俭留宿我家确有其事，今已他去，不知何往，只是吾兄没在家。留张俭的人是我，要判死罪，自然是我去承当，与兄长无关。"

弟弟话音刚落，哥哥孔褒站了起来，说："张俭本来是我的铁哥们儿，他是来投我的。我的弟弟未成年，不懂事，不能负刑事责任，有什么罪就让我承当，把弟弟放了吧。"

正吵闹时，法院的大门口走进来一位老妇人。原来是孔家兄弟两人的母亲。孔母说："法官大人，妾夫已死，吾是一家之主，家事均由我承担。所以留宿张俭的罪过，应该只是我一个人，而与他们兄弟无关。"

孔褒、孔融兄弟二人与其母争着承担藏匿张俭之责，把法官搞懵了，不知道怎么办才好。

后来，法院组成审案委员会，专门进行研究，决定将供词申报国家最高权力部门。最后，最高权力部门下了批文，认罪伏法这事就由孔褒来承受吧。于是孔褒被押赴刑场，一刀斩了。

这边孔褒被杀，那边张俭仍在逃跑路上。

几经逃亡，张俭来到东莱(今山东掖县)，藏在好友李笃家里。可是，跟踪而来的外黄(今河南兰考东南)县令毛钦，带着兵将，把张俭堵在李笃之家。

李笃一看官兵来了，心想，这下完了，跑不掉了，干脆搏一把，也许能赢！就是不知道这个带兵的河南人是什么性格！

李笃将河南来的县令毛钦引进家门。他还拉着毛钦说："张俭知名天下，而亡非其罪。纵俭可得，宁忍执之乎？"

李笃如此义气，毛钦又岂不知？他拍拍李笃的肩膀说："蘧伯玉耻独为君子，足下如何自专仁义？"

这两个人，语藏机锋，却又十分明白。

李笃聪明，说："我虽然喜欢义举，你今天也已经分走其中一半了。"

毛钦放了张俭一马，带着一半的义气回家了。

李笃认为张俭留在内地很难脱离危险，就辗转将他送到塞外，从此逃脱了官府的追捕。

张俭为逃避官府的追捕，一路东躲西藏，一路被许多人家舍身保护，一路也带来了极大的破坏。史载："其所经历，伏重诛者以十数，宗亲并皆殄灭，郡县为之残破。"就是说，张俭所经过的地方，受他的牵连而被重刑处死者无数，许多人的亲族也都被诛灭，张俭所经过的郡县，因为受此牵连被杀害的人太多，以至于残破不堪！

张俭的粉丝，真多！

在朝廷的缉捕一路追杀下，沿途收容张俭的人遭受牵连，枉死者竟达万人。东汉末年，中国的人口并不太多，许多基层单位，比如县级单位，可能人口本来就很少。张俭这么一逃，国家这么一杀，一些郡县仿佛经受了一场战争！

这样的结果，让人始料未及。国家机器在追捕张俭的过程中，人心已经失尽，加上大量杀人，其形象和声誉，已经坏到了人人欲食其肉的地步。而张俭一路逃跑，一路用行动进行了大规模的宣传，传播了士人精神，曝光了国家的黑暗，引起了更大的社会同情，唤起了更多的社会觉醒。张俭的逃，国家的追，一路的杀，是东汉政权走向灭亡的起点！

四、同类抗争造就两大书生

东汉王朝的这次党锢之祸，延续了十六年之久，在这十六年中，身在中央权力中心的宦官们，凭借中央权力，不断捕杀士人和党人，天下士人受到极大的伤害。

早在东汉王朝建立之初，开国皇帝刘秀总结西汉的教训，认为王莽之所以轻松篡位，是因为那时的士大夫普遍没有骨气，也因此无人对王莽的专权提出反对。为此，刘秀决心培养士大夫的骨气，提高他们的政治道德水平。万一皇族有难，天下的骨气之士，也就可以挺身而出，保护皇室。这个想法当然很好啊，而且也实施了若干年，也有了一些成果。比如，张俭这些士人的出现，就是刘秀培养骨气之士的结果。

但是，权力中心的宦官们，用十多年的时间，对士人们的骨气作残酷斗争和无情打击。你们士人不是有骨气吗？骨气这种东西不是很难消灭吗？那好，那就从肉体消灭！宦官们消灭了有骨气的士人，骨气也就消失了，东汉王朝的根本也就垮塌了！这种消灭骨气士人的行动，一直延续到黄巾军起义之后。

张角兄弟们领导着黄巾军到处打、砸、抢、烧、杀，东汉王朝毫无应对之策，这时候，皇帝终于想起了天下还有士人，天下还有士人可以利用。于是，皇帝下命令，取消对士人和党人的追杀行动。

公元184年，东汉灵帝下令：解除对党人的禁锢，所有“党人”一律赦免，那个逃跑的张俭，也可以回国回家。

张俭回家之时，已经快七十岁了。

老迈的张俭，走在回家的路上，好生孤独。回想当年逃亡路上，党人士人云集，如今回乡路上，党人士人几乎再也难得一见！原来，张俭几乎是此时党人士人中唯一的幸存者！

这时候，中央权力部门想到重用他。

封建时代的中央权力部门，往往特别地自信，往往特别地专横，往往特别地愚蠢！一边干着最可恶最可怕的事情，一边还自以为是；一边给自己挖着坟墓，一边绝不许自己的忠臣提个醒。直到死之将至，才很不情愿地、很被迫地做一点点象征性的修正，像是在作秀。

这不，东汉王朝作秀了。他们请求张俭出山做官，开价就是年薪二千石！这可是高官的收入啊！但，张俭此时去意已决。爷们儿不陪你玩了，你自己玩去吧！

看看吧，东汉王朝消灭士人的行动虽然取消，但为时已晚。张俭的一路逃亡，宦官的一路追杀，黄巾的一路攻打，东汉王朝已经走到了土崩瓦解的前夕。

张俭年过八十的时候，朝廷征他当卫尉的官。张俭无法拒绝，只好勉强赴任。这时的东汉，已是曹操家族的天下。年老的张俭，再也没有当年的雄心壮志了，他选择了“乃阖门悬车，不豫政事”。就是说，你爱给我工资，那是你的事情，但是，我不上班，我不干活，我不问政事！

张俭以卫尉的官衔在许都闭门休息了一年多。然后，安然去世，享年八十四岁。

谭嗣同诗中，将张俭与杜根并行列举。杜根的经历，也充满传奇。

杜根的事情，发生于东汉安帝时代，在张俭所处时代之前。

当时的汉安帝叫刘祜，是汉章帝的孙子，清河王刘庆的儿子。刘祜登基时才十三岁，深宫大院中的一个少年，如何可以承担天下大任啊？如何能够处理天下大事啊？于是，皇太后邓绥临朝听政，主持中央政府的日常工作。

东汉时代，上位的皇帝多为少年儿童，因此，太后跑到中央政府的前台直接主持日常工作的事情，似乎很频繁。先后有七位太后临朝主持工作，她们分别是：明帝马皇后、章帝窦皇后、和帝邓皇后、安帝阎皇后、顺帝梁皇后、桓帝窦皇后、灵帝何皇后。在这些太后中，马皇后和邓皇后，是最为优秀的人物。

现在我们说说邓太后邓绥。此女人，当然是很美丽的，当然是很有才的。她是刘秀开国功臣云台二十八将中邓禹的孙女。102年，此美女被汉和帝封为皇后。史书上说，这位皇后勤俭持家，受人尊敬，是开明类的好皇后，在她当皇后期间，自己的亲戚都没有被封为大官。

邓太后主持中央政府的日常工作，到了一定的时间，引起了反弹。原因是，皇帝已经到了可以主持日常工作的年龄了，您老人家也应该还权给皇帝了吧？可是，权力是个好东西啊，你们这些没有掌握过权力的人，怎么会知道手掌大权的好处和快感呢？邓太后不放权，不想放权！千古以来，有多少行将退休或者已经退休的老同志，不也是这个想法吗？有些老同志，本来已经退休，本来可以好好享受自己的生活，可是，就因为失去了权力，天天在家生闷气，天天要找原来的下属汇报工作，天天还要对日常工作指手画脚，天天不甘寂寞，天天想着有余热要贡献。结果，自己烦，人家烦，全天下都烦，弄不好还会发作心脏病什么的，真无聊，真无趣，也真无耻！

邓太后也想继续主持工作。当然，邓太后比现在一些不甘寂寞的老同志，还是有水平的，至少，她对日常工作的处理，还是比较熟练的，还是比较公正的，还是比较重大局的。

但是，太后退而不休，不合国家制度啊！有骨气的大臣们，开始提意见。

司空周章多次建言要邓太后将政权交还给年轻的安帝，邓太后置之不理。

太后不理，你就算了呗。可是，周章不干，而且用非其法。这小子大概也是个浑球儿，正如那些死都不想退位的老人一样，同属浑球！

浑球有浑球的办法：他联络亲信，要发动宫廷政变，将邓太后赶下台。哈，好大的胆子！

可是，计划泄露了，周章畏罪自杀。

邓太后经过这么一折腾，提高了警惕。大臣写来的报告中，只要有人敢说要她退休，她不再置之不理，而是严加惩处！到了这个程度，邓太后对权力的迷恋，有些变态了。

一个对权力迷恋到变态的人，最好别跟他玩，离他远点。变态让人疯狂，疯狂让人无耻，无耻让人无所不敢为！如果你还想做个清白的人，如果你还想做个快乐的人，如果你还想做个有作为的人，如果你还想着你的亲人你的朋友，那么，我提供给你三句务必牢记的口号：远离毒品！远离艾滋！！远离变态的权力迷恋者！！！

杜根的惨剧，就是没有记住第三个口号，就是在这种背景下发生的！杜根，如果他早点听我以上的这些劝告，绝不会搞得那么惨！教训啊教训！

杜根，颍川定陵人，性情耿直，急公好义。其父杜安，字伯夷，年轻时就有志向有气节，十三岁入太学，被称为神童。当时，京城里不少达官贵族、皇亲国戚仰慕他的名声，赠书给他。杜安连书的外包装都不拆，全都原样放到壁柜里。后来，这些贵戚因为腐败的问题和政治斗争的问题被抓捕，中央权力部门开始追查，查到了杜安。结果，杜安打开壁柜，拿出他们所赠送的书，印记封条依然如故，杜安因此免受牵连。看来，杜安是个知道明哲保身的人。

可是，他的儿子，却在明哲保身这个问题上，不如父亲。

107年，汉安帝永初元年，杜根被推举为孝廉，做了郎中。时逢邓太后临朝，外戚掌权。

杜根写信给邓太后说：皇帝已经长大了，可以亲自主持日常工作了，你就还权吧！

邓太后一看这封信，气得粉面通红，七窍生烟。好啊，你一小小的郎中，也敢来搀和我们皇帝家的事，你是不想活命了吧！

邓太后对权力的迷恋，就跟抽大烟的人上瘾一样，谁也阻止不了。直到邓太后驾崩，汉安帝才真正临朝亲政，这是后话。

邓太后一发怒，破坏性很大，后果很严重。这一次，参与上书的人全部都倒了大霉，杜根就更惨了，他被装进麻袋里，按指令在大殿之上活活打死。《后汉书》记载："太后大怒，收执根等，令盛以缣囊，于殿上扑杀之。执法者以根知名，私语行事人使不加力，既而载出城外，根得苏。太后使人检视，根遂诈死，三日，目中生蛆，因得逃窜，为宜城山中酒家保。积十五年，酒家知其贤，厚敬待之。"

邓太后一心要在大殿上当场用乱棍打死杜根，可是，执行命令的人是杜根的粉丝，偷偷地告诉行刑的人不可着力打他。行刑之后，太后让人用车将杜根拉到城外，扔到荒野喂狗。

结果，杜根并没有被打死，因为有粉丝偷偷关照。

杜根被拉到荒野，扔在地上，跑到阎王殿里转了一圈儿，又苏醒了过来。

吃了亏的杜根，这回学聪明了。他知道，如果自己马上逃跑，邓太后一定会发现的，那是会受到全国通缉的。所以，先装死吧。果然，邓太后每天派人去察看他的尸体，看看这个家伙是不是真的被打死了。

杜根装死僵卧，整整在荒郊野外直挺挺躺了三天三夜，身上的伤口全部化脓溃烂，居然连眼睛里面都生了蛆，蛆虫满脸乱爬，他不吃不喝也不动。邓太后的人一连三天看到这些，确信杜根已死，不再来管他了。

杜根侥幸活命之后，立即逃跑，逃到湖北宜城，他还改名换姓，在一家路边小餐馆打工，当了服务员。这样一干，整整十五年。建光元年（121年），邓氏失利被诛，皇权易主。

邓太后虽然迷恋权力，却也斗不过命运。生老病死，任你谁也免不了的，皇太后也不能例外。后来，邓太后终于死了，天下人那个痛快啊，就别提了！

这时，安帝身边的尚书陈忠等人，提到当年杜根等人的忠烈，要求汉安帝给个说法，给个表扬。安帝也认为杜根忠直，但以为杜根已经死了，便下诏录用其子孙，杜根知道后才得以回归乡里，后被重新征召做官，并拜为御史。

回来之后，杜根在朝中的大臣许多是朋友啊，这些朋友问杜根：你当年遭遇杖杀这么大的灾祸，天下之人都知道你是冤枉的，你活下来后，为什么不投奔他们，反而委屈自己在深山的小餐馆打工呢？

杜根说：我投靠朋友知交，当然可以有吃有喝。可是，朋友的地方怎么可以藏匿我的行迹呢？一旦被发现了，不光我会倒霉，而且会连累帮助我的亲朋好友们。为了不连累朋友们，我只能选择到陌生的地方去！

后来，杜根辞官回乡，七十八岁时悄然离世。后来记载，杜根死后，私人财物只有一袭绨袍、几罐盐豉。

五、中央决策 PK 粉丝群体

张俭也好，杜根也罢，他们的选择固然顽强，但真正成就他们万世美名的，应该是他们的粉丝们，是那些保护他们、支持他们的人民群众！

张俭、杜根与粉丝们的互动，成就了千古传奇！

啊，粉丝！

因为有这两位国士级人物的传奇故事，因为有那么多粉丝的互动，所以，谭嗣同牢牢记住了这两个人物以及他们的故事。当自己将作出生死去留的决策时，立即想到这两个人物，立即用他们的故事，写出自己最后的悲壮。

谭嗣同的这首诗，是值得我们民族永远读下去的诗。因为这一次的大悲剧，中华民族在走向现代政治的进程中，狠狠地摔了第一跤！对此，容我不多叙述。

望门投止思张俭，忍死须臾待杜根。
我自横刀向天笑，去留肝胆两昆仑。

多好的诗！

想当年，百日维新失败，为首的康有为、梁启超准备逃亡国外，在走之前，众人请求谭嗣同一同逃命。可是，谭嗣同大义凛然说：自古变法，还未曾流过血，那么流血就从我谭嗣同这里开始吧！于是奔赴刑场慷慨就义！

如果不知道张俭和杜根的故事，读谭嗣同的诗，也许会不太明白。但是，知道了这些历史的故事，我们再读谭嗣同的诗，是不是又增添了一份悲壮？

我以为，谭嗣同也是一位国士级的人物，只是他到北京的时间太晚，在北京的时间太短，没有机会成就一番事业，好生可惜。年轻的时候，谭嗣同漫游南北，慷慨任侠，爱国热情激昂，改革愿望迫切。刚刚到北京参加到中央权力部门，结果改革又面临失败，谭嗣同只好选择从容就义。

谭嗣同的诗，对逃走的维新党人给予了期待，对自己留下来的后果，也想得很清楚。大智大勇，大仁大义，大悲大壮！

谭嗣同所处的清末时代，列强纷至沓来，民族生死存亡，大动荡、大变革已迫在眉睫。而杜根、张俭所处的东汉，与清末血雨腥风的时代相比，却是一个相对平淡的岁月。

在这个相对平淡的岁月里，如果继续平淡的日子，张俭和杜根，是不会有那么多粉丝的。或者说，如果中央政府不折腾，如果中央政府采取无为而治，如果一切的一切都可以平稳地进行，也许，国家会真的很稳定。对百姓来说，平淡是福啊！对粉丝们来说，平淡也是福啊！

可是，许多事情，往往事与愿违。许多政府部门作出的决定，往往与粉丝的看法相悖！

张俭作为东部的督邮，只因为得罪了宦官侯览，被到处追杀。因为被追杀，所以粉丝多了起来！更可怕的是，中央政府对所有帮助过张俭的人也要杀，对所有的粉丝也要打击，后来被杀害的到底有多少，谁都说不清了，被牵连的人遍布全国，只要张俭经过的地方，郡县都为之残破！

人口的减少，经济的衰退，政局的动荡，在这一追杀事件中，到底被恶化到了什么程度，我们无法用统计数字说清楚。这一切，也许并不是最重要的！

最重要的是什么？中央政府主导的这一追杀行为，引发了全国民众对张俭的大追星，引发了全国民众快速成长为张俭的粉丝，引发了全国粉丝对张俭的大同情，引发了全国粉丝对中央政权的大反感。为了一个小小的张俭，搞得全国人民反对中央政府。至此，政治的崩盘，已经指日可待了！

从事汉史研究的学者中，很多人认为，正是对党人士人的全面打击制裁，耗尽了汉代尚存的元气，造成汉亡于魏，造成此后数百年群雄割据的局面。

《后汉书·党锢列传序》感叹："凡党事始自甘陵汝南，成于李膺张俭，海内涂炭二十余年，诸所蔓衍，皆天下善士。"

与张俭一样，早生若干年的杜根，也是心忧时局的"天下善士"。这些心忧时局的"天下善士"遭到打击、禁锢和杀害，无疑是对东汉根基最大的破坏。在任何一个社会，任何一个时代，这种做法，伤害的都是国家和民族的根本，而受益的，只是某个政治集团短暂的时光！

残酷的斗争，无情的打击，对中国知识分子的思想也产生了重大的影响。在宦官们的打击之下，"清流"的士人、党人们，为了生存，为了避祸，为了不同流合污，不得不转变他们的"清议"，从放言是非、强烈批评转变成什么也不批评，什么也不直言，于是乎，士人们开始"发言玄远，口不臧否人物"，开始明哲保身、躲避政治，开始放任无为、研究玄理道术、走向"清谈"。于是，魏晋风度拉开了序幕！

东汉从对张俭的追杀开始，持续十多年迫害正直士人，让知识集团被彻底消灭殆尽。一时间，全中国万马齐喑，士人沉默，有气节的知识分子或隐退、或堕落，社会完全掌握到了阉党集团的手中。

张俭和杜根，在生命危急的时候，都有自己的粉丝挺身而出，加以保护。记得我们过去一些教科书上讲过，说是共产党领导的红军、八路军、新四军，在敌占区活动的时候，经常受到人民群众的保护，也是拥有大量的粉丝的。这种粉丝现象，很值得思考。张俭的粉丝，几乎到处都是，比国家机器派出的追捕力量还要强大，还要硬气，让我心惊。杜根的粉丝，也许并没有张俭那么多，可是，却敢于在中央执法机构的大堂之上保护他，也真够有勇气的，让我同样心惊！

我为此心惊，是因为有如下三个问题：一是民间粉丝的意见和动向，往往代表着民意，就像今天的网民穿着马甲在网上游动一样。民意已经如此，国家的执政者为什么还要一意孤行?！历朝历代，执政者为什么始终不能学会顺应民意、顺应民心?！二是张俭和杜根于国于民本来并没有什么大的贡献，也不是什么英雄人物，是很难成名的。他们只是对国家某一时期的决策提出反对，成为持不同意见者，可是却偏偏因为这一反对的行为而获得了大量粉丝，这说明国家在此一时期的决策是完全错误的，是违背广大人民群众的根本利益的。既已如此，决策者为什么还要死扛到底?！历朝历代的执政者，为什么在关键时候总是宁可要面子而死、决不为生存而改变?！三是中国历朝历代的执政者，总是少有粉丝，偶尔有一点点粉丝，也多是各级官员组织的，就像外国领导人到了首都机场，咱们要组织一些毫不相干、莫名其妙的人举着旗子拿着鲜花装着笑脸去做欢迎状！这种粉丝，人为的痕迹、造假的痕迹一目了然。执政者啊，你们什么时候也能够如张俭、如杜根那样有几个真心喜欢你的粉丝?！要做到粉丝如云，其实也不难，只要你真的能够为百姓做一点点好事就可以了，只要你在为自己大捞特捞的时候分半杯残汤剩饭给百姓就可以了。百姓——粉丝群体的要求，其实并不高！真的并不高!!!

站在今天的时代高度，回望东汉的时光隧道，我们一目了然：对已经病入膏肓的东汉王朝，只有党人和士大夫还有许多正气，才是这个王朝最后的救命之药。尽管党人和士大夫们也未必真的救得了这个王朝。然而，东汉的中央政权决定：抛弃这剂良药！

错误决策者的结果，往往是用生命为错误的决定付出代价：灭亡！

两晋：刘琨死后无奇士

——史上最狂荡的奇士刘琨

一、谁人堪称百炼钢

这是2007年的元旦之夜。携好友，驾长车，赏残雪，我在龙城作无目的漫游。散落的灯光，如同正在逝去的繁星。车马稀落，城市正在寂静下来。这时候，一个遥远的名字，竟然如电光石火，闪过我的脑际——刘琨。

不错，在浩如烟海的龙城名人中，我喜欢刘琨，甚至可以说酷爱刘琨。对于这样一个遥远的名字，今人的陌生，是完全可以理解的。但是，前些年有一首十分流行的歌曲，好像是《月亮惹的祸》，歌词中反反复复地唱着一句："再怎么心如钢铁也成绕指柔。"如果你听过这首歌，听过这句歌词，那么，你就已经知道了刘琨。因为这经典的一句歌词，正是从刘琨的诗中演化而来。刘琨临死前写的《重赠卢谌诗》云——

何意百炼钢，化为绕指柔。

刘琨的两句诗，成了今人流行歌的经典名句。

我酷爱刘琨，不仅因为这首诗的俊朗与清高，更因为他作为一个贵族文人的传奇与悲剧。我总以为，刘琨是贵族文人的绝唱，是千古少有的奇士。

谁人堪称百炼钢？新年元旦的灯光之下，我漫游在龙城太原的寒风中，三分醉意，七分散淡。一场大雪，正在消融。想想一千七百年前的那个寒冬，刘琨也在太原，在龙城做他至为艰难的事情，在龙城奔向他一个贵族文人事业的巅峰！

二、逆流而上显豪强

307年，西晋永嘉元年。刘琨受命为并州刺史，上任太原。如果不上任并州刺史，刘琨也许不会青史留名的。时势造英雄，英雄也把握了时机，演奏了人生的华章。

穿越一千七百年的时空，山西这片土地，山川俊秀，河谷葱茏，茂密的森林和丛生的野草，漫无边际，人类只能在荒山绿野中垦出少许的土地种植、整出些许的土地建宅，仿如绿色大地上星星般微弱的伤痕。天赐的美好环境，正适合马背民族的茁壮成长。他们用马刀，用弓箭，用铁蹄，一次次冲击泱泱大国连绵了千余年的伦理和纲常。当鲜血染红了丛林，当尸骨压住了青草，华夏民族的纲常伦理，也如风雨侵蚀中的大厦之木，枯了，朽了，腐了。大厦将倾，纲常败坏，人心动荡，世态炎凉，这就是一千七百年前的太原，就是刘琨要去的太原。

当此之时，华夏正统的西晋王朝，已经风雨飘摇。雁门关外的“五胡”（指的是匈奴、羯、氐、羌、鲜卑），其实就是当时的少数民族，已经拥进雁门关内，圈土地夺城池，树旗号称王霸，史称“永嘉之乱”。永嘉之乱，又被一些史学家称之为“五胡乱中华”。“五胡乱中华”，从永嘉元年，也就是307年正式上演。巧的是，这一年也正是刘琨出任太原的时候。更巧的是，五胡乱中华，起源就在山西。当时，匈奴一部的刘渊，已在离石建立了汉，自立为帝。各部匈奴和北方的少数民族，与晋室相争天下。可以想象，大晋版图下的并州，早已被北方民族割据。刘琨拿着手中的委任状，形同空文一纸。无兵，无钱，无地，这个刺史怎么上任？怎么行使职权？一切都是问题，是大问题啊！

此时的太原，每一个人的生命已不属于自己。生命尚且不属于自己，还顾得了什么使命呢？

面对着浩荡的浊流，刘琨逆流而上了！逆流而上，方显豪强本色！

两晋十六国，五胡乱中华，关于这段历史，人们是众说纷纭的，在我写刘琨的这篇小文章中，我也不得不时时地提起，因为这就是刘琨当时的大背景啊，不提背景，又如何可以将他说得清道得明？不管众说如何纷繁，但有一点是公认的，那就是两晋十六国之时，是中国历史上最黑暗的岁月，是最无耻的岁月，是最血腥的岁月。父子相残，兄弟攻讦，大肆掠杀，所有人世间最不齿的事情，都在这时发生了，发生着。为了地盘，为了皇位，为了美女，所有的纲常伦理均抛在九霄云外，所有的寡廉鲜耻都在上演之中。正是这个时期，成为华夏文明史上最黑暗的长夜。而黑暗的长夜里，骤然划空的流星，也就格外地耀人眼目，动人心魂。刘琨，正是这黑暗长夜里少有的一颗短暂的流星。疾风劲草，板荡英雄，此之谓也。

贵族的血液中，总是流淌着一种豪迈，涌动着一种激情。明知不可为而为之，明知山有虎而行之，这是贵族，至少也是个精神贵族。

三、锐意仗剑直向北

刘琨就是真正的贵族。他出生于河北无极县，汉时名中山，是汉家天下时中山靖王刘胜的后代。刘胜，好像也大名鼎鼎。他的大名，并非为王时有什么作为，而是他死后，用金缕玉衣作为陪葬，奢华至极。今人在河北满城他的陵墓中，找到了这件稀世珍宝。于是，刘胜便与现在的国宝“金缕玉衣”永远连在了一起。

刘琨的少年，是放浪而过的。谁让人家是贵族呢？魏晋之时，名士风度已大成气候，纵酒、高歌、清谈、吟诗、作赋、赏舞，是名士们引以为荣的事情，贵族子弟无不趋之若鹜。若不纵情声色之中，也太不正常。

以我的理解，大英雄、大侠客、大文人，都是声色种子，都是性情中人，都是无拘无束的。没有这样的豪情与豪迈，你还能成就什么功业？真正凡夫俗子一个，不如回家洗碗去吧！

祖父当过朝廷的相国参审，生父当了朝廷的光禄大夫，贵族之家，又是达官之家，刘琨便有放浪纵情的条件和环境。京城里头，有一首富，名石崇。此人是中国历史富豪榜上有名的大人物，真正是富可敌国的。石崇修了金谷园别墅，且富且豪，喜欢日进千金，也要日耗万两，又好风雅。于是，石老板整天在自己的金谷园别墅里头，宴请京城里的一帮贵族达官子弟，吟诗作赋，纵酒欢歌，竟然一不留神，形成了一个文人团体，号称“文章二十四友”，刘琨也侧身其中。

二十多岁的刘琨，正值青年，热血热肠，是很喜欢诗酒歌舞的。东汉之时，胡人歌舞，已在曹操的推介之下入了京师。所以，到了魏晋，观赏胡人女子的舞蹈，是一种时尚，大约相当于一千七百年后的今日，人们在酒吧中欣赏来自欧洲的钢管舞吧。马背民族的女儿们，身着单而薄的短裙，描着细而弯的柳眉，在灯光酒香中跳着草原风情的舞蹈，香风阵阵，浓情徐徐，当是勾人魂魄的。哪个青年男人会不喜欢这些呢？但凡说自己不喜欢这些的，要么是变态，要么是虚伪。刘琨当然喜欢，喜欢胡姬的歌舞，而且他也会与胡姬们且歌且舞，不知道他们当时共舞的，是探戈类，还是华尔兹？总之，一定是很缠绵的那种。不信，有刘琨的诗为证——

虹梁照晓日，渌水泛香莲。
如何十五少，含笑酒垆前。
花将面自许，人共影相怜。
回头堪百万，价重为时年。

这样一个风流放荡的贵族公子，能堪一用吗？如果放在今日，大概是要受到调查或者被“双规”的。然而，刘琨生正逢时。魏晋重名士风度，刘琨风流成名，加上家里的上层关系，终于迎来人生唯一的一次重要机会——并州刺史，加振威将军。

老实说，这不是个“肥差”，完全就是一个苦差事。稍早时期，曹操为了化解日渐强大的匈奴部落，下令将匈奴分为五部，分封五个单于，部分匈奴迁居关内。在当时，是将匈奴化整为零了，也将他们开始汉化了。可是，到了晋朝，偏偏发生了“八王之乱”。

说到晋朝，真的是不争气得可以！中华民族的历朝历代，虽然都免不了灭亡的悲剧，但他们的灭亡，要么灭亡于国内的农民起义或者诸侯起事,要么灭亡于外族入侵或者强敌的打压。而这个晋朝,既不灭亡于内忧,更不灭亡于外患。司马家族从魏氏手中轻松取得了天下,人心思安,国家康泰,外族也不强大,如果好好地治天下,或者是平庸地治天下,天下是可以安宁的,是可以有两三百年的好日子过的。然而,司马家的王爷们不安分,非要一个个拼个你死我活,杀来杀去,终于将自己杀了个七零八落,真是典型的内耗。这就是“八王之乱”。八王之乱后,朝廷疲弱,掌控乏力,五部匈奴和北方的多个少数民族已经壮大,纷纷叛离,在离并州不远的山西离石,就建立了匈奴人的后汉国。并州四周,已全部为反叛的胡人占据。

这样的局面之下,让一个人出任并州刺史,简直是羊入虎口,让他去送死!对此,刘琨是心知肚明的。他在自己的诗中说:“烈烈悲风起,泠泠涧水流。挥手长相谢,哽咽不能言。”其心之悲凉,跃然于纸上。又云:“去家日已远,安知存与亡。”生死存亡,未可知也。

生死未卜而毅然前行,要些勇气,要些放荡公子哥儿们置生死于度外的冒险劲儿。刘琨具备这些。辖区为胡人占据,朝廷又无一兵一卒可派,刘琨是只身前往的。陪伴他的,只有书囊和他喜爱的胡笳,还有他的意志和他的宝剑。

中国的传统史家,一直以正史为正。所谓正史,无非就是统一了中国的王朝史。没有形成统一的,均不入正史。设想一下,要是当时北方民族的刘渊或者石勒灭了晋朝,统一全国,那么,史学家们也许不会称这个时期为“五胡乱中华”,兴许就会说是胡人兴中华了。

实实在在地说,五胡乱中华,为祸了当时,分疆裂土,杀人无数,战乱不休,生产大倒退,经济大萧条,诚可恨也。然而,五胡乱中华,却也为福了后世,民族交融,胡汉通婚,文化交合,仅是从优生学的原理上讲,也是大有裨益的。没有五胡之乱,又怎么会有中华大家庭的兄弟之众多?文化之灿烂?

当然,身赴险地的刘琨,是没有想到这些的。他所要想的,所要做的,是收复并州,为晋朝巩固北方的这片疆土。

离开京都洛阳,渡过浩浩黄河。他仗剑而行,一路北上。无兵无钱,他就凭自己的一副好口才,一路上招兵买马。没有钱粮而要招募军队,何其难也！好在大乱之下，人心思安。有人振臂一呼，总有归附之人。虽说是朝廷分崩，人心向背未可测也，但，个人的魅力，在危难之时总能发挥出想象不到的魔力。刘琨就以个人的魅力去召集那些流浪的汉子。一边走着，他一边吹奏胡笳，作为一种精神食粮吧。他招募的一千多人，行不能成军，战不能成阵，简直如一群乞丐。这些乞丐，就这么跟着他，一路步行到太原——并州的首府晋阳。

四、胡笳退兵也铿锵

刘琨到了太原，人生最精彩的大戏，才开始上演。

时间大约是307年的冬天。

他领着自己的千人丐帮入了晋阳。环顾四方，凄然泪下。曾经繁华过的城市，已面目全非。城墙毁坏，残砖乱泥，勉强充其数。房屋破坏，几乎没有一间可以遮风避雨。泥泞的街道上，到处是饿毙者的尸体。成群的野狼，在尸体间追逐。胡人的兵马几次攻陷这个城市，每次攻毁之后，都会大肆掠杀，老弱杀死，弃于街头；青壮缚走，卖出为奴。习惯了游牧奔走的胡人，并不想在晋阳安居乐业，能毁则毁之，能烧则烧之。所以，刘琨来到大劫大难中的晋阳，一切可想而知。

虽然残破不堪，但责任又岂能推辞？刘琨领着自己一路招募的千余丐帮子弟，整合晋阳城尚未来得及逃走的数千百姓，重建晋阳。他们用双手，他们用泥块垒起城墙上的缺口，用门板建起城郭处的城楼。转瞬之间，龙城的炊烟升起来了，龙城的商人活动起来了。奄奄一息的晋阳，出现了新的生机。

生机中的晋阳，已经孤悬在外，四面胡敌。诸胡之中，以刘渊最为强大，而刘渊在离石为都的汉国，与太原近在咫尺。只要走出太原数十里，胡人的铁骑比比皆是。太原市区的袅袅炊烟，勾起了胡人贪婪的欲望。抢掠的机会来了，胡人当然是不会放过的。于是乎，三天来一群，五天来一帮，小股的胡兵时时前来攻打，刘琨真的是疲于奔命，忙乱不堪。

深秋的一天傍晚，刘琨带着胡笳，着一身白袍，踱出自己的刺史衙门，准备到新开的一家酒廊去喝两杯。酷爱诗酒美人的刘琨，忙着收拾这个破城市，已经好久没有饮酒了。

漫步长街，凉风习习，夕阳的余晖掠过西山，给城市披上一层苍黄。这样的时候，真的是适合文人侠士饮酒作乐的。如果在京城，如果在豪华的京都金谷园别墅，恐怕早已是酒过三巡，美人环列了。想到这，刘琨怆然笑笑。

就在这时，城门外，马蹄阵阵。胡人呼啸穿城而入。刚才安静祥和的城市，顷刻间鸡飞狗跳——战争又一次来临了！

刘琨一边奔向城楼，一边呼喊着百姓拿起武器，上去守城。登上楼来，城外的荒野上，铁骑如黑云一般涌来。后人的史书记载，这一次，胡人整整派来了五万兵马，立誓要铲平晋阳。刘琨环顾城墙上的部众，区区数千人，盔甲不全，刀矛短少。以此守城，如何能守？以此出战，如何能战？晋阳，看来在劫难逃了！

文人侠士，总有他出其不意的地方。名士风度，自有他泰然处之的做法。望着远山残阳的血色余晖，刘琨长啸连绵，声音远达数里之外，满城皆可听见。啸，有人以为是大声呼喊，也有人以为是用嘴巴吹口哨。我觉得，好像都不太准确。啸，或许是从咽喉深处发出的一种挺直的声音，如喷涌而出的岩浆。刘琨的啸声，十分苍劲，十分凌厉，十分骇人。城外胡人的战马，骤然听到这样的长啸，惊骇不已，乱蹦乱跳，骑手不能控制，掀翻骑手，互相践踏，一时乱不成军。大乱之下，自然已是无法攻城。直到夜幕降临，明月初升，胡兵胡马仍在混乱之中。

深秋时节，月华如练。明月高楼，本当纵酒赋诗。然而，刘琨没有心情，刘琨不敢大意。城外，毕竟是五万铁甲之师啊！刘琨亦无可奈何，城内，毕竟只有数千血肉之躯啊！大文人，大侠士，又一次施展他的过人之奇。

他登上城楼的最高处，掏出胡笳。胡笳，是胡人喜爱的乐器，两汉两晋时期，北方十分风行，绝不亚于现在的流行歌曲。胡笳凄婉，多有呜咽之声。

对牛弹琴，牛是不懂的。对胡人而吹胡笳呢？

风飘飘，云飘飘，衣带也飘飘。缥缥缈缈中，刘琨吹起了胡笳。胡笳呜呜咽咽，悲悲切切，凄凄楚楚。不尽的乡思，无尽的乡愁，在音乐的旋律中弥漫了太原城外的荒山野地。起先是胡人乱糟糟的兵马安宁下来了，他们在听，在听城楼上那个白衣书生吹出的曲子。而后，胡人开始下马了，他们盘膝坐在草地上，他们还在听，听城楼上那个白衣书生吹奏的胡笳，胡笳中弥漫的故乡思念。再而后，胡人们开始抽泣，开始流泪。他们还在听，在听声声胡笳中远方的亲人是否安康！再而后，胡人整衣上马，三三五五，悄然驰去，他们不听了，他们要回家，要回胡笳吹奏的自己的家乡，要与自己的亲人团聚！

五万铁骑，就这么让刘琨手中的一支胡笳吹散了！胡笳退兵，好生铿锵！

我们可以想象，月光之下，秋风之中，一身白袍的刘琨屹立城楼，傲视群胡，何其清朗，何其飘逸，何其卓尔不凡！那又该是一幅何等美妙的中国画啊！我相信当时的他，一定是酷酷的，简直帅呆了。你去想象吧。脚下千军万马跃跃欲试，一人独立城楼，孤城危在旦夕。此情此景，直让一千七百年后的我，心动不已，心向往之。

我们还可以想象，酷毙了也帅呆了的白袍文人刘琨，独立秋月之下，一支胡笳奏乡恋，而城外的万千军马，在呜呜咽咽的音乐里，一定是泪眼迷离的。否则，他们中任何一人发箭射去，都可能要了这位大音乐家的命！然而，音乐的魔力，竟会如此之大啊！

传奇吗？神话吗？不，这是正史，是确切的正史！胡笳惊退五万兵，千秋青史传美名。相比之下，孔明先生的空城计，自己只身登城楼弹琴，惊走曹军人马，却是真正的演义，史无记载。

一千七百年前，没有电，没有电声乐队，没有重低音响，也没有摇滚。如果有，如果刘琨在城楼上用重低音的音响来几首摇滚乐，说不定胡人胡马也会在城外广阔的大地上跳起迪斯科呢。可惜没有。

刘琨被誉为千古第一奇人侠士，源于此役。

五、书香剑气真英雄

刘琨之奇，在于对音乐的高深造诣。此人擅长胡笳这种乐器，创造了《胡笳五弄》，流传广远。这《胡笳五弄》，分别名为《登陇》、《望秦》、《竹吟风》、《哀松露》、《悲汉月》。五首曲子，皆哀婉动人，名垂青史。

刘琨之奇，还在于对诗词歌赋的深刻浸润。刘琨的诗，虽然远不如唐宋诗人的诗词那样家喻户晓，却真真切切刻画了文人才子的心境。

刘琨之诗传存较广。请允许我将《重赠卢谌诗》录于此。

握中有玄璧，本自荆山璆。
惟彼太公望，昔在渭滨叟。
邓生何感激，千里来相求。
白登幸曲逆，鸿门赖留侯。
重耳任五贤，小白相射钩。
苟能隆二伯，安问党与雠？
中夜抚枕叹，相与数子游。
吾衰久矣夫，何其不梦周？
谁云圣达节，知命故不忧。
宣尼悲获麟，西狩涕孔丘。
功业未及建，夕阳忽西流。
时哉不我与，去乎若云浮。
朱实陨劲风，繁英落素秋。
狭路倾华盖，骇驷摧双辀。
何意百炼钢，化为绕指柔。

刘琨之奇，更在于一个文人侠士的铮铮侠骨，耿耿忠心。四方强敌，皇室飘零，人心向背，莫衷一是。晋室还有几个忠臣良将？正统中华的皇族还能苟活几日？那时的人们是心知肚明的，以刘琨之聪慧，又岂能不知不明？然而，刘琨有一颗赤诚的心，忠贞不贰。胡人利诱，胡人威逼，不为之动。我以为，文人是要有些侠气的。书香剑气，方可以忠肝义胆。柔弱而无侠的文人，在气节上总会稍差一筹。

书香剑气，才是真正的英雄本色。

六、常使看客泪沾裳

曾经如此辉煌的刘琨，曾经酷酷的刘琨，曾经帅呆了的刘琨，到最后仍不免壮志未酬身先死的结局。他来太原，经略北方，一共只有十一年的时间，大好英雄，人亡家破，功败垂成，令人扼腕。事情是这样发生的：

318年，也就是刘琨驻守太原的第十一年。此时，西晋刚亡，东晋初生。刘琨兵败，山穷水尽，只好带着子侄和数名亲信，前往投奔幽州刺史段匹磾。段匹磾与刘琨，同为驻守北方的高级将领，又同样坚定不移地忠于晋室，依理是可信可倚的。然而，天下方乱，群雄并起，你死我活，谁又敢信谁？虽然段刺史一开始对刘琨是礼遇有加的，但是，段大人的弟弟对老兄说了几句话，改变了刘琨的命运。他悄悄地对兄长说："我们兄弟都是胡人，晋人能用我们，是因为我们人多势众。现在我们内部也有了矛盾，而刘琨又大名鼎鼎，颇有奇智，如果他带人图谋我们，我们全家就玩儿完了！"听了此言，与刘琨一样忠于晋室的段匹磾，突然下了决心，派人缢杀了大英雄刘琨。临死之前，刘琨作了一首诗，这就是我在前面引用过的《重赠卢谌诗》。

英雄末路时，看客泪满襟。

文人侠士，有如一柄轻灵的宝剑，且轻且利，且刚且柔，锋芒夺人心魄，轻灵夺人心魂。大厦将倾时挺身而出，出奇制胜，才智足矣。然而，文人侠士，毕竟不能成一柄无锋的重剑。长久地经营，稳健地策划，不息地追求，也许并非所长，至少刘琨如此。刘琨以千古第一奇士而成名太原，得益于文心侠气；刘琨以千古第一奇士而身败太原，也归罪于文心侠义。

管理无方，是他骤起骤落的第一个原因。充溢的激情可以令他一呼百拥，短缺的理性也让他众叛亲离。初到太原，刘琨振臂一呼，从者百千。这些饥民、流民来了之后，刘琨却不知道如何处置安排，既不与之土地耕作，亦不会分与屋室与之居住，更难得细作分工，让他们可以享受到再就业的温暖。从者莫知其作为，刘大奇士也似乎不理会这些区区小事。然而，饥民们相随他，总是要解决生活与生存的啊，无事可做，无田可种，无米可炊，那么咱只好离去。每天听他的胡笳，虽然悦耳，却不能饱肚子啊！于是，史书记载刘琨：日日来追随的人数千，日日离他而去的人也数千！管理无方，再大的一个公司，也会破产的。

普通人身败，不会身死，尚有卷土重来之日。英雄身败，必会身死，哪有重来之日？项羽力敌万人，也还会身败而死啊，何况刘琨。越在高位的人，越不能经历失败，因为败就是死，古今莫能免之。

刘琨之败，还在于文人的浪漫甚至放荡。文人的浪漫，可以让他出奇制胜，文人的放荡，却让他步入雷池。初到太原，他以一个文人的胡笳惊退五万胡兵，真的是天真得可以，浪漫得可以。设想胡人若是不听他那一套，太原早就破了，这一战，实在是有些“机会主义”啊。有了这样胜利的资本，刘琨文人奇士的放荡，更加张扬起来。有一次胡人围攻并州，兵临城下，形势危急。左右劝他火速安排抗敌，刘琨自以为大将风度，还在自己的客厅里大宴朋友，听音乐，看舞蹈，好不风流，结果大败了一回。当时并州正乱，刚刚建立的胡人汉国，与并州不过百里，胡兵可以朝发夕至。然而，这样的环境下，刘琨仍然天天听音乐。唉，如此放纵声色，怎么能不战败呢？

刘琨之败，还在于识人用人的严重失误。大概大文人总不如大流氓会用人。你看刘邦这样的人，多么会用人。刘琨就不如自己的这位祖先。当时有位河南来的音乐家，名徐润，投奔刘琨后，刘琨十分喜欢，将一个只会玩音乐的人，任命为晋阳令，掌握一切大权。结果，这位音乐家贪财好色，坏事做尽。刘琨的母亲对儿子语重心长地说：“你任用这样的人当晋阳令，会害死我们的。”老母亲的话，果被应验。正是在这位音乐家当晋阳令期间，胡人偷袭太原成功，杀死了刘琨的父母和家人。幸好刘琨不在，否则早就死了。

刘琨之败，更在心胸狭窄。不错，刘琨有一颗滚烫的忠心，有一腔高涨的热情，但是，他的胸怀，似乎还是不能承载他所担负的使命。有人说过，一个人的胸怀有多大，他的事业就有多大。刘琨与王凌，同为晋室的北方高级将领，却不能互相配合。当胡人石勒用一点并不高明的计谋离间时，刘琨便坐观石勒消灭王凌，非但不救，反而窃喜，全忘了唇亡齿寒的道理，让当时并不强大的石勒有了各个击破的机会。唉！

七、千古文人侠士梦

整整一千七百年，无数的烟尘，已经淹没了曾经的历史，只有龙城太原，依然屹立不倒。真的是青山依旧在，几度夕阳红。而每每品味曾经的历史，却总能让人感慨万千。刘琨，是一个让人可以品味千百年的人。

文人侠士，卓越之处在于一腔激情，可以力敌万众，勇往直前，不归不返，不屈不挠。而太多的激情，也会减低了他们的理智，在关键时刻败北下来，误了帝王事，害了自家命。

刘琨死后，唐人多有诗寄怀。

李白有诗——

> 刘琨与祖逖，起舞鸡鸣晨。

刘琨死后，宋人多有诗寄怀。

陆游有诗《夜归偶怀》——

> 买醉村场半夜归，西山落月照柴扉。
> 刘琨死后无奇士，独听荒鸡泪满衣。

文天祥亦有诗——

> 廖阳殿上步黄金，一落颠崖地狱深。
> 苏武窖中偏喜卧，刘琨囚里不妨吟。
> 生前已见夜叉面，死去只因菩萨心。
> 万里风沙知己尽，谁人会得广陵音。

李清照有诗——

南渡衣冠少王导，北来消息欠刘琨。

刘琨死后，元代也多有诗寄怀。

元好问有诗——

可惜并州刘越石，不教横槊建安中。

想想陆游和文天祥，与刘琨是颇有同样经历，同样心情，同样环境的。他们以这么多的同样来写刘琨，似乎也在写着自己。千古以来，文人，真正文人侠士的背后，总是一样地寂寞，一样地悲凉。

千古文人侠士梦，千古文人总寂寥！

八、板荡何处觅忠良

2007 年的新年已经来到了，龙城的第一场降雪，来得正是时候。开着车，携着好友，游着黑夜中的龙城，也许，春天已经不远了。

我个人以为，晋末南北朝至隋之初，是中国历史上一个巨大的分水岭。中华正统的文化，正是在这以后被颠覆的。两晋十六国之前，春秋大义，何其伟岸，忠就是忠，绝不可以二之。文人侠士也好，武夫猛将也好，忠一君事一国，叛之甚少，即便到了穷途末路，往往也会选择举家自尽，以殉其节。以生命维护节操，以生命相殉节操，一次次在此之前，将春秋大义高扬得如火如荼。那时候的英雄为了节操，是要视死如归的。而两晋十六国之后，春秋大义，似乎不断地沿着一条下坡路走向深渊，什么识时务者为俊杰之类的辩护词，一天比一天地多了起来，这以后的英雄，是可以识时务而为俊杰的。即便是瓦岗上的英雄们，也会去投唐，去降王世充，去做自己要做的变节选择。瓦岗一炷香，没有烧到头。而隋唐之后，节义忠贞，已是越来越少。忠义节操，由此而不再那么让人崇尚和执著了。

另一个更大的变化，是中国人的血液由此开始冷却，人性开始疲软，不再刚烈，不再拔剑而起。也许是成熟了，也许是世故了，也许是明哲保身了。在此之前，多的是明知不可为而为之的英雄侠士；在此之后，多的是见风使舵的屈膝臣子。抵抗、反抗、奋击，在中国人的血液和性格中，成了一个软柿子。一场空前的劫乱，五胡乱中华，乱了中华人的春秋大义，乱了中华人的铮铮铁骨，乱了视荣誉胜于生命的价值观，可悲可叹。我读史至此，总会为之慨叹不已，郁闷不已！

刘琨生于多事之秋，动荡之局，守太原也就是十一年的时间。他仍然传承了太多的春秋大义，传载了太多的刚烈不屈。也许，只有这样的时候，才有刘琨。刘琨在这样的时候，与众多的同时代英雄一样，几乎成为中华好男儿最后的挽歌！

晋朝如中国历史上的一道流星，短暂却光辉。短暂的是时间，光辉的是文章和英豪。刘琨也是西晋末年的一道流星，短暂而光彩夺人。

2007年是大英雄、大文人、大音乐家、大奇士刘琨始入太原整整一千七百周年。一千七百年前的太原，刀光剑影，争战不休，惶惶不安；一千七百年后的太原，歌舞升平，云淡风轻，构建和谐。和平安宁的日子里，多想想那些曾经的艰难，想想那些曾经绝地反击的侠士，未尝不是一件好事啊！一个民族曾经四分五裂的伤疤，一个英雄曾经泣血浴泪的故事，一个城郭曾经凄风苦雨的日子，最好不要忘记。

谁敢忘记过去，谁将重演过去。

拜托，请记住，别忘却！

盛唐:睢阳守卫战中的坚强与坚贞

——史上最惨烈战争的指挥者张巡

马蹄叩击大地,如急风暴雨,似惊雷滚动。

黄昏,残阳如血,大地苍茫。

血迹汗渍,凝固在男儿的脸上。血迹尘土,紧裹在战马的身上。

这支约三千多人的步骑混合编队,背负残阳,向东疾驰。在逐渐暗淡的地平线上,混合编队仿佛由夕阳发射的一支利箭,破空而去,贴地穿行。

高大健硕的张巡,是这支利箭的箭镞。

这支疾行的队伍中,张巡美丽的妾——他的情人霍氏,是否正在同行?

时间:757 年早春。

张巡和他的步骑混合编队,刚刚撤离杞县战场,他们要到东边的睢阳去,去防守危在旦夕的睢阳城。不远的东方,睢阳城黑色的城门楼,在暗淡的视野中,飞檐高悬,像一位翘首以待的老人。

几只乌鸦,惊叫着飞出城楼,消失在愈来愈浓的夜色中。

中国历史上最惨烈的守卫战,由此拉开序幕。

一、盛世大灾难

755 年 12 月。

刚刚还是歌舞升平的大唐王朝,顷刻一片大乱!

长安，皇宫。

来人报告：身兼范阳、平卢、河东三镇节度使的安禄山发动了叛乱。与他同时叛乱的，还有任大将军、北平太守和平卢兵马使的史思明。叛乱军队包括了奚、契丹、室韦、突厥等民族，号称二十万，正向首都长安杀来！

756年正月，安禄山洛阳称雄武皇帝，国号燕。

又两个月，叛乱军队一路烧杀抢掠，破潼关、陷长安。皇帝出逃。

此时的大唐皇帝，正是李隆基，也就是特别爱大美人杨玉环的那位爷。

不管是哪一位史学家，都不得不承认，大唐王朝到李隆基当皇帝的时候，是真正的盛世。国家几十年没有打大仗，百姓安享了几十年太平，人口猛增，物产猛增，藩国猛增，玩乐猛增——盛世来到了。

盛世的标志是：唐朝早年的贞观十三年(639年)，全国人口只有一千三百二十五万一千八百九十四人，到了唐玄宗统治的天宝(742—755年)年间，全国人口数大增，为五千二百九十一万九千三百零九人。而与此同时，东法兰克福王国从塞纳河到莱茵河之间的人口是二百万至三百万。直到16世纪，地中海地区的人口才五千万至六千万，北非的人口是三百万。

先后来朝的国家，多达七十余国。从东亚的日本、朝鲜到东南亚地区的诸国，从今日中国边疆少数民族政权到中亚、西亚乃至地中海地区的一些国家，都与唐朝中央政府建立了朝贡的政治关系。放眼望去，从海陆丝绸之路来华的胡商番客，络绎不绝。亚洲各国留学生来华留学，络绎于途。

盛世中的大唐王朝，大灾难突然降临！

盛世，其实也往往就是最容易出大事的时候！

757年正月，叛乱军队中，杀掉父亲安禄山的安庆绪，任命大将尹子奇为汴州刺史兼河南节度使，带领十三万叛乱军队，杀向江淮地区。

江淮，是大唐朝最富裕的地区。这片地区，包括了淮河流域大片土地。

一年多来，叛乱军队不可一世。几十年国家没有打什么仗了，大唐王朝的国家军队懒了,军人也懒了。战争突然来临,还真有些不知所措,让人家追得满世界跑,打得满地里找牙。

唐军虽然一时打不过叛乱军,但是,唐王朝因为拥有江淮富饶地区,拥有大量的税收,因此,财力上还是可以支撑下来的。

于是,安庆绪这小子,派出一支大军,准备打下江淮。他的算盘是,只要打下江淮,唐军就支撑不了太久!

要打下江淮,首先必须打下江淮的门户——睢阳城。

尹子奇的十三万大军,遮天蔽日,扑向睢阳城。

城内,太守许远是个文人。据历史资料上说,当时的睢阳城内,守军只有四千人。

以四千人对十三万人,这个仗,能打吗?

听说十三万敌军正向睢阳城扑来,城内,还真有些乱。守城将士中,有人主张死守,有人建议投降。

虽是个文人,许远并不怯弱。不久前,他受命来到河南东边的这座城池时,便已有了足够的心理准备,下定了决心,要与睢阳共存亡。睢阳是汴梁要冲,是江淮的门户,是中原的战略要地。睢阳一失,江淮尽失,国家就更加危险了!

虽是个文人,许远并不惊慌。叛乱的军队向这个城池扑来,是预料中的事情!早晚终有一战,那还怕什么呢?

许远想到了西边不远处的张巡。张巡,可是能征善战的将才啊。

他立即派人向张巡求助,请求张巡来此一同抗敌。

而此时,在杞县这个小地方,与叛军几番生死搏斗的张巡,也已弹尽粮绝,正准备转移战场。现在,既然许远求助,那么,还有什么需要考虑的呢?走吧,到睢阳去,反正,四边都是叛乱的敌军,到哪儿都是与敌对决。而且,睢阳为江淮门户,是国家税源所在,助守睢阳,意义更不一般。于是,张巡率领自己的步骑混合编队,向东奔去,奔向睢阳。

赶在尹子奇的十三万大军到达之前,张巡的三千多人马,抢先到达睢阳。

太守许远,相当于现在的地市委书记,张巡则只有县委书记那样的职位。从官阶来说,许远是上级;从地盘上说,许远是睢阳太守,张巡只是客；从年龄上说，许远年长，张巡是弟。但是，许远胸怀宽阔，他对张巡说："老弟啊，我是文人，不会打仗。从今天开始，睢阳的仗怎么打，你说了算；睢阳的兵怎么调，你说了算。我呢，给你提供后勤服务。你放心吧！"

就这么着，赶来帮忙的张巡，成了睢阳战场的主官和主人。

战争马上就要开始了！城外，十三万一路杀人放火跑来的叛军，已经集结，正在包围。

而此时，全中国境内许多地区，叛乱军与国家军队的战争，正展开生死搏斗，难分难解。

大唐王朝的盛世，在转眼间变成大灾难。

二、小城大将军

小城睢阳的这位新来的主将，名张巡。

张巡，在当时的唐王朝，是一名小官，一名级别并不高的干部。在这场大战之前，几乎很少有人知道张巡是谁。

如今的中学语文教材中，有一篇《张巡传》的文言文，是从《旧唐书》中选出来的。我将其中的译文录于此处，便于诸位了解张巡其人。

> 张巡，邓州南阳人。博通群书，通晓作战布阵的方法，气节高尚，不太注重小节，他结交的一定是有身分的官员和年高德重的人，不和平常的人结交，所以当时的人多不知道他。开元末年，中进士第。张巡以太子通事舍人的身分出京任清河县令，治理的成绩最好，很有义节，有因为困顿归附他的人，倾尽资财救济保护毫不吝啬。再调为真源县令。当地有很多强横狡猾的人（豪强），大吏华南金建立了自己的威势恣意妄为，张巡一到任，就依法杀了他，赦免了他的党徒，（其党徒）没有不改恶从善的。
>
> 安禄山反叛，张巡起兵讨伐叛贼，跟随他的有一千多人。张巡纵横驰骋与敌人决战，自己受了伤也不顾惜，军士们遵奉他主持军务。累积六十天，大小数百战。在这个时候，君王的命令不能通

达，六个将领把力量不敌叛军的情况报告张巡，（说）况且皇上生死不知，不如投降。这六个人都做官至开府、特进。张巡假装答应，第二天在大堂上设置天子画像，率领将士们朝拜，（将士们）人人都哭泣。张巡把六个将领带上来，用大义来责备（他们），杀了他们。

《旧唐书》上的这些故事，是写的安史之乱前的张巡。那时候，张巡只是个县令，一个基层干部。

作为基层干部的张巡，有奇智，有胆略，更忠义。史载，安史之乱发生，叛乱军攻陷河南。河南，是中国的大粮仓啊，是兵家必争之地啊！叛乱军队来了，很多人怕死啊，纷纷投降，谯郡太守杨万石降贼，胁迫张巡担任叛乱军队的长史。张巡凭着自己的机智，带着自己的人马，摆脱了叛乱军队的监视。他们走到真源这个地方，张巡对着身边的人大哭，劝说大家一起起兵讨逆，大家一起响应，队伍达到一千人。于是，张巡领着自己的队伍，受命前往雍丘（河南杞县）防守。

张巡到达雍丘后，令狐潮引贼兵四万来夺雍丘。张巡孤军出战，杀退贼兵。

令狐潮与张巡昔日同为唐朝官员，有些旧交情。因此，令狐潮多次想劝张巡投降。劝降的同时，叛军还不断攻城，给张巡极大的压力。张巡忠心不贰，根本就没有投降的打算。

有一次，张巡城内的箭用完了。没有箭，仗就不好打了，怎么办啊？

张巡有办法。他命令军士捆了一千多个草人，将这些草人穿上黑衣，夜间放下城去。叛军看到城墙上有人影下来，争着用箭乱射。等叛军射够了，张巡的唐军将一个个草人拉上城墙，每个草人上分别扎着上百支利箭。

如此这般，张巡天天晚上让自己的军士们放草人。而每当城墙上放下草人，叛军就放箭狂射。一连十多个晚上，张巡的唐军得到了数十万支箭。

十多天后，叛军也感觉上了张巡的恶当。当张巡再次放下草人时，叛乱军根本不予理睬，决心不再上当。

而就在叛军决心不予理睬的时候，一天黑夜，张巡将五百勇士放下城去。叛军看到城墙上又放下许多人影，大笑道："哈哈哈，又来这一套，以为爷们真的脑子进水了？爷们学聪明了，不吃这一套了！"于是，叛军根本不加防备。

然而，这一次，张巡的狼，真的是来了！这五百勇士直扑敌营，叛军大乱，逃出十余里。

张巡草人借箭，为自古以来战场借箭之第一人。后人写小说《三国演义》，将张巡借箭的故事移植到了诸葛亮的身上。好在张巡为南阳人，诸葛亮也曾在南阳生活，老乡的专利让老乡借用一回，也没有什么大碍。

史书对张巡这个基层干部的用兵之妙，也有记载："其用兵未尝依古法，勒大将教战，各出其意。或问之，答曰：'古者人情敦朴，故军有左右前后，大将居中，三军望之以齐进退。今胡人务驰突，云合鸟散，变态百出，故吾止使兵识将意，将识士情，上下相习，人自为战尔。'"

如此看来，张巡虽为基层干部，却早有大将之才。

张巡文采也好。唐代无论文人还是武将，好像文采都不输于今人。

张巡守睢阳时，曾有诗：

接战春来苦，孤城日渐危。
合围侔月晕，分守若鱼丽。
屡厌黄尘起，时将白羽挥。
裹疮犹出阵，饮血更登陴。
忠信应难敌，坚贞谅不移。
无人报天子，心计欲何施。
——《守睢阳作》

这位南阳人张巡，可以说是文武全才。

就是这位文武全才的张巡，此时正统领自己的步骑混合编队，疾奔睢阳城。在那儿，张巡将为我们的历史再增添最厚重的一页！

三、力量大悬殊

757年正月的一天，十三万叛乱军队，在尹子奇的指挥下，来到睢阳，立即展开包围。

早春，春寒料峭。

张巡着盔铠，系披风，握长剑，登上城楼。

长风呼号，卷起披风，荡起剑穗，城墙内外，杀气森森。

张巡举目四望，敌军已完成合围，睢阳已成为一只被困的铁桶。

从这时起，睢阳城真的成为一只密不透风的铁桶了。

铁桶内，是张巡和许远加起来的约七千军队。

铁桶外，是尹子奇的十三万大军。

铁桶内的人，志在守卫江淮要冲，保卫国家安全。

铁桶外的人，志在打通江淮门户，拔去国家根本。

力量极为悬殊的双方，展开了均无退路的一场大战。

跟随张巡走上城楼的将领中，有许远、有他的大将南霁云等。

叛军到达的第二天，即发起了攻势。

第二天，尹子奇亲自来到阵前，指挥大军攻城。

尹子奇在想，小小的睢阳，一共才有多少人马啊，不出三五天，我就将你铲为平地！想到这，他挥动令旗：不必分出重点，不必讲究战术，全军分兵八路，见城门就攻，遇城墙就上！反正我们人多，他们区区几千人，守得过来吗？

叛军真的全面出击，四面进攻。一时间，睢阳城下，杀声震天动地。

城内，张巡早已做好安排，七千军人，万余百姓，分兵把守。敌人来到城下，或射以利箭，或投以巨石，忙而不乱，紧而有序，真的是众志成城。

叛军第一天的进攻，几乎从早晨打到黄昏。

从早晨到黄昏，敌军始终无一人能登上城墙。

尹子奇急了，尹子奇怒了！他，太小看了张巡的组织和指挥能力，也太小看了睢阳区区七千军人的抗击打能力！

尹子奇决定,攻势不能停歇!

从这个早晨开始,叛乱军队分成若干梯队,夜以继日,展开强攻。某一天,叛军的攻城多达二十多次!几乎每个时辰都有两次攻击。

强大而密集的攻势面前,城内的区区七千多人,顽强地挺立了十六个昼夜。

十六个昼夜,数千次攻击,结果是:睢阳城依然在张巡的手中,尹子奇依然在城墙之外。

还有一个结果是:张巡守军虽然也有伤亡,但叛军死亡已达两万多人。

睢阳守卫战,初战告捷。

但是,战争并没有结束。

正月刚刚过去,尹子奇的叛乱军队补充了人马,又一次达到十余万,重新开战。叛乱军队中,有许多刚刚补充而来的少数民族骑兵。

二月三月,惨烈的攻守战,在睢阳城下继续进行!

有一天,张巡决定出其不意,打叛军一个措手不及。

可是,这时候的睢阳,粮食已经不多。

顽敌在前,将士就要再次面对生死搏杀,人是铁,饭是钢啊,无论多么勇猛的将军,都不能赶着饥饿的士兵出战啊!

张巡让士兵们杀了几头牛。

睢阳城中,牛,其实也已不多。

张巡让人杀了牛,煮熟了牛肉。这时,张巡对将士们讲话。

张巡的讲话,当然不要什么稿子,更没有什么哼哼啊啊的无聊之语。

他是这样说的:

"兄弟们!国家对我不错,给了我很高的待遇……"

其实,以张巡的才能,他那点儿待遇算个什么?有多少人在朝廷里做着高官,拿着高工资?有多少人吃了国家的拿了国家的还回过头来想着法子坑国家?算了,这是题外话,不说也罢。忠臣,他永远就是忠臣,即使你给他吃的是草,他挤出的也会是血!贼子,即使你给他的是黄金宝玉,他拉出来的还是屎!

张巡继续说：

“兄弟们，我受了国家的高待遇，所以，国家让我来拼死守睢阳城。这，是我应该做的事情……”

底下，将士们静静地听着。熟牛肉的香味，正顺风而来，让人觉得更加饥饿。好久没有吃到肉了，这牛肉，真他妈的香啊！

张巡继续说：

“可是，你们兄弟们跟我来守睢阳，冒着生命的危险，吃着空前的苦头，天天饿着肚子，天天要打恶仗，打仗立了功，也可能得不到奖励，我对不起兄弟们！”

说到这，张巡眼里含着泪花。

将士们听到这儿，也流泪了。有人说：“张将军，我们来守卫睢阳，就是跟着你来的，就是冲着你来的！”

有的将士高喊：“将军，打吧！我们跟他狗日的拼了！”

张巡说：“兄弟们，先好好吃下这些牛肉，吃饱，才有力气杀敌！”

张巡选出了五千名将士。

风卷残云般地一顿狂吃。将士们一个个吃饱了牛肉，准备拼命。

城外，尹子奇叛乱军一边布阵，一边放肆地笑骂着城内守军，他们说，看啊，一个个缩在城内当乌龟了！

正说话间，城门大开。

叛军有些不相信自己的眼睛。不是说城内只有几千守兵吗？这几千人敢跑出来跟我们十几万人玩命？

可是，叛军们还没有清醒过来时，张巡带领五千将士们，已冲到眼前。

城楼上，文人许远虽然不能拿兵器上阵杀敌，却绝对可以挥起鼓槌。他挥着鼓槌，擂着战鼓，如疾风猛雨，似惊雷滚涌！

城楼下，战将张巡统帅众人直入敌群。

接着就是短兵相接，接着就是血肉横飞，接着就是叛军的鬼哭狼嚎，接着就是叛军的大溃败！

这一仗下来，张巡的军队杀死敌将三十名，杀死三千多人。

这是一场出其不意的突击，是勇气和智慧的突击！

得胜的张巡军队，回到睢阳，紧闭城门，赶紧休整。同时，捷报速送中央。

皇帝看到捷报，当然高兴啊。咱家一时拿不出钱，也拿不出粮，那就先给封个官，提个级别吧。于是，张巡被封为主客郎中兼御史中丞，许远被封为侍御史。

其实，到处都是敌军，给张巡这么个官职有什么用啊，还不如给派点兵、送点粮，这比什么都实惠啊。我估计，这会儿，叛乱远没有平息，国家，也难着呢！只好先让中央组织部门给你发一张纸——委任书，开个空头支票，作为精神鼓励。

当然，一个忠臣，是根本不会在乎国家是否对自己的功劳给予奖励的。忠臣的眼中，忠臣的心里，只有立功保民，用现在话说，就是立党为公！

朝廷的委任书来了，敌军也跟着来了！

这年的五月，打不死的尹子奇又来了！

本来，这伙叛军就一直在河南东部一带活动，一直在河南东部寻找机会。除了少许的城池，大片的土地其实已在叛军手中。所以，叛军有办法补充粮食，而守城的张巡却难以出城寻找粮食；叛军可以到农村到草原拉壮丁补兵员，而守城的张巡却无法出城扩充队伍。

这一次，尹子奇带来的还是十多万人马。叛军在增兵，在搞粮，在控制地盘，等等这些方面，好像总是胜出唐军一筹。

十多万叛军，重重围困睢阳。

四、守城大智慧

这时候的张巡守军，估计已不满最初的七千人。战争，总是会死人的，总是会伤人的。当敌军不停地补充生力军时，张巡手上只有这么点人马。

应战吧！敌对的交战中，从来没有人会手下留情，从来不会有人会手下留情！生死由命，决战在己！

张巡，有勇有谋的大将之才。这一回，他采取了另一种打法。奶奶的，就算小爷我陪你玩玩！

从敌人再度围城的那天开始，张巡每天晚上命令士兵们在城头上猛击大鼓，摆出一副深夜突袭的样子。敌人不敢大意，只好加强防守，搞得天天睡不好觉。

一天又一天，城头上的守军，夜夜击鼓，却总没有动静。这不是折腾人吗？干脆，别理他那些破鼓，咱们该睡还得睡！

于是，到了晚上，不管你张巡的守军如何击鼓，城下的敌军，放下刀枪，呼呼大睡。

等敌人开始睡觉时，张巡正准备真正的偷袭。

一天晚上，张巡亲任突击队队长，选出十员大将。他们中，有勇猛无比的南霁云、有百战不死的雷万春。同时，他还选出骑兵五十人，悄然出城。

夜色如墨。睢阳城门缓缓推开。因为推动城门的速度很慢，所以，城门在打开时，几乎没有发出任何声响。

六十骑将士，人衔枚，马裹足，从城门下一一出城，没有发出任何声响。幽暗中，隐约可以发现，领头的将军，正是张巡。

夜色掩护着这支突击队，悄然接近敌营。他们直赴敌军中最大的那座营帐。那儿，正是敌军主帅尹子奇的中军大帐。

来到帐前，突击队突发一声喊，猛烈攻击。

睡梦中的敌军，来不及拿起什么武器，分不清来了多少人马，一个个只顾着逃命。逃命的叛乱军，正好成为突击队的靶子。

张巡和他的突击队速战速决，偷袭得手，大杀一场，立即撤退。

这一夜，叛军损失五千多人！

尹子奇经此一败，心情非常不好。这时候，他手下那些个来自北方草原的军队首领，对他的领导能力也大加怀疑。据说有一名突厥兵的首领，跑到尹子奇的中军大帐，吵吵嚷嚷地说："你这么天天躲在帐篷里叹气，有个屁用啊！你不行，不能说我们都不行！你不战，不能说我们都不战！让我出战，你就在家看热闹吧！"这个突厥兵的首领，还真的有几分憨劲。

尹子奇一听，大喜！

“好啊！请阁下出战！”他说。

突厥兵首领带着自己的千余骑兵，来到城下大骂，要找张巡决战。张巡在没有做好一切准备之前，当然不会理他。

次日，这小子必会再来叫阵。

于是，张巡命令将士埋伏在护城河的河道里，个个手握长刀、劲弩、长钩，只要一听到城楼鼓响，立即出击。

果然，次日，还是这位突厥兵首领，带着自己的千余骑兵，来到城下大声叫阵。因为无所顾忌，他的人马几乎全部站立在护城河堤上。

他不知道，晚上，张巡早已安排了一切。

突厥兵骂得兴起，城内就是不应。

突然，城楼上鼓声雷鸣。

埋伏在护城河道的将士们，听到号令，跃身而出，如鬼魅般出现在突厥兵眼底下。他们用长钩钩倒敌骑，用长刀砍倒敌兵，用劲弩射杀敌军。一时之间，突厥兵彻底垮了。突厥兵的首领正欲逃走，将士们用长钩将其钩翻在地，绑将起来，拉进城内。哈哈，咱们今天又活捉了一个！

部分突厥兵逃了回去，向主帅尹子奇报告。

尹子奇脸上是什么样的表情，我不知道，史书没有记载。史书记载说，尹子奇立即带着军队，赶到前沿，来到睢阳的护城河边。

又一批敌军出现在城下。张巡想，这一次，肯定是尹子奇带人来。

“尹子奇长什么样子？有谁认识尹子奇？”张巡问众人。

众人说：“谁认识这种叛军头子啊，我们真的不认识。”

不认识？那好，那就想办法让他自己暴露出来！

张巡有奇智。

“来人，砍些粗的蒿草秆来，削成长箭，射向敌阵！”张巡命令。

几支蒿草秆，被当成长箭，射向敌军。

敌军捡起这些蒿草秆，不禁大喜。他们立马拿着这些蒿草秆共同跑向一个人——那就是主帅尹子奇。他们要向主帅报告。

这些手持蒿草秆的叛军士兵，正好为城楼上的张巡当了寻找尹子奇的向导。

而城楼上，大将南霁云，手持长弓，搭上利箭，睁大双眼，移动箭镞,向众叛军去报告的那个人瞄准。

尹子奇接过蒿草秆,应该是大喜过望的。你想想啊,两军正在交战,城上的守方射下来的竟然是蒿草秆,这说明什么啊?说明他们已经没有利箭可以使用了!没有了利箭,那还怕他什么呀?那他还不是只剩下挨打的份?

想到这,尹子奇开心了,也放心了,他骑马走向前去,离开了众军士的保护圈。

城楼上,张巡发令:“射!”

南霁云手中利箭离弦而去,直奔目标——敌军主帅尹子奇!

史书上说,南霁云有百步穿杨之功。

尹子奇立即中箭倒下马来。他的左眼中箭了。

主帅受伤,叛军停止攻击,但依然死死围住睢阳城。这一围,又是两个多月。

于是,从五月到七月的这些日子,睢阳城虽然被围得死死的,但却得到了一段短暂的安宁,至少没有发生大的攻城事件。

八月,养好了箭伤,尹子奇重新启动了攻城战。

这时候,睢城内,经过数月的苦战,能够作战的将士只有一千六百多名,城中两万多百姓全是老弱病残。这个仗,怎么打?对张巡来说,只有守了。

尹子奇似乎学聪明了,他在改进战法。

阵地前,尹子奇大造“飞云梯”。

飞云梯,是尹子奇的宝贝啊。他建造的这玩意儿,第一是高,高度超过睢阳城墙,如果兵士站在上面,完全可以对睢阳城墙形成居高临下的态势。第二是大,每架飞云梯上面,可以容纳二百名士兵,完全可以对睢阳城形成规模性的进攻。第三是机动性能好。这么高这么大这么重的梯子,搬运起来必然不大方便。但尹子奇让人给每架飞云梯下面安装了轮子,可以让士兵预先站到梯子上,然后再由士兵们推向睢阳城墙。

张巡看到了这一切。他也在准备着。

他命令将士们三人一组,对着云梯可能攻来的方向,挖出洞口,每个洞口安装一根又长又粗的活动木杆。每三根木杆为一个战斗小组。

战斗开始了。

叛乱军的飞云梯满载士兵,轰隆隆地开了过来。正要靠近城墙时,从城墙内伸出了粗大的木杆。

张巡的将士们,以三根木杆为一组开始对敌作战。第一根木杆伸出后,立即用木杆上的大铁钩钩住飞云梯,第二根木杆也马上伸出,同样用木杆上的大铁钩钩住这架飞云梯。两根木杆从不同的方向同时钩住一架飞云梯,这架飞云梯就基本上被固定了,就像电影镜头中的画面定格一样。这时候,第三根木杆开始出击。这第三根木杆托着一大盆燃烧的木炭,直接推进到这架被定格的飞云梯上方,将红红的木炭当头倒下。

飞云梯上,兵士们着火了,木梯着火了,呼呼的火苗,将不可一世的飞云梯燃烧倒塌!

尹子奇精心准备的飞云梯攻势,就这么破解了。

敌人,残酷的敌人,永远不会甘心自己的失败。

尹子奇又发明了一招:撞城钩车。这种武器,大约是用木车载上带铁索的铁钩,然后靠近城门,将铁钩挂上城门,使劲往外拉,以此破坏城门,达到进城的目的。张巡也制造了这种武器的克星。他将木桩打入地下,系上铁索,安上绞盘,装上铁环。一旦发现敌军的钩车,立即用铁环捉住敌车的铁钩,用绞盘的力量,将钩车完全拉散。

尹子奇的第三招,是用木驴攻城。尹子奇制造了大量木驴,企图攻破防守,结果,仍然被张巡打退。

尹子奇的第四招,是垒土登城。叛军们用麻袋装满泥土,在离城墙不远处,准备建起一座小山。十多天下来,他们还真的堆出一座小山,几乎与城墙一般高,准备着第二天登山进攻。此时,张巡并没有闲着。每天夜里,张巡指挥将士们悄悄地将松明、秆蒿一类的易燃物从城头扔进敌人的大堤内。对此,尹子奇并没有发现什么。到了攻城之日,尹子奇一声令下,叛乱军狂喊着爬上假山坡道,唐军立刻投放火炬,结果,烈火熊熊,尹子奇再次失败。

尹子奇的第五招，是挖壕困敌。张巡的智勇，显然高出尹子奇。尹子奇无计可施，放弃进攻，决定围城。敌军围着睢阳城，一连挖了三道深沟。睢阳，这一次真的成了一只铁桶。由此，战事也进入了胶着状态。

五、孤城大绝望

此时正值夏天，大约是八月的下旬。长时间的生死之战，张巡歼敌很多，却伤亡惨重。

当尹子奇放弃攻城，选择围困的时候，睢阳城内，又是怎样的光景？

张巡和许远为主官，带领少数将官巡营。此时的张巡和许远，早已疲惫不堪。疲惫不堪的这两三个人，一路走，一路看，城墙之上、城门之下，几乎所有应该有士兵把守的岗位，虽然还有人在那值守，却找不出一个不带伤的战士。将士们有的头上缠着绷带，有的身上缠着绷带，有的将士断了胳膊或断了腿，仍然倚靠在岗位上。

许远对张巡说："清点一下吧，看看我们还有多少活着的将士。"

人数很快清点完毕：不到六百人。

许远说："张巡啊，你最初带领自己的步骑混合编队到达睢阳时，加上城内的守军，一共是七千人吧？"

张巡说："现在只剩十其一了！"说到这，张巡的眼里流出了泪水。

经过八个月的苦战，睢阳城内的将士，只剩下不到百分之十。就是这点人马，也几乎完全丧失了战斗力。长期的疲劳作战，长期的饥饿，已经从肉体上摧毁了这支曾经的铁军！

但是，城外的尹子奇，在吃尽了苦头后，已经害怕了。如果这家伙在这个时候进攻，睢阳城必破无疑。敌军胆怯，又不了解城内的虚实，选择了围而不打，他们要困死睢阳！

睢阳城内，生的希望已十分渺茫。

所有的守军都已明白，求援，求援！保住睢阳的唯一办法，就是——求援！

张巡和许远知道，睢阳周围的城池，几乎全部被叛军攻占，就近的城池，仅仅还有三处在唐军的控制之下。这三个城池分别是：谯郡（今安徽亳县），守将为节度使许叔冀；彭城（今江苏徐州），守将为节度使尚衡；临淮（今江苏盱眙北），守将为节度使贺兰进明。

彭城，就是今天江苏的徐州，距离太远，而且形势危急，经受着叛乱军的猛攻，恐怕难以分兵救援睢阳。谯郡和临淮，距离较近，虽有叛军进攻，但并非大兵压境，有发兵救援的可能。

张巡立即带着南霁云来到许远的府上商议此事。

张巡说："睢阳城的粮食已经吃完了，将士们也已无力再战，文武官员中有人打算弃城东逃。睢阳是江淮的屏障，如果睢阳失守，江淮必然难保。而且，我们现在饥寒交迫，又全都受伤生病，就是想走也是走不掉。所以，我们只有一个办法，向附近的友军求援。我想，大家都是唐朝的军人和官员，应该不会对我们的求援不理睬吧？您看，我想派人前去谯郡和临淮，请求他们出兵相救，您看如何？"

许远回答："这些天，我也在想这件事啊。但是我很担心，只怕他们的处境并不比我们好啊！"

张巡说："我觉得，谯郡、临淮是富庶之地，但并不是战略要地。而且由于睢阳牵制了大量叛军，他们那里应该不会有太多的敌军，也不会有太大的压力。"

许远下了决心："好吧，听将军的！"

这时，南霁云刷地站了起来，朗声道："但有所命，万死不辞！"

张巡对南霁云说："你先去谯郡，许大人有钱有兵，如能请得谯郡兵马，你是首功一件。"

许远接着说："今夜子时，你从北城下去，明天一早就能到谯郡了。"

是夜，夜色如墨。南霁云在夜色中溜下城墙，骑一快马，绝尘而去，天还没亮，他就来到了谯郡城下。

南霁云高声报上姓名。

此时，守将许叔冀刚刚起床，大约正在洗漱。这会儿，他根本就不着急。敌人攻打的是你们睢阳，跟我这没有多大关系。

等这小子洗过了，也吃过了，才慢慢地来到城墙上头。

站在城墙上，许大人摆出一副很诚恳的样子，说："南将军啊，辛苦你了啊！现在啊，国难当头啊，人人自危啊，我这个小小的谯郡啊，怕是也保不住啊。所以啊，我不能出兵啊。如果我出兵啊，贼人就会来进攻啊。所以啊，不行啊不行啊！”

南霁云骑在马上，马儿急，他也急。他刚要说什么，许叔冀在城头又说开了：“南将军啊，许某人啊，也是很同情你们睢阳的啊。请你啊，转告张、许二将啊，我决定送些布给你们啊。”

接着，“扑通！扑通！”一千匹布料接二连三地甩下城来，直落到南霁云的马前。

南霁云大怒。

他奶奶的，老子一个人，哪能搬得动这么多布？何况，睢阳命在旦夕，老子们要的是打仗的兵，要你这些布有个屁用啊！

南霁云骑在马上，拔出宝剑，指着许叔冀大骂：“姓许的，你这个老匹夫！你他妈的不是大唐的重臣，简直就是大唐的奸臣！”

晚上，南霁云原路返回，攀绳索进了睢阳城。

现在的希望，就是贺兰进明了。

南霁云再次请缨，要求出城。夜色中，他带领三十余骑兵冲向敌阵。经过一场混战，南霁云终于来到了临淮，见到了守将贺兰进明。

贺兰进明知道，南霁云是一员猛将。他很想拉拢这员猛将为自己所用。于是，贺兰进明摆下了酒宴为南霁云接风。席间，南霁云看到满席的山珍海味，悲从中来，泪水夺眶而出。就在自己的身后，自己的兄弟们正在睢阳城中苦苦等待啊！这酒，这宴，咱能吃得下吗?!

南霁云对大家说：“各位好意，南某心领了。但是，睢阳城中，军民们已经一个多月没有饭吃了。今天，我真的没有心情吃饭。请立即发兵救睢阳吧！”

然而，贺兰进明就是不答应。

这时，南霁云拔出佩刀，突然砍下自己的一根手指。他将断了手指的左手，举了起来。这只手啊，鲜血淋漓，在灯光中颤抖着。他希望用自己的行为，感动贺兰进明，让他可以发兵相助。

在座的将领，一片啜泣。可是，贺兰进明却无动于衷。

南霁云临淮请兵，韩愈事后的文章这样记载：“南霁云之乞救于贺兰也，贺兰嫉巡、远之声威功绩出己上，不肯出师救。爱霁云之勇且壮，不听其语，强留之。具食与乐，延霁云坐。霁云慷慨语曰：'云来时，睢阳之人不食月余日矣。云虽欲独食，义不忍。虽食且不下咽。'因拔所佩刀断一指，血淋漓，以示贺兰。一座大惊，皆感激为云泣下。云知贺兰终无为云出师意，即驰去。将出城，抽矢射佛寺浮图，矢着其上砖半箭。曰：'吾归破贼，必灭贺兰！此矢所以志也。'"

马背上的南霁云，跑出临淮，路过一座寺院。他弯弓搭箭，将一支箭矢射向高高的佛塔，利箭噗的一声钻进塔身，仅留箭羽在外面。南霁云指箭发誓："贺兰匹夫！等我回城打败尹子奇，必来灭你！这支箭就是见证！"

南霁云他不甘心就这样回去，睢阳城内，还有他的兄弟们。睢阳城外，还有他的敌人！他来到真源县，借来了五百匹战马。之后，他又前往宁陵。半年前，南霁云在宁陵抗敌，曾有一起战斗过的朋友。此时，宁陵守将廉坦权衡利弊，欣然带领仅存的步兵三千人，与南霁云一道同去睢阳。

是夜，他们二人带兵突破重围，来到睢阳城下。张巡听到城外的喊杀声，喜极而泣："啊！一定是我的南霁云领着救兵回来了！"

张巡马上登城，举目望去，火光之下，数万敌兵的包围圈中，大将南霁云左冲右突。张巡急忙下令出城接应。

大伙儿终于一起进入了睢阳城。接下来的工作就是清点人马。

结果，刚刚借来的三千士兵，经此一战，只剩下不到一千人。刚刚借来的五百匹马，经此一战，跑得无影无踪。

睢阳城的将士得知南霁云仅仅请来这么一点点救兵，全都明白：睢阳完了！

哭声，开始在将士们中蔓延。先是个别人小声地怒骂和哭泣，然后，怒骂和哭泣迅速传染。

悲愤的怒骂，悲痛地号哭，弥漫在睢阳城的夜空。

睢阳绝望了。

六、小城大饥荒

一面破旧的战旗，高高地飘在睢阳城的城楼上。因为战争硝烟的洗礼，战旗的颜色几乎已经不能分辨；因为战争之火的燃烧，战旗的四周几乎完全残缺。战旗中间那个斗大的张字，苍劲醒目。风吹过，城墙上头空空荡荡，飞扬的黄沙中，只有这面战旗，迎风猎猎。

为数不多的将士们，因为好久无食可进，已经很难站立起来。他们一个个躺在城墙上，任由劲风吹过，任由黄沙拂面，浑浊的眼睛，时时望一眼风中的大旗。

只有战旗，在风中依然显示出力量！

绝望中的睢阳，粮食问题，成为最大的问题！

这时，睢阳城里只剩下四百多名将士，睢阳城再也找不出一粒粮食了，能吃的动物，几乎已经吃光。

这样的时候，也许只有神灵会来到睢阳，也许只有神灵的眼睛可以掠过睢阳的城墙。那么，就请神灵看看吧。此时，所有的将士，因为饥饿，脸上瘦得塌了腮，眼皮饿得抬不起来。

本来，睢阳在战争刚刚开始的时候，是有所准备的，是有一些粮食的。但是，意外发生的事情，将睢阳推到绝境。

许远，作为睢阳的军政长官，虽然是个文人，却也有很好的才能。他预感叛乱的尹子奇一定会进攻睢阳，于是，未雨绸缪，变着法子积攒了六万石粮食，以备战时之需。

六万石是多少？中国古代的粮食计量，是以升、斗、石为计量单位的。十升等于一斗，十斗即一百升，等于一石。宋代的时候，一石米，换算成现在的计量单位，为五十九点二公斤。那就是说，许远在睢阳城内，已事先存放了约三百五十万公斤的粮食。

三百五十万公斤粮食，七千名将士，城内两万名百姓，可以坚持多久？我们可以计算一下。

上个世纪，中国的经济很不发达，农村生活极苦，极苦的一个最重要的标志，是吃不饱！我和农村的男人们一起干重体力活的时候，我们每个人一天的口粮，最多只有零点四公斤！现在，我们就按这个标准来计算睢阳城内军民们的粮食吧。

以两万七千人计算，睢阳城内，本来是每人可以拥有一百一十七公斤粮食的。如果按每人每天零点四公斤分配，可以分配二百九十天，也就是说，这么慢慢地吃着，睢阳军民，在二百九十天内是可以坚持住的！

然而，意外发生了！许远的粮食，让人家给盯上了！让人家给眼红上了！

河南节度使、虢王李巨，是唐高祖的后人，是唐王朝正宗的皇家子孙。战争开始之前，当时李巨作为河南节度使，正率兵驻扎在彭城。这时候，他就是国家任命的河南省的最高领导人。睢阳，作为一个地市级单位，归节度使李巨管辖。

李巨知道许远收藏了一些粮食。于是，李大人眼红了。

李大人叫来许远谈话。反正仗还没有打起来嘛，先叫他来谈谈。

“许大人啊，听说你那儿粮多啊。我看你啊，发挥点模范带头作用啊，发扬点无私奉献精神啊，分点粮食出来啊。濮阳啊、济阴啊，那几个郡啊，正闹粮荒啊，你给分出一半给他们啊。”李巨大人这样说。

许远不干。他说：“领导啊，很可能就要打大仗了，睢阳战略位置太重要了，是江淮门户啊，无粮怎么守得住啊！”他说的是实话。

可是，李巨是皇家血统啊，是虢王，是全省最高长官啊！李大人一拍桌子，怒道：“不给啊？你是想违抗军令啊？你是想立马给你来个双规啊还是立斩啊？！”

听到这种话，许远傻了。

那就给吧！

李大人行动很快，三万石粮食，迅速被调拨给了濮阳、济阴，各分一万五千石。

更加意外的事情继续发生。唐朝派在济阴城的守将，是个没用的东西。叛乱军一到，他一箭不发，马上投降。这还不说，这小子立即交出从睢阳拉过来的一万五千石粮食，全部交给了叛乱军。

这么一来，刚刚开战的时候，叛乱军队的粮食就意外地增加了一万多石，而睢阳城内的粮食，意外地减少了一半！

战争，长达几个月的战争，不断地消耗着睢阳城内的粮食，粮食终于消耗光了！

然而，战争仍在继续。

粮食吃光后，张巡、许远和将士们，将睢阳城内猫啊狗啊什么的，全部吃光了。

吃光这些活物之后，张巡、许远和将士们的食物，是茶叶、纸张。他们将茶叶和纸张一并和水煮烂，如喝粥一样吃下。这情形，让我们想到上个世纪共产党人领导的红军们在长征路上的经历。据史料记载，长征中的红军们，是吃了树皮、草根和皮带的。

不久，睢阳城中的茶叶和纸张被吃光了。

于是，张巡、许远和将士们吃马。战马被杀死，成为战士的食物。

不久，睢阳城中的战马也被吃光了。

于是，张巡、许远和将士们结网抓麻雀当食物，掘地抓老鼠当食物。

一个小小的城池，能有多少麻雀？能找到多少老鼠？

据说，睢阳城的麻雀和老鼠，也被吃光了。

所有能吃的东西，全都没有了。

小城睢阳，处在空前绝后的饥饿中。

七、人类大悲剧

四面被围，粮食无法运来。守卫睢阳的将士们，在长达数月的战争中，吃光了粮食，吃光草根、树皮，吃光了书籍、马鞍、皮靴，吃光了城内的战马，吃光了城内能飞的麻雀、地下打洞的老鼠。到了这一步，城内还有什么能吃的呢？

将士们互相观望，你看看我，我看看你。是啊，除了我和你，除了男和女，睢阳，几乎没有别的东西可以吃了！

这时候，睢阳守将张巡、许远下了一道空前绝后的命令——吃人！

睢阳守卫战中人吃人的事件，是人类史上众多大悲剧中至为悲惨的一幕！

真实的历史是这样记载人吃人事件的发生的：

某天，张巡挽着他的爱妾霍氏，来到将士们面前。

霍氏，一个历史上只有姓氏没有名字的女人，一个张巡最喜爱的女人。也许，她不仅仅是张巡的妾，更多的时候，她是张巡的情人，是张巡的知音。早在数月之前，张巡领着三千多人的步骑混合编队赶往睢阳的时候，这个美女，应该就在那支队伍中。她，也是自愿投往睢阳的，是主动投向叛军的包围的。

手牵爱妾霍氏，张巡说："兄弟们为了守住睢阳城，为了保住大唐江山，忍饥挨饿，百战饮血，无怨无悔。我张巡真的很想割下自己的肉来给你们吃！可是，我是这儿的守将啊，我还要带着兄弟们打仗啊。所以，我暂时还不能死，我更不能眼看着你们活活饿死！这是我的爱妾，早晚都会饿死在睢阳城中。现在情况危急，与其让她饿死，不如趁她还没死没腐烂，用她来救大家一命！"

《唐书》中这样记载张巡当时的演说："诸公为国家戮力守城，一心无二，经年乏食，忠义不衰。巡不能自割肌肤，以啖将士，岂可惜此妇，坐视危迫。"

听到张巡的话，将士们震惊了。接着张巡亲手杀了他的小妾，然后……

《旧唐书》中记载睢阳之战说："尹子奇攻围既久，城中粮尽，易子而食，析骸而爨，人心危恐，虑将有变。巡乃出其妾，对三军杀之……"

《旧唐书》又记载："……乃括城中妇人；既尽，以男夫老小继之，所食人口二三万，人心终不离变……"

这些文字的意思，已经用不着我作再多的解释了！每次读史至此，面对如此惨烈的记载，面对如此悲惨的事件，我总是不忍心再读下去！

757年十月初。天气已经转凉。

叛乱军首领尹子奇，见睢阳城里一连数天毫无动静，就派出人马，靠近城墙打探。

城墙内，仍然毫无动静。

尹子奇似乎感觉到了什么。他开始进攻。

城内,张巡和许远在作最后的抵抗。他们将几百名残兵分为两部分,分别由张巡和许远带领，各自守城池一角，张巡守东北,许远守西南。

城内的张巡,早已知道不能再战。人马如此之少,将士如此之饥,这一次,不管自己如何出奇智,都不可能守住睢阳了。

张巡用最后一点点力气,写了一篇《谢金吾表》。这封表——也就是信,张巡在其中说道:

“想峨眉之碧峰,豫游西蜀;追绿耳于悬圃,保寿南山。臣被围四十七日,凡一千八百余战。当臣效命之时,是贼灭亡之日。”

叛军开始进攻了。叛乱军队呼喊着,冲进城内。这一次,他们遇到的抵抗绵软无力。

尹子奇得意了，因为他的围困战术，终于困尽了睢阳城最后的力量!

叛乱军队如潮水般进了睢阳城。

张巡眼看着叛军拥入,无可奈何。他面向西方皇帝所在的方位跪拜:皇上啊,我已经用尽了全部的智慧和勇气,我再也没有能力抵抗强大的敌人了!

史书记载,当叛乱军队进入睢阳城时,张巡和他的将士们,虽然还持着手中的武器,但已不能动弹,所有的将士,敌人只要用手指一碰,就倒在地上了。可见,张巡和将士们真的已没有一丝力气。

757 年 11 月 24 日,睢阳陷落。尹子奇领叛军入城,将全城活着的人全部杀害。

此日,张巡被押到叛军统帅尹子奇面前。尹子奇问:“闻公督战,大呼辄眦裂血面,嚼齿皆碎,何至于此?”

张巡怒答:“吾欲气吞逆贼,但力不遂耳!”

尹子奇大怒,用刀子强行撬开张巡的嘴巴。果然,张巡满嘴只剩下三颗牙齿。

尹子奇下令将张巡斩首。张巡面不改色,只是用目光看了看他的爱将南霁云。

南霁云笑对张巡说:“我原想要有所作为的,既然主公这样,我霁云敢不死吗？”

同时被处斩的还有张巡的部将姚訚、雷万春等，共计三十六人。

许远则被叛军押走。他一路上对叛乱军大骂不止。到河南偃师时，叛军将其杀害。

他们死时的年龄是：张巡、许远四十九岁，南霁云四十六岁。

由于许远比张巡晚死几天，结果引来了许多非议。有人说，为什么张巡等三十六人当场就义，唯独许远没有死？为什么叛乱军队破城破的地方正好是许远的防区？他会不会是贪生怕死，投降了敌人？一直到了十多年后，仍然有人追究此事。就连张巡的亲生儿子张去疾听了谣言之后，也心生怀疑，给朝廷上书说：“父巡与睢阳太守远各守一面，城陷，贼所入自远分……巡及将校三十余皆割心剖肌，惨毒备尽；而远与麾下无伤。故远心向背，梁、宋人皆知之……请追夺官爵以刷冤耻。”（《新唐书·许远传》）。好在唐朝皇帝召集文武大臣上殿专议此事，给下了个最后的结论：许远为睢阳主将，叛军将他押往西边，是为了向在洛阳的主子报功。因此，许远死于张巡之后，无可非议。张、许同为忠烈，不可胡加议论！

睢阳之战五十多年后，唐宋八大家之一的韩愈，发表了一篇著名文章——《张中丞传后叙》，记载睢阳之战的故事。

安史之乱后，唐肃宗下诏褒赠其为扬州大都督，诏封为邓国公。因他在初破尹子奇军时，被诏封为御史中丞，故史称“张中丞”。

八、千古大难题

张巡、许远守睢阳，千古以来，感天动地。

战争中的智谋，战争中的壮烈，战争中的悲苦，战争中的曲折，一切的一切，都完全可以令这场战争和战争的主人成为一部历史大片的题材。如果将这场战争搬上屏幕，拍成电视剧或者电影，又如果编剧们的编剧得法，导演得当，演员得力，是一定会又叫好又叫座的。

但是，这么多年来，睢阳大战，张巡、许远，却没有成为一部大片的题材，更没有进入电视剧。为什么？据说，有一段史实，让人们无法回避——吃人!

不错,睢阳之战中的吃人问题困扰已有一千多年!

一千多年来,学者们,特别是儒生们,对此喋喋不休,说三道四。毕竟,张巡、许远在守卫睢阳的时候,是发生了人吃人的恶性事件的!我写这两位国士,也不得不面对这个严重事件!

吃人,在今天的角度来看,或者从睢阳之战以后的时间角度来看,是今人无法接受的,甚至不能容忍!但是,如果我们站在安史之难的时间角度来看,对吃人的问题,也许会冷静一些。

中国历史,大部分时间是黑暗的,是暴力的,是血腥的。因为战争太多,所以,我们的历史充满了痛苦。据我所知,在中国历史的漫长黑暗岁月中,吃人的恶性事件,是经常发生的!西晋之后的五胡乱中华,也就是所谓南北朝时期,地方军阀们在战争中就有过人吃人的事情。因为粮食短缺,因为战事频繁,有的地方军阀,将战死者的尸体用盐腌制,作为随军的军粮!唐朝结束后的五代十国时期,这样的事情也曾重演。惨烈的战争中,吃死人,似乎成为一种"潜规则"。

我介绍历史上反复重演的这种"潜规则",丝毫没有为张巡、许远开脱的意思。毕竟,张巡、许远代表了正义的一方,代表了正统的一方,代表了正直的一方。正义之师,怎么可以发生人吃人的恶性事件?!为此,我也时时感到不堪言表。

千余年前的韩愈老师,似乎也为此而难堪。所以,他为张巡、许远辩解,猜测张巡的情人,那位美女,并非张巡所杀,而是自杀的。她之所以自杀,是因为夫君守城的军队已无粮可吃,于是,深明大义的美女情人,选择杀了自己,以自己的身躯作为军队的粮食!这无疑是一个悲壮之极的选择,也无疑是为张巡这位大英雄作解脱的最好办法。因此,我宁愿相信韩愈老师,相信这位情人是自杀的。或许,历史的真相正是如此!以张巡这样顶天立地的大英雄,能够够分量做他的情人,而且够分量与他随军同行的美女,一定也是不让须眉的人物。如此推测,这个说法,可以成立。

但是,解决了张巡的情人是否自杀的问题,却并不能解释睢阳城中大规模的人吃人问题!史载,睢阳战事后期,城中军民,易子而食,老弱病者，坦然让他人吃掉！这么下来，城中被吃的人近两万！而全睢阳，在战争之初，也不过两万多人！也就是说，睢阳的人口，除了战死，几乎全部被吃了！这么大规模的人吃人事件，古今罕见！身为主帅的张巡、许远，是亲眼目睹并默许了这一恶性事件的发生的。

对此，我们又该说些什么?!

我不能选择无语。如果选择无语，是一种逃避。我不能选择指责，如果选择指责，违背了历史的真实！我只能选择站在同样的时空环境，客观面对这一恶性事件。

安史之乱，以及此前的叛乱和此后的叛乱，攻城胜利的一方，常常选择大规模地屠城，一直到元，到清，到日本鬼子进南京！屠城的故事，在中国土地上上演的太多，所以，睢阳城中的人民，一定完全明白，如果城池攻破，一定会全部被杀，一定是死路一条！即使你投降了，人家还是会屠城！那么，剩下的问题就很简单：要么等待城池被攻破后让人杀死，要么自杀让自己的同志吃掉！前者是屈辱地死，后者是有尊严地死！饱受儒家教育的睢阳人，是知道士可杀不可辱这一信条的，他们会自然地选择后者：有尊严地死去！张巡和许远，也许同样是这样想的！

如此看来，睢阳人吃人的恶性事件，还需要作太多的争辩吗?

我一直主张，人类的生命权大于一切。但是，当生命权已不在自己掌控之中，当生命权已等于零的时候，尊严地死，体面地死，高于一切！

为此，我认为，张巡、许远是伟大的，睢阳人民在战争中的选择是伟岸的！

如果——如果后世的学者们有时间去争执去追究睢阳人吃人的道德责任问题，那不如用这些时间，为张巡、许远，为睢阳的死难者去烧一炷香，去为他们祈祷，去祈祷永远不会再发生战争！

许多事情，只要剥下道学儒学的伪面具，就会轻松许多，就会合理许多，就会通达许多。

为此，张巡、许远，是堪称国士的。

在我们的历史上，所有的国士，在历史最关键的时候的作为，都为我们民族的命运贡献了一份伟大的力量。拿张巡和许远守卫睢阳来说吧，我们不得不承认，睢阳保卫战是唐朝“安史之乱”时期最为惨烈的战役之一，更是平定“安史之乱”的关键战役之一。因为有了张巡、许远和将士们的坚守，唐朝的国家军队才争取了时间，利用时间大举集结，然后大举反攻。同时，张巡和许远的坚守，还牵制了叛乱军队的大量兵力，为平叛做出了重大的贡献。如果没有睢阳守卫战，唐王朝的命运，也许在此时就已终结。而如果叛乱军队占领了全国，以他们到处屠城的行径可以预见，天下必然会是一场更大的劫难！同时，在睢阳守卫战中，将士们表现的忠君爱国精神，更是感天动地。正因如此，张巡、许远、南霁云的名字被载入《新唐书·忠义列传》。

中国人，对历代忠奸，爱憎分明。张巡的事迹广泛传开后，江淮和大运河一带的人民纷纷建庙立祠。先是唐肃宗敕建“双庙”，祭祀张、许二人，后改为“五王庙”，加祭南霁云、雷万春和贾贲。后来杞县、南阳等地纷纷效法。在南阳，人们不仅仅专为张巡立庙，还把张巡与张衡、张仲景誉为“南阳三张”。江、浙、闽、粤及港、澳、台以及东南亚等地同胞更十分尊崇张巡的忠义，仅台湾地区就建有张巡庙一千多座。道教还把张巡尊为“保仪尊王”。

在今天的河南商丘市，睢阳古城完好地保存着，仅仅因为黄河之水屡屡泛滥，带来上游的大量泥土，因此，城墙之外的地面，比城墙内高出了许多。

血色残阳中，我来到睢阳。城内的张巡庙，正在加紧修建。也许是正在修建的原因吧，庙内可看的东西并不多。好在来此凭吊的人，都是敬重张巡、许远的忠义而来，不会太在意建筑物外在的形式。

来此之前，我记得史书曾有记载，睢阳庙前的对联是——

国士无双双国士
忠臣不二二忠臣

双国士、二忠臣，指的就是张巡和许远。

晚唐：与狼群周旋的文人书生
——史上最威武的书法家颜真卿

颜真卿东出长安，几乎无人相送。苍苍白发，稀稀胡须，昏昏残阳，寥寥车马，很有点断肠人走天涯的感觉。

回眸长安，年过七旬的颜真卿，几乎无话可说。城墙已经在一次次战火中破旧了，城门已经在一次次厮杀之后斑驳了，旌旗暗淡，守兵老迈，长安已经疲惫不堪！

长安，此番东行，我还能回来吗？颜真卿的心中，已经知道了他的结局。

东出长安，他是无奈的，也是义无反顾的。

一、白发出长安

颜真卿出长安之时，年已七十五岁(783 年)。这一年，风雨后的大唐朝，又一次陷入新的风雨之中。

——被大唐王朝一度视为砥柱的淮西节度使李希烈突然反叛了！消息传来，满朝震动。

于是，朝廷中人，想到了颜真卿，想到了那个名满天下，同时又刚直不阿的颜真卿。

颜真卿进入唐朝高层的视野，不是因为他是什么秘书出身，不是因为他出身于什么达官贵人之家，也不是因为他是什么派什么系出身。而是由于他的忠直，由于他的能干，由于他的不同凡响。封建王朝有数不尽的毛病，但有时却也会量才适用。不像现在，许许多多无尺寸之功、无毫厘之能的人，完全因了一个偶然的原因，就可飞黄腾达！

颜真卿，地球人都知道的是，他是唐代大臣、书法家，天下行书第二。除此之外，知道他的其他事情的人也许并不太多。此人字清臣，京兆万年(今陕西西安)人。其曾祖、祖父、父亲都工篆隶，母亲殷氏亦长于书法。开元年间中进士，登甲科，曾四次被任命为监察御史，迁殿中侍御史。在小小的职位上，颜真卿敢于与当时的宰相们相争，因此受到当时的权臣杨国忠排斥。天宝十二年，大人物们将其贬黜到平原(今属山东)任太守。人称颜平原。

如果没有一场大变局，如果没有大唐朝的生死之难，颜真卿的一生，也许会在平原这么个小地方写写字、喝喝酒，一生也会快乐无比的。然而，大变局开始了！

两年后，天宝十四年(755年)，平卢、范阳、河东三镇节度使安禄山发动叛乱，渔阳起鼙鼓，铁骑正南侵，河北各县，无一相抗。长安城中，唐玄宗只能长叹："河北二十四郡，难道就没有一个有用的忠臣吗？"

正在此时，有一个书生挺身而出了，他就是颜真卿。

颜真卿，时年四十六岁。危急之中，他联络从兄颜杲卿，一同起兵抵抗安禄山叛军。附近十七郡得知有人出头，纷纷响应，并同推颜真卿为盟主，合兵二十万，使安禄山不敢急攻潼关。军情报到朝廷，唐玄宗大喜过望，问："朕一直不知道平原太守是什么人，现在我终于知道了！"

四十六岁的颜真卿，从此进入了唐朝高层的视野。

进入了高层的视野，高层就会命人考察。结果让天子更加高兴。这个颜真卿，很有政治上的预感。安禄山没反之时，他就已经感觉到了问题，命人高筑城墙，招集兵丁，积极备战。平原郡，本来是安禄山的辖区，结果，安禄山造反，他的辖区中的平原，却成了一道让他久久不能攻克的难关。看来，颜真卿真的有几下子哦。

颜真卿，用现在流行的话说，是干出来的干部！干出来的干部，与送出来的干部和拔出来的干部，无论人品，无论才能，那就是不一样！

战乱之中，颜真卿以不同凡响的作为，得到了重用。此时，唐玄宗之子李亨已经当了皇帝，号肃宗。新皇帝命颜真卿为工部尚书兼御史大夫，领河北招讨使的职务。颜真卿一下到了部长级的位置。

五十四岁时（762年），颜真卿历经起落之后，上任尚书右丞，相当于副总理级了。两年后封为鲁郡公。766年，正直的他又受到打击，直到多年之后，他才重新入朝，上任吏部尚书，相当于中组部部长，兼太子太师。

因为正直，因为不阿，颜真卿总是与一些人不和。当然，他也总是受到所到之处的民众的喜爱。没有办法，历史上，凡是民众喜爱的干部，都是权臣要陷害的干部；凡是权臣陷害的干部，也几乎都是民众所喜爱的干部。两个凡是，好像有点绝对化哟？可是，历史就是如此，我也没有办法。

唐朝末年的皇帝，多短命，在位时间不长。哈哈，历朝末年，皇帝都不太长命的。规律如此。唐德宗建中元年时（780年），颜真卿七十二岁，已经是四朝元老了。人老了，性格没老，忠直没老。于是，受打击也没有变哦。当朝的那些个宰相杨炎、卢杞，均与之侧目，必欲除之。可是，他们没有机会，因为颜真卿没什么错啊，没什么小辫子可以抓住。

奸人要害人，总会天天惦记着。中国人说了，不怕被贼偷，就怕被贼惦记着。颜真卿算是被贼惦记上了。

德宗建中元年，也就是刚才说过的780年，淮西节度使李希烈反叛，一时之间，兵势强大，朝廷军队难以抵挡。这时候，奸相卢杞终于找到了处理颜真卿的机会：让他到叛军中去，如果能说动叛军放下武器，朝廷也省了许多心，如果说服不了，正好让叛军杀掉他！一箭双雕啊！

颜真卿晚年的命运，就这样被决定了。颜真卿晚年的悲壮，也这样被决定了。

二、大唐生死难

唐朝德宗时代，大唐朝经历着生死之乱。走过了初唐时代的蓬勃向上，走过了中唐时代的华丽无比，这时候，唐，已入暮年，只剩下了苟延残喘的那点儿力气。

唐朝的节度使，是历朝历代中最特别的东西。节度使相当于省级的辖区，节度使在自己的地盘上，有党政军民各种大权，完全就是地方上的皇帝。而且，节度使们在晚唐还提出要子承父位。子承父位之后，还不满足，他们想自己当皇帝。哎，谁让你大唐朝已经失去了往日的威严呢？失去威严的天子，谁还会敬重你?!

淮西节度使李希烈，何许人？李希烈，大唐燕州辽西人，原淮西节度使李忠臣的族侄。李忠臣贪财好色，民怨沸腾，李希烈一呼而起，将其逐出淮西。于是，李希烈得到了淮西节度使的位置。你看看，他得到节度使的位置，来得颇为不正。

唐德宗年间，实为多事之秋。大唐朝刚刚经历了安史之乱的大折腾，到了德宗手上，是应安稳几年了吧？可是，许多的原因，让这个曾经辉煌的王朝，无法重新振作。有了节度使安禄山的领先造反，以后的节度使们纷纷效仿。781 年，成德节度使李宝臣之子李惟岳、魏博节度使田悦勾结山南东道节度使梁崇义，三人一起兴兵，兵锋直指大唐。危急之下，大唐王朝命令淮西节度使李希烈前往讨伐。为了让李希烈出兵，唐德宗皇帝加封他为南平郡王，兼领汉南、汉北兵马招讨使。

别人造反却给李希烈带来了意想不到的好处：汉水南北的大军，统归他管理，他的兵权，一下子大大扩充了。于是，这年六月，李希烈统帅大军进驻湖北随州。王师到达，百姓无不欢迎，随州百姓“井税鹑衣乐，壶浆鹤发迎”，场面真的好热闹。李希烈作战，确实有一些办法。在他的攻击之下，梁崇义企图突围南下江陵，遭唐军迎头痛击，大败而归，乃收兵襄、邓。李希烈从随州乘胜追击，一路击溃梁崇义部将的抵抗，直捣襄阳，梁崇义兵败自杀，割据荆襄十九年的局面方告结束。

建中三年(782 年)，大唐朝再次出现叛乱。唐德宗又想到了李希烈。其实，风雨中的唐朝，节度使们纷纷叛离，朝廷可以信任的，已经没有几个了。李希烈，就是朝廷还比较信任的一个。于是，大唐命李希烈兼任平卢、淄青节度使，奉命征讨割据淄青的李纳。结果，李希烈早存异志，他与李纳通谋，并与叛乱的河北藩镇朱滔、田悦等勾结，自称天下都元帅、建兴王，撕下了与唐王朝保持一致的最后面具。

建中四年(783 年)，李希烈攻破河南汝州。叛军人多势众，大唐一时无人可敌。

这一年，颜真卿受命东出长安，直入敌营。

这一年，成为颜真卿生命中最后的时刻，成为颜真卿生命中最壮烈的一年。

三、只身陷敌营

离开长安，向东而行。颜真卿看到的，听到的，是河山破碎，是哀鸿遍野。近三十年的叛乱，已经让曾经繁华的大唐朝，彻底伤了元气。这一路东行，老先生是一路哀叹一路走，一路的无可奈何！

他是怎么离开长安的？史书记载的并不多。司马光的《资治通鉴》上，是这样记载的：

> 上问计于卢杞，对曰："希烈年少骁将，恃功骄慢，将佐莫敢谏止。诚得儒雅重臣，奉宣圣泽，为陈逆顺祸福，希烈必革心悔过，可不劳军旅而服。颜真卿三朝旧臣，忠直刚决，名重海内，人所信服，真其人也！"上以为然。甲午，命真卿诣许州宣慰希烈。诏下，举朝失色。
>
> 真卿乘驿至东都，郑叔则曰："往必不免，宜少留，须后命。"真卿曰："君命也，将焉避之！"遂行。李勉表言："失一元老，为国家羞，请留之。"又使人邀真卿于道，不及。真卿与其子书，但敕以"奉家庙，抚诸孤"而已。

很显然，卢杞明知道李希烈一定会杀害颜真卿的，颜真卿也知道此去是一定会被杀害的。没有办法，国家有难，怎么能不去呢？书生的骨子里，是国士的气度和风范。

从长安到洛阳，从洛阳到许昌，颜真卿见到了李希烈。从这一天起，他陷入了敌营之中。

颜真卿来到敌营，所拥有的，是他的名满天下的书法，是他的名满天下的刚直，是他的名满天下的头衔。他时为吏部尚书，还是太子太师。王朝时代，这个职位，是很引人注目的，非有德者，不可以居之。

来到许昌，见到仍在名义上为大唐节度使的李希烈，颜真卿要宣读皇帝的圣旨。

“说吧！有什么就说什么！”李希烈对圣旨的态度已极为傲慢，只是迫于颜真卿的名字太响亮，不得不给予一点点尊重。否则，他才懒得听什么圣旨呢！

沐浴燃香之后，颜真卿开始宣旨。飘飘白发，苍苍声音。

可是，颜真卿才念了几句，李希烈的兵将们，便一个个拔出刀来，将他团团围住，大声叫骂。

“什么狗屁圣旨！老子们早就不想当唐朝李家的官了！”有人这样骂。

“投降俺们吧，让你当个宰相，免得回去受奸相卢杞的窝囊气！”有人这样劝说。

颜真卿面不改色。

李希烈为一方霸主，养子就有千人。他的千名养子一拥而上，将明晃晃的刀子架在颜真卿的脖子上，要他投降。颜真卿笑了笑，说：“这些东西，我见得多了！安禄山几十万大军围住我的时候，我都没有怕过，你这区区千人，我还会怕吗?！”

李希烈没办法，站起来，走到颜真卿的前面，用自己的身体挡住部下的刀枪，挥手让众人退下。看看，典型的一个作秀。他在想，俺老李，将来是要当皇帝的，残杀这样名满天下的人物，俺赔不起！

据司马光的记载：“希烈遽以身蔽之，麾众令退，馆真卿而礼之。希烈欲遣真卿还，会李元平在座，真卿责之，元平惭而起，以密启白希烈。希烈意遂变，留真卿不遣。”就是说，李希烈一开始，还是想放颜真卿回家的，这样的人物，他也留不起啊！可是，颜真卿太过刚直，连随同李希烈一起叛乱的李元平，也来了一个当面责骂。李元平是个比李希烈更加阴险的小人，让小人怀恨在心，他不报仇才怪呢。于是，李元平向李希烈说了些很要命的话，改变了李希烈的主意，让李希烈扣留下了他。

未必也真的是一个旁边人的主意改变了李希烈。李希烈兴兵谋反，当非等闲之辈。对李希烈来说，颜真卿的到来，是个机会啊！看看这个人，写字成了一代宗师，领兵对抗了安禄山，当官当到了副总理的位置，为人又正派，如果劝他与俺站在一起，或者真的当了俺将来的宰相，天下人因为他的名字，一定会有很多人支持俺，至少也会同情俺啊！这张牌，俺得用！

李希烈也许还想到了，如果能达到这样的目的，一个颜真卿，是可以胜过十万甲兵的！

“好吧，先生这样堂堂正气，正是俺李某最佩服的人物！请先生住下，俺们慢慢商谈！”李希烈这样说。

从至许昌那天始，颜真卿成了李希烈军中的一名要客：好吃好喝好住着，就是不可以自由行动。军队到哪，李希烈到哪，颜真卿也得跟到哪。这，由不得你颜真卿！

四、忠义化雄关

身入敌营，颜真卿没有忘记使命。

那时候，东方叛乱的多个大将，决计推李希烈为皇帝，公然与大唐分立。

一日，叛乱的朱滔、王武俊、田悦、李纳四人，同时遣使者来见李希烈，并且送来了文书，自己称臣，劝李希烈进位皇帝。也许，这本来就是李希烈让他们这么做的。在淮西一带，势力最大的，也就算他李希烈了。

使者们到来之后，拜倒在李希烈面前，纷纷说：当今朝廷，奸人当道，有功之人都被诛灭，这种朝廷，已失信于天下了。李希烈大人，您天生英武，功高盖世，目前已被朝廷猜忌，视为眼中之钉、肉中之刺。如果不自立为皇帝，将来一定会像汉朝的韩信那样，被莫名其妙地杀害的。我们愿意请您当皇帝，跟着你干。

来使如此热烈，正合李希烈的意思。他很得意，召来颜真卿，让他看看这些人，听听这些话。然后，他对颜真卿说：“今天，四个王爷遣来使者，推我当皇帝，而且他们四人不谋而同。颜太师，你看看这个架势，真的是众望所归啊！”

颜真卿很不以为然，他说："此乃四凶，何谓四王！你应当自保功业，为唐忠臣。如果与乱臣贼子相从，那是自己要与他们一同覆灭！"

李希烈十分不快，他扶着颜真卿走出大厅。

不几日，李希烈、颜真卿一起与四使者同宴。四个使者说："久闻颜太师您德高望重，今天李都统将称大号（当皇帝），而太师您正好也到了这儿，我们以为，这是上天安排您来当宰相的啊！"

颜真卿大声骂他们。他说："什么狗屁宰相！你们难道不知道那个大骂安禄山而被杀害的颜杲卿吗？他，就是我的兄长！我，年近八十，只知道守节操而死，不知道当什么官。我，岂会受你们这些小人的诱胁！"四使者听了，一个个不敢出声。

一心想当皇帝的李希烈，又怎么能就此罢休？他使甲士十人守真卿于馆舍，掘坎于庭，云欲坑之。真卿怡然，见希烈曰："死生已定，何必搞这么麻烦！你干脆给我一把剑，我自己抹脖子得了，让你看个高兴，看个满意！"李希烈无可奈何。

几天后，李希烈思来想去，还是想拉这位大人物给自己捧场子。于是，他让许多兵士将木柴堆在颜真卿的住所之中，拉出老先生，对他说："你从不从我？如果从我，什么都好说。如果不从，我只好将你焚死！"说着就让人点燃了木柴。颜真卿这个倔犟老头，倒也倔得可以，他什么话都不说，起身跳进火中，一下子胡子眉毛烧去好多。李希烈的下属们看看此计不成，将老先生从火中拉了出来。

颜真卿如此忠义，倒真的让李希烈没有了办法。

也许，正是因为颜真卿的不屈不阿，李希烈叛军在长达一年多的时间内，一直在河南一带活动，既不能西进长安，又不能东向发展。颜真卿的忠义，是不是真的迟滞了叛军前行的时间？有可能吧。

五、王兮奈若何

颜真卿苦苦与叛军周旋，长安城中的大老板，也就是那会儿的皇帝，又在做什么呢？他是不是也在想着挽救他的江山？

颜真卿一生伺候了四个皇帝，伺候了四个大老板。最后的这个大老板，就是唐朝的德宗皇帝李适。作为颜真卿最后的一个老板，唐朝德宗李适，远不如他的大臣那么坚定和执著。779年正月，李适以太子身份，柩前即位。从这一天开始，他在位整整二十六年。唐朝皇帝中，比他在位时间长的只有高宗和玄宗，就连太宗也不过在位二十三年。青少年时代的动荡生活使德宗深知安定的可贵。即位之初，为了实现自己的政治理想，他实施革新，果敢有为。但是，当改革遭遇挫折后，帝王的雄心消失殆尽，悲剧性的轮回开始上演。

这时候的德宗，正忙着四件事情。

第一件事情，是怀疑自己的大臣。即位之初，这位老板信任宰相，后来却对大臣百般猜忌，拒谏饰非、刚愎自用。他的朝廷频频发生人事变动，尤其是频繁地更换宰相，使德宗在位时期的朝政，即使偶尔能够呈现令人鼓舞的新气象，也都不过是昙花一现而无法保持下去。人事纷争不已，如何救国兴邦？

第二件事情，是姑息藩镇。德宗即位之初，决意武力削藩。但是削藩运动受阻，他先是想利用藩镇打藩镇，结果导致了参与朝廷削藩战役的幽州节度使朱滔等人的不满。德宗遭受挫折，锐气大伤，开始任由藩镇们胡作非为。于是，藩镇割据专横，遂成积重难返。

第三件事情，是重用太监。德宗即位之初，对内廷宦官"疏斥"，但经过逃亡避乱，德宗想，皇帝绝对不能没有自己的近卫亲军，而且这支近卫亲军交付朝廷官员不能使自己放心，由宦官掌领也就和自己亲领没有什么区别了。慢慢地，德宗开始将统领禁军的事宜交付窦文场和霍仙鸣等人。从此，神策军的统帅权掌握在宦官手中。在贞元十一年(795年)五月，德宗还将宦官担任各地藩镇监军的办法固定下来，专门为担任监军使的宦官置印，不仅提高了监军的地位，也使之制度化。这一状况的最终形成，与德宗对宦官态度的改变有直接的关系。

第四件事情，是收罗金银钱财。即位初期，他十分节俭，禁止各地进献。如今，天下危急之时，他转变为喜欢财物与大肆聚敛。他的某位宰相，因为拒绝来京城办事的官员的礼物，德宗还派人开导他，不要太过清廉，对人家的礼物一律拒绝是不通人情世故，像马鞭、鞋帽之类的小礼物，收受一点也无关紧要。德宗本人，则大肆聚敛钱财，珠玉金银，来者不拒。地方官员送得太少,他还不高兴呢。

大臣忘命于外,皇帝昏聩于内,国事,还有多少作为的?王兮王兮奈若何!

六、凛然赴一死

长安的唐朝皇帝急着收取钱财,淮西叛乱的李希烈则急着要做皇帝。784年,李希烈统兵攻入汴州(今河南开封),自称楚帝,年号武成。

此时,颜真卿自知必死,从容做好了各种准备。他给朝廷写好了遗表,又给自己写好了墓志和祭文。面对李希烈的叛军,颜真卿指着自己的住处说:"这就是我的葬身之地。"

李希烈称帝后的一年中,一直在走下坡路。朝廷令各路节度使围攻李希烈。各路节度使从自己的小算盘出发,决定出兵攻打。很简单哦,谁打下了地盘,谁就可以得到地盘。所以,他们向李希烈开始真的进攻了。李希烈难以抵挡,在河南境内四处奔忙。

784年八月,李希烈逃到河南蔡州(今河南省驻马店市汝南县)。叛军在兴龙寺中驻扎,李希烈指使手下,将颜真卿用绳索杀害。此时,颜真卿七十六岁。这段历史,是《新唐书》中的《颜真卿传》所记载的。在河南民间,关于颜真卿之死,还有许多不同的说法。

我到河南商丘时,这儿的史学家告诉我,颜真卿从开封到商丘后,写下了大量的碑文,一些石碑已成为国宝。

这儿的史学家还告诉我,颜真卿被李希烈的叛军一直带到了河南的驻马店一带。为了迫使颜真卿投降,李希烈的部下,先是拔光了颜真卿的牙齿,问他降不降。颜真卿满口鲜血,仍对叛军大骂不止。李希烈恼怒不已,又命人割掉颜真卿的舌头,再次问他降不降。颜真卿痛不可当,口不能言,仍然对叛军怒目而视。

这儿的史学家还告诉我,直到这时,李希烈最后决定,杀害颜真卿,泄心头之愤。于是,一代书法大师、一代名臣,在寺庙中被叛军缢杀了。

闻听颜真卿遇害,三军将士纷纷痛哭失声。

半年后，叛将李希烈被自己手下人所杀，叛乱平定。颜真卿的灵柩才得以护送回京，厚葬于京兆万年颜氏祖茔。德宗皇帝痛诏废朝五日，举国悼念。德宗亲颁诏文，追念颜真卿的一生是“才优匡国，忠至灭身”，“器质天资，公忠杰出，出入四朝，坚贞一志……”“拘胁累岁，死而不挠，稽其盛节，实谓犹生……”（《旧唐书》）。

欧阳修曾说：“颜公书如忠臣烈士，道德君子，其端严尊重，人初见而畏之，然愈久而愈可爱也。其见宝于世者有必多，然虽多而不厌也。”

朱长文赞其书：“点如坠石，画如夏云，钩如屈金，戈如发弩，纵横有象，低昂有志，自羲、献以来，未有如公者也。”

苏轼曾云：“诗至于杜子美，文至于韩退之，画至于吴道子，书至于颜鲁公，而古今之变，天下之能事尽矣。”（《东坡题跋》）

《新唐书》如此评价：“虽千五百岁，其英烈言言，如严霜烈日，可畏而仰哉！”

七、长安不长安

颜真卿死了，李希烈也死了。长安的大唐朝，是不是安定下来、和谐下来了？没有。唐，以更快的速度和更悲剧化的情节，走向了它的末路。

一是宦官专横。德宗以后的唐朝皇帝当中，他的儿子顺宗、孙子宪宗以及后来的敬宗、文宗等都是死于宦官之手。宦官专权，为祸国家，成为唐晚期政治腐败和黑暗的重要原因。

二是藩镇割据。地方权力坐大，中央政府无法掌控，完全处于疯狂状态。由此之后，残唐之后的五代十国开始上演。那段历史，应当是中国历史上最无耻和最残酷的岁月之一。

地方大将们纷纷叛乱的时候，皇帝德宗，按道理是要认真想想如何救亡图存的。可是，他，以及他以后的几位晚唐皇帝，都不怎么着急国家的事情。就说这位德宗吧，一方面宦官专横，一方面藩镇割据，内忧外患之中，他忙活的是这样的一些事情——

一是收集财物。他喜欢钱财到了痴迷的程度，经常主动要求地方官员向他进贡。这还不够，德宗还经常派中使宦官直接向政府各衙门以及地方公开索取，称为“宣索”。皇帝索要钱财，居然还有了一个堂皇的名字！这真是前无古人，后无来者啊！

二是作秀。我不知道他那会儿的作秀，和现在的作秀是不是一样？他削藩战争一度失利。失利之后，这老兄不去总结教训，也不做东山再起的准备，而是作起了秀。784年正月，德宗痛下“罪己诏”，声明“朕实不君”，将削藩行动说成是自己的错误，是自己导致了天下大乱。德宗在诏书中宣布，李希烈、田悦、王武俊、李纳等人叛乱是因为自己的失误，所谓“朕抚御乖方，致其疑惧”，故而赦免了这些叛乱的藩镇，表示今后“一切待之如初”。如此作秀，非但没有感化正在坐大的藩镇，反而激发了他们争霸天下的野心。

书生颜真卿，以一人而敌十万之敌，大唐是知道危情已达万钧的。按说，皇帝和大将们，是应该首先应对军事上的问题，或者从事政治上的改良，或者进行人事上的调整。这些事情，似乎他们也在做，但做得不力，也不智。皇帝们，总要有些形象啊，于是，他们忙着去作秀了。

这样的统治者之下，莫说一个颜真卿，就是一百个颜真卿，又能顶什么事？！只不过好端端将些个大好人才送入虎狼之口，弄得个有去无回！

英雄永远只能做英雄的事情，国家存亡，匹夫虽然有责，但却不能主宰。主宰存亡兴衰的，是至高无上的统治者。存亡之际，他们才是唯一可以主动选择去向的人。然而，这些人到了死亡之时，却又死不承认自己的错。明末帝崇祯，北京城破在即，他大呼道：“君非亡国之君，臣皆亡国之臣！”你看看，你自己把江山搞成了这个样子，不自省，倒是一下子将责任推给了所有的大臣！即便是大臣的错，那根子不也还是在你皇帝老儿吗？再说了，你明知这些人不是东西，那你还委以重任干什么？！

长安的名字，已经赋予了明确的期盼：长治久安，以期长安。然而，长安可曾真的长安？长安为何又总是不得长安？原因吗，在统治者，在最高当权者。安与不安，非关百姓，亦无关大臣。

千古帝王，都是自掘坟墓的。

残唐

残唐：以忠诚的名义决战

——史上最善战的父子皇帝李克用爷俩

一、三垂岗下炊烟淡

山西的每一寸土地，几乎都有一个令人慨叹的故事。古上党地区的三垂岗，即是其一。

夏天。阳光高照，树阴下依然凉快，并不像南方夏天的室外。在南方，这样的时节，这样的天气，灼热是会让你几乎找不到栖身之地的。还好，这是山西，是拥有八百多米海拔高度的黄土高原和太行山区。

作为一个闲云野鹤般的游人，站在三垂岗上，顺着阳光，极目望去，你是会心醉的。满目葱茏，漫山灌木，还有村舍里飘荡的炊烟，间或听到的狗叫鸡鸣。闲散、淡定、平和，一幅快慰的乡村风景，在你的面前尽情伸展，就像一个普通的农夫，在那儿毫无掩饰地伸着懒腰。这样的情调，是我所喜爱的。

恬淡的三垂岗，却也有着令人不能释怀的故事。这故事发生在整整一千年前。千万别小看这个小小的三垂岗，它见证了曾经强盛无比的大唐王朝戛然而止的时刻，经历了末世严峻的忠奸对决。

907年，后梁皇帝朱温，向唐朝北方将领、晋王李克用发动战争。战场围绕上党地区的三垂岗展开，史称“晋梁潞州之战”，即三垂岗战役。

在几千年中国历史上，在一回回王朝末世之际，忠与奸的对决战，上演了无数回。无数回中，往往胜少负多。三垂岗之战，则是个例外。

二、末世英雄挽狂澜

907年，也就是距今正好一千年的时候，大唐王朝最后一位北方将领李克用，领着部下正死守上党。他的对头朱温驱兵十万，越过三垂岗，紧紧围困。

双方难分高下。

古来征战，无非利益。然而，李克用抗衡朱温，还为了一个字——忠！就为了这一个字，老迈重病的李克用，苦守上党，艰苦支撑。

无论多么强盛的王朝，当它老迈龙钟时，当它步入晚年时，凄凉、悲哀、无助、无奈，都是一样的。唐亦如是。

晚唐时期，农民起义军领袖黄巢统兵攻破京师长安，给了唐王朝最为沉重的一击。各地诸侯纷纷起兵勤王，农民军是失败了，可是，唐朝也快完蛋了。农民起义军败退之时，黄巢手下的一名将军，名朱温，率部投降了唐王朝。农民军平灭之际，也是朱温坐大之时。

叛徒永远就是叛徒。一个人，能叛一次，就会叛若干次。朱温就是这样的人。千古以来，朱温可以称得上是大奸大恶之第一人。

——903年，朱温再起反心。他驱兵直捣皇宫，挟持唐昭宗，诛宦官数百人，一举剪除把持唐朝晚年一百多年的宦官势力。宦官被杀，本是幸事。然而，朱温心存异志，并不想匡扶社稷。

——904年，朱温杀昭宗，立李柷为太子即位，是为哀帝。

——905年，朱温大肆贬逐朝官，并将崔枢等被贬的朝官三十余人全部杀死于白马驿，历史称之为“白马驿之祸”。

中国政治，历来黑暗。要扫除反对派，从来不搞什么投票表决，往往用最直接也最野蛮的办法——肉体消灭！朱温用肉体消灭的办法，全部扫除了政治上的绊脚石。

——907年，朱温废掉唐朝哀帝，自立为帝，改国号梁（史称后梁），是为梁太祖，都于开封。

至此唐朝完全灭亡。

旧朝倾覆，新君既立，一时之间，趋之若鹜的人是不在少数的。

即便是有些气节、有些廉耻的人，不去奉新朝为官，也会选择隐山林养性。

然而，新朝的北方，山西的境内，却有一人特立独行，公然打着旧唐的旗号，公然奉着旧唐的社稷，公然用着旧唐的年号，公然拒不承认朱温新立的政权！这个人是李克用。

李克用说，我要做大唐的忠臣，无论如何，我也要做忠臣，要挽救大唐！

末世之时，如此忠良，何其难得！

李克用的忠，惹恼了朱温的心。朱温说，咱家已贵为天子，你一个李克用还逞什么能？你不服，你不降，我就只好将你咔嚓——杀掉！朱温是信心满满的。于是，他从新都开封——自己的都城里派出十万精锐之师，进入山西，直攻上党，揭开了残唐五代史上的晋梁潞州之战。

这场战争，演义成了忠与逆的一场较量，忠与奸的一次对决。出乎朱温意料的是，这场战争，竟成了一场持久的拉锯战。也许就是邪不能胜正，逆不能胜忠吧？

我来三垂岗，早已无鼓角。袅袅炊烟，仿如历史的幕幛。以我这样一个凡人的眼光，我无法穿越千年历史的幕幛，无法想象历史大事的激昂。一切已经沉睡了，已经淹没了。只有这个永远不变的地名，像一个驼背的老人，负着他永远挺不起来的驼背。这驼背，就是他的历史，亦是他生命的一部分。

三、大义只手扶社稷

让我将目光离开战场上永远无名的兵士。让我将目光聚焦在战场上永远留名的统帅。他是李克用。

大唐王朝的血统，并非完全的汉裔。据说，李世民皇帝的先祖，就流着异族胡人的血。当然，当时和后来的历史所指的异族胡人，完全是一种非公正的统称，他们虽非炎黄子孙，却也完全是中华儿女。作为北方游牧的少数民族，他们与中原大地的汉族人一样共同孕育了中华五千年的文明。只是，在当时，他们是汉家天下边缘化的人物。李世民的血液中，应该也流淌着一部分胡人的血。也许正因为他是杂交的品种，所以有着更宽阔的胸怀，有着更非凡的气度，有着更卓越的智慧。正统纯粹的汉家血统，往往在掌握大权后真的表现得不怎么样。李世民之前，李世民之后，都有可以数得出姓道得出名的帝王们证实了这一点。

皇族有这样的血统背景，皇族用人便没有汉胡之分。晚唐的李克用，与初唐和盛唐的许多少数民族干部一样，颇受器重，沐浴重恩，得以一展才华。

李克用是唐代沙陀族人。在当时，他是绝对的边地胡族。李克用还是残疾人，他只有一只眼睛。然而，天生英才，与众不同。他十五岁时，就跟随父亲南征北战，一箭双雕的骑射功夫连鞑靼人都为之折服，在军中被誉为“飞虎子”。876 年，云州防御使段文楚克扣军粮、用法严峻，被士兵们杀死。哗变的士兵拥立副将李克用为统帅。很快，朝廷派兵讨伐，乱兵被击溃之后，李克用与父亲李国昌一起率领残部北逃鞑靼避难。

882 年十二月，李克用军至河中(今山西永济)，与黄巢军隔河相望。为了拉拢李克用，唐朝廷和黄巢都使尽了手段。黄巢送上了李克用的杀弟仇人和金银珠宝，然而，李克用不为所动，依然效忠唐朝，不与为伍。

第二年的正月，李克用两次与黄巢开战。李克用的军队，衣着黑色，被称为鸦儿军。他的军队在沙苑打败黄揆(黄巢的弟弟)。二月，李克用大战黄巢大将尚让十五万人马，激烈的战斗从中午一直到傍晚，尚让大败，农民军损失惨重，伏尸三十里。接着，李克用在零口再败黄巢援军，进军渭桥。

883 年四月初八，李克用等从光泰门进入京师长安，黄巢率军顽强抵抗，但见唐官军势大，便放火焚烧宫殿后逃跑。李克用率勤王之师，抢先攻入京城，击败了黄巢，夺了头功，因功加官同中书门下平章事(宰相)、陇西郡公，不久又加金紫光禄大夫、检校右仆射、河东节度使，时年二十八岁。李克用在替唐朝廷收复京师长安之战中，居功第一，兵势最强，诸将皆畏之。有了兵，有了刀，李克用终成大器。

884 年春天，李克用率兵五万，自河中南渡，连败黄巢军。黄巢骁将尚让见势不妙，率众向唐将时溥投降，黄巢其余的几个将领也投降了。

此时，农民军败局已定，黄巢起义军只好退走山东。李克用率兵穷追不舍，想将黄巢一网打尽。身为主将，李克用且勇且谋，他亲率大军，一日一夜行军二百里。结果大队人马反而无法跟上，将要接近农民军时，李克用回首一望，相随的只有数百骑兵，人困马乏，粮草缺乏，兵力又少，李克用只好退还汴州。然而，这一天一夜的追击，让李克用又立大功：捉住了黄巢的幼子，缴获了黄巢乘坐的车马、仪仗、龙袍、符节和印章。黄巢被李克用一路穷追猛打之后，仅剩下千余人。不久，黄巢又在莱芜（今山东莱芜）遭到唐将时溥的围攻，逃到狼虎谷（今山东莱芜东南）时，身边只剩下少数几个亲信，绝望至极的黄巢，自杀身亡。

成功的男人后面，都有一个非凡的女子。李克用的妻子刘氏就是非同一般的人物。乱世之中，身为女流，刘氏首先是个智者。每次征伐，她总是跟随李克用左右，陪伴丈夫身边。有一次，李克用被敌军围在上源驿，身边人十分惊慌，纷纷从汴州城内逃脱，跑回军营向刘氏报告情况。刘氏不动声色，将逃回来报信的人立即斩杀，封锁消息，稳定军心。之后，她暗中召集诸将，作出了正确的决定，得以保全了大军。

不久，投降唐朝的原农民军将领朱温占据汴州。此人早有不轨之心，加上李克用与之有仇，李克用想发兵攻打。刘氏认为，如此做法并不占理，不如奏明唐朝廷，以朝廷的名义出兵更好。李克用听从她的建议，果然名正言顺地讨伐朱温。

晚唐时代，各路拥兵自重的大将军们，无不想着自立为王，谁人还想着唐朝天下？他们争地盘，争人才，争财宝，争女人，忠之一字，早已忘记在脑后了。

然而，在国家存亡之际，独眼英雄李克用还能想着朝廷，几乎只手支撑晚唐江山。

四、悍兵十万卷土来

三垂岗一带与李克用对决的朱温，亦非泛泛之辈。

李克用与朱温，是一场英雄和枭雄的对决。

朱温其人，颇有来历。从血统上说，朱温应该是个标准的汉人。历史学家们查看他的家谱，查看他的身世，可以说比现在公安局的人们要查得清楚得多了。结论是:朱温是纯正血统的汉人。

胡人血统的李克用拼着老命要保唐王朝的汉家天下，而汉人血统的朱温却拼着小命要灭唐王朝的汉家天下。这不奇怪，以现代的理论来说，他们打的不是一场民族战争，而是一场争夺权力的阶级战争。

历史上的许多农民起义首领，大多出自底层的读书人家。读过书，希望上进，同时又因身在底层，上进无门，于是，他们在无奈之中，会对朝廷起了怨恨之心。起了怨恨之心，只要一有时机，便会揭竿而起，搞出一场人间大祸!

朱温也出身于书香门第。准确地说，他出身于一个社会底层的书香门第。安徽砀山，是他出生和长大的地方。朱温的祖父和父亲都是乡村私塾教师。两代人教了一辈子的书，也曾考过科举，在唐朝，科举已经十分寻常了。然而，两代人都没有考上一官半职，只好郁闷着，委屈着在乡间做一个教书匠。后来，他的父亲早亡，家境更加贫困。贫寒，加上两代人的教育，朱温是有文化的，而且也有一种不甘心于社会底层的志向。据说，他狡猾奸诈，蛮勇凶悍。朱温后来将他的狡诈用于军事，屡屡获胜，也成全了他一时的霸业。

二十五岁时，朱温和哥哥朱存一起参加了黄巢起义军。因为作战骁勇，屡立战功，被升为队长。不久，三十而立的朱温，成了农民起义军建立的政权——“大齐”政权的功臣，成为起义军中的一员大将。

后来，农民军因为种种自身的原因，不断挫败。朱温在与唐朝军队的战斗中，由于兵少，几次战败，而求助的书信总是被负责军务的孟楷拦阻扣压，再加上起义军内部混乱腐败，朱温没有办法，只好别做选择，率部投降了唐朝军队。唐僖宗大喜过望，立即下诏任命朱温为左金吾大将军、河中行营招讨副使。

朱温投降唐朝廷后不久，朝廷又任命朱温为汴州(今河南开封)刺史、宣武军节度使，只等收复京城长安就可以去赴任。朱温便与各路唐军合围长安，和昔日并肩作战的兄弟军队兵戎相见。乱世之中，什么正义和良心都抛之脑后了，兄弟相杀，朋友反目，成了五代十国时期最黑暗的内容。

攻破一个个强大的敌人之后，朱温又狡诈地对付小敌，甚至对曾经相助的朋友也不放过。他首先解决了西面秦宗权的威胁，将其完全消灭。而后，朱温将目标对准了东边。在东边，正是他的老朋友朱宣。朱温致书这位老友，骂他诱自己的兵士背叛。朱宣当然不服，回信相骂。于是，朱温找到了出兵的理由，令朱珍、葛从周袭击曹州（今山东曹县），将其一举击败。紧接着，朱温又将兵锋指向淮南地区，并最终如愿以偿。

经过二十余年经营，朱温羽翼丰满，野心膨胀，下一个目标就是皇帝的宝座。

在朱温面前，只有一个人可以成为对手：那就是山西的李克用。此时，朱温已完全控制了黄河以南淮河以北的中原大地，超过李克用成为晚唐最大的地方势力。

907年，朱温终于称帝。称帝之后，第一个目标就是李克用。同年，朱温发十万梁兵，越过三垂岗，将潞州城团团围住，拂晓之时梁军四面攻城。李克用的部下李嗣昭率领一万兵士拼死防守，十万梁军难以攻下。朱温的部将康怀英见久攻不下，说："如今强攻潞州，徒劳无益，末将以为陛下可分兵屯守，高筑土垒，围而不攻，断其粮道。"朱温说："此计甚妙，立刻多备土石修筑土堡。"康怀英命十万兵马在潞州城外高筑土垒，各垒高约两丈六，内伏弩手，间隔一百步便有一土堡。土堡之外乃是梁军营寨，里外坚固，垒寨相应，使李嗣昭等难以突围。

战争由此进入相持。

五、风云帐前出奇儿

李朱对决，有一人不得不提。他是李克用的长子李存勖。

李存勖只有五岁时，一天，李克用外出打猎，将李存勖带在身边。父子俩和几个人来到三垂岗，猎间小息。李克用乘兴到一座古祠饮酒，随行伶人奏起《百年歌》。歌声凄苦，曲意哀婉。

回想前程往事，李克用喝着酒，有些苍凉。岁月无情，人生易老，唐室倾覆在即,天下谁主沉浮？想到这些,李克用将儿子呼唤到身边,让五岁的儿子趴在自己的膝头,一边轻轻抚摸,一边对周围人说:“老夫壮心未已。二十年后,此子必战于此。”

李克用所说的此地,即三垂岗。

李存勖勇武才智,均胜其父。一是喜欢骑马射箭,且技艺高超;二是胆力过人,百万军中纵横往来,无人可敌。他少年时随父作战,颇像唐朝早年的少年英雄罗成。十一岁时,他随父亲到长安向唐廷报功,得到唐昭宗的赏赐和夸奖。当时,军阀混战,父亲兵力不足,地盘狭小,时时叹息。少年李存勖,无畏无惧,劝说父亲等待时机,与朱温对决。

在军事上,李存勖更是远远超过了他的父亲,似乎有一种军事上的天才。而且,这位李存勖还很注意军队的思想政治工作,每次率兵打仗,总会自己谱写歌曲,以此作为军歌,教大家边走边唱。他写的军歌高亢激昂。唱着他写的军歌,千军万马真的是所向披靡。一旦临战,他总会带领少量卫士身先士卒,冲锋陷阵,虽然几次遇险却秉性难改。有一次,李存勖在魏州前线作战,率领百余名骑兵侦察敌情时与五千敌兵突然相遇,他冲杀了几个时辰后才得以突围。

李存勖拥有这样不凡的战绩:913 年, 攻破拥甲兵三十万的幽州。四年后,李存勖率领以步兵为主力的十万晋军,精心准备,大破号称三十万的契丹骑兵。不久,李存勖亲率骑兵在定州再次大败契丹兵。据搞军事研究的人们说,十五年间,李存勖的柏乡之战、杨刘之战、胡柳陂之战、德胜之战以及潞州之战、幽州之战,都成为研究中国古代尤其是五代军事史的著名战例。

李存勖是一个孝子,一员勇将,一位优秀的艺术家、杰出的军事家。李存勖能词,有三首传世。其《一叶落》云:“一叶落,搴朱箔,此时景物正萧索。画楼月影寒,西风吹罗幕。吹罗幕,往事思量著。”表明这位能征惯战的豪杰人物并非普通的一介武夫。

六、雷电战罢晋河山

三垂岗之战,时间漫长,战斗激烈。这一战,注定要名垂青史的。

其一，这是大唐王朝灭亡的最后一战。

其二，这是史书上所谓的五代十国正式上演的第一战，因为这一战，五代十国正式揭开了序幕。

其三，这是中国历史从最文明最灿烂的时代骤然走向最黑暗最腐败时代的一战，这一战之后，曾经的文明完全湮灭，不曾想象的败坏笼罩大地。

其四，这一战之前，国家名义上依然统一，这一战之后，国家名义上和实际上完全分裂，国家再一次陷入完全的大分裂、大动乱、大倒退。

其五，这是中国历史上一个真正的忠良与一个完全的叛徒进行的一场长达多年的战争，忠与奸对决于此，惊天地而泣鬼神……

907年，也就是李唐王朝灭亡当年。唐朝虽已实际失去了政权，但天子尚在，所以，时不时有些遗老们会在不同的地方举起旗来，以唐为名进行各种活动。为此，朱温十分恼恨，干脆残杀大唐的末代皇帝。

哀告传到晋阳，李克用南面痛哭。唐，在他的心中，是圣地啊，是他的主啊，现在，主子死了，怎能不悲从中来？他下令三军，穿素服，行唐礼，以志哀。

李克用的忠良做法，让朱温十分不爽。新仇旧恨，让朱温必欲除之而后快。他们本来是对老冤家。

早在李克用为唐朝大败黄巢到汴州时，已经降唐的朱温，作为一方之主，提出答谢李克用的出兵相助。他在汴州驿馆上源驿设宴款待，庆功接风。

朱温流寇出身，心存异志，对李克用这样的能人忠良，怎么会允许他活在身边，怎么会让他成为日后之患？酒席之中，朱温杀机已动，假意劝酒，将李克用灌得大醉。

是夜，朱温派人用连起来的马车和栅栏挡住宾馆的大门口，再派汴兵包围了上源驿宾馆。一切安排之后，他下令部下乱箭齐发，欲置李克用于死地。

这时候，李克用却早已经烂醉如泥。幸好他的亲随薛志勤、史敬思等人十分骁勇，拼命抵抗，由此展开激烈的搏杀。薛志勤箭法高明，例无虚发，一人便射死汴兵数十人。

强攻不成，朱温又命人四面纵火，将无数的火炬投向驿舍，一时之间，火光冲天而起。朱温隔岸观火，冷笑道："非得将你烧成一堆灰尘！"

浓烟烈火大作之时，突然电闪雷鸣，天地晦暝，猛雨如注，直泻到大火上。大火被暴雨一浇，顿时熄灭。薛志勤扶住李克用，借闪电的光亮翻墙突围而出，终于幸免一死。

有此一战，双方结下了死仇。于是，李克用的晋，与朱温的梁，拉开了战争的序幕。

907 年，朱温灭掉唐朝，挥重兵十万，围困潞州（今山西长治）。只要打下这一片上党地带，李克用的晋，就会门户洞开，而朱温的军队才可能一路北上，平灭李克用。所以，上党，这个自古以来的兵家必争之地，成为朱李的必争之地。

为守住自家的门户，李克用只好派兵驰援。攻与守，在这片古战场上拉开了！

朱温派出大军，在城外筑了一道夹寨，将李克用的部下李嗣昭包围在城内，双方相持了一年。李克用派周德威去解围，数度苦战，仍不能将朱温军队击溃。两军对垒，难分胜负。

就在双方相持的时候，李克用却因头部疽发身染急病，于 908 年死于晋阳，年仅五十三岁（《新五代史》）。真的是天不假年啊。好好的一个忠良，就这样含恨而去了！

李克用临终之时，仍不忘记效忠大唐。他用生命最后的力气，拿出三支箭，命儿子李存勖跪在床前。

李克用说："三支箭，交给你，一箭一件事，件件要完成！"

李克用又说——

"第一支箭，去灭刘仁恭。他占有幽州之地，你如果不先攻占幽州，那么河南地区也难夺取。河南之地拿不回来，大唐如何可以匡复？

"第二支箭，北击契丹。当初阿保机和我盟誓结为兄弟，相约兴复唐朝社稷，后来他却背信弃义，叛了大唐，你一定要讨伐他。这是一个忠贞之士必做的事情。

“第三支箭，去灭朱温。他是我的仇敌，也是大唐的仇敌。你如能完成我这三项未实现的心愿，我死而无憾了。”

耿耿忠心，悠悠此心，全在临终的遗言里。这几句话，虽然没有多少文采，也没有多么豪壮，可我总觉得，这几句简单的交代，真的并不逊色于诸葛亮的前后出师表。

李克用病死后，李存勖将三支箭藏在李克用的太庙中。到讨伐刘仁恭时，他便请出一支，放在锦囊中，让手下将领背着，追随自己左右。凯旋之日，他将此箭随同战俘一同献于李克用太庙。后来伐契丹、灭后梁都是如此。李存勖继任河东节度使，袭封晋王，攻破幽州，尽并卢龙之地，连年攻打，尽占河北之地。

上党者，天下之脊也。若占据上党、太行，不但可以囊括三晋大地，而且进退有余，向东向南，可以跃马幽冀，挥戈齐鲁，问鼎中原。因此，二十多年间，朱温与李克用多次争夺上党，这儿的许多城池和关隘，先后五度易手，死伤惨烈。大部分的战斗中，李克用处于下风。直到李克用死时，潞州(上党)之困仍没有解决。李克用的部将李嗣昭只能闭关坚守，梁军久攻不克。

一直占上风的朱温，以十万后梁军围困，两军相持，战事胶着。

李克用突然病故，临终之际，下令薄葬，发丧之后二十七天便可除去丧服。中国古代，孝，是很重要的，儿子为父亲服丧，须得满三年，最短的丧期也得三个月。

然而，紧张的战局之下，李克用要求一切简化，一切以大局为重。因此，他的儿子，才有了足够的精力，全力对付眼前的战争。

安排完父亲的葬礼，李存勖重整军马，准备出战。李存勖召集众将官，发表临战演说。史书是这样记载他的话的——

“梁人幸我大丧，谓我少而新立，无能为也，宜乘其怠击之。”

好一个乘其怠而击之！一个大军事家的眼光，由此可见。是日，他跨上战马，率领大军，疾驰六天，悄然潜入三垂岗。来到此地，想到父亲，悲从中来，他对众人说：“此先王置酒处也！”

李存勖大军隐蔽集结，保密工作做得很好，梁军丝毫没有察觉。

决战的时候到了：次日凌晨，大雾弥天。李存勖的大军在大雾之中悄然前行，接近敌军的阵前，直捣梁军“夹城”。而此时，睡梦中的梁军突然发现敌军到来，不得不仓促应战。一方是精心准备，抱着必死之心；一方是大意松懈，抱着侥幸之心。因此，两军对决，高下已然分出。

结果，晋军斩敌首级万余，朱温余众兵败如山倒，向南狂逃，丢戈弃甲。朱温部将符道昭等三百人被俘，只有康怀英等百余骑逃归。在开封，朱温听到挫败的消息，惊叹道：“生子当如是。李氏不亡矣！吾家诸子乃豕犬尔！”

意思是说：生儿子就应当生李存勖这样的！李克用虽死犹生，我的儿子们与之相比，都是些猪狗之类无用的东西。三垂岗战役是长途奔袭，以隐蔽奇袭取胜，为之后李存勖兵下太行、逐鹿中原打下牢固的基础。

破了潞州之围，李存勖全面整顿境内政治和经济，还下令各州县保举贤良之人充任官吏，罢黜地方的贪官污吏。据说，李存勖颇有亲民作风，每当路上遇到饥寒的百姓，就下马亲自慰问。从此，河东地区民心依附，百姓开始安居乐业。经济的发展反过来又为李存勖的作战提供了有力的物质保障。

随后，李存勖又用智取的办法，多次击败了朱温的军队，朱温的军队因而在心理上对李存勖产生了恐惧心情，往往两军还未接手就纷纷溃散。晋军占据河北后，双方苦战，陷入长期对峙。此后，朱温政权发生内乱，被李氏消灭。

三垂岗一战而胜，李存勖终于坐拥了三晋大地。

923年十月，李存勖攻占开封，灭后梁，自己称帝。但他知道父亲是唐朝的大忠良，因此，唐朝灭亡之后，他仍以唐为国号，史称后唐。他还追认先父李克用为武皇帝，庙号为太祖。

七、煊赫功业随云去

朱温也好，李存勖也好，终不免灰飞烟灭。残唐五代，天下大乱，几乎都是短命的王朝。虽然它们崛起时引人注目，也曾绚丽过，但灭亡得也快，而且灭亡之路几乎如出一辙。李存勖的败亡，应该是三垂岗之战的后话了。

得了三晋大地之后，李存勖看到唐朝已亡，决定自立为帝。他以国号为唐，奉唐朝社稷。

做了天子，没了战争和竞争的压力，又没有人监督，李存勖的毛病和缺憾也一一暴露出来。

这位天子非常喜爱音乐，所以养了许多优伶，也就是今天我们在电视上常常听到自诩为艺术家的那种人。喜欢这种人，倒也无妨，人嘛，谁不要找个乐子？可是，李存勖喜欢得过了头，他给自己起了个艺名，叫“李天下”，自己也时时地粉墨上场，成为天下第一奇闻。

人说爱屋及乌。李存勖对伶官特别关照，任其胡为。有一次，他上台演戏，自己叫了两声“李天下”。一个叫敬新磨的优伶上来打了他两嘴巴。众人都大吃一惊。敬新磨嬉皮笑脸说：玩玩音乐，乐乐戏子，本无伤大雅的。但是，天子如此，戏子就要干政了！戏子干政，比之太监，尤有过之！

李存勖灭梁之后，曾经被梁军俘获的伶人周匝，终于又回到了李存勖身边。戏子无行，投降保命，十分正常。回来之后，他向李存勖保举曾保护他的后梁教坊使陈浚做一郡长官，李存勖因为喜欢周匝，对周匝保举的陈浚，没做任何政治考察，甚至连人也不看，立即给了委任状。天下戏子，多无德行。你越宠他，他越坏事。李存勖宠信的伶人们出入宫廷内外，傲视戏弄贵族大臣。如此一来，大臣们害怕，不得不反过来巴结伶人，以保富贵。他的王国，戏子和宦官，多时曾各达上千人。宦官与戏子，均成为他的心腹，委以军国大事。他又设置监军一职，派宦官充任以监督驻外将领。李存勖用伶人探察和奏呈文武百官动静，后来竟然发展到“军机国政，皆与参决”。伶人腐败朝纲，陷害忠良，鱼肉百姓。一时之间，好端端的一个国家，搞得“大臣无罪以获诛，众口吞声以避祸”。

重用奸臣，是李存勖败亡原因之一。三年之中，李存勖从河东变到了河西，一路西去，一路从人生的巅峰跌入人生的谷底。唐朝末年的腐败士人苏循，在朱温称帝前后，鞍前马后地效劳不止，被敬翔等人鄙视，贬斥回乡。李存勖建后唐时，苏循重新出山，见到李存勖即用唐朝见皇帝的礼拜见。当时文武众臣都没有用朝贺之礼，苏循却跪拜高呼万岁，涕流称臣，使李存勖喜形于色，欢于内心。除了苏循，李存勖又招纳唐朝旧臣，钻营之徒纷纷再现。豆卢革是旧唐的奸人之一，但却受到重用，这些人任职后败坏了政治，带坏了将领，唐末的腐败世风又重在后唐弥漫起来。李存勖任命孔谦为租庸使，孔谦为敛民财供奉李存勖挥霍，便绕过藩镇将领直接下令到州县催交赋税。虽然有的藩镇上奏弹劾孔谦违反朝廷制度，李存勖却一方面下诏表示照制度办事，一方面又对孔谦姑息纵容，致使其横征暴敛。由于暴敛无度，魏州百姓常有拖欠，李存勖责问魏州官员赵季良，赵季良反问他想何时平定河南，李存勖怒而斥责道："你的职责是督交税赋，做事不力，反而敢干预我军国大事！"赵季良却说："要谋取河南却不爱护百姓，一旦失去民心，恐怕河北也不属于您了，更何况河南呢？"李存勖被赵季良的话惊醒了，怒气顿消，这才收敛了一些，缓征赋税。

以国家的名义贪取钱财，又是导致败亡的原因。李存勖的皇后刘氏出身贫寒。她如愿以偿当上皇后之后，唯一的工作和业余爱好，就是疯狂敛财，搞得军中无钱可用。宰相无奈之下，请求发放一些内府库的钱财赏赐将士，以解燃眉之急。刘皇后一听脸色大变，回屋拿出日常用的银盆两个，又将皇子满喜等三人领出来，让其卖了犒赏将士。宰相无奈，只好拜辞。

古楚诗人屈原悲愤之时，曾大声说道："黄钟毁弃，瓦釜雷鸣！"反过来说，瓦釜雷鸣之时，必是黄钟毁弃之日。国事如此，国祸不远。果然，他的功臣夙将们横遭猜忌，接连被冤杀。郭崇韬原是灭梁的功臣，奸人当道时，他曾几次进谏，使李存勖非常不爽，加上伶人诬陷，李存勖对他猜疑更深，到郭崇韬平定四川又立下战功，随军的宦官们因为没捞到好处便造谣说郭崇韬聚财谋反，刘皇后立即派人前去杀了他。得知郭崇韬被杀后，李存勖竟无动于衷，不辨是非。

君王如此作为，部下怎能不叛?926 年，后唐将士拥戴李嗣源(李克用的养子)，要求以他为主反抗。

李存勖在洛阳听到李嗣源叛变的消息，想赶回汴京。半路上听到李嗣源已经进了汴京，而各地将领纷纷支持李嗣源。他知道自己已经完全孤立，垂头丧气地跟左右将士说："这下我完了！"回到洛阳，李嗣源整军回攻，到这时李存勖才想到用财物赏赐将士，让他们为自己卖命。士卒们背着钱物，没一点感激之情，反而大骂："我们的妻子儿女已经饿死了，要这些干什么！"李存勖领兵去开封抵挡，中途听说开封已经被李嗣源占领，又慌忙撤退。而士卒已经逃亡了一多半。李存勖低三下四求士卒护驾回洛阳，许诺重赏，士卒们却说："陛下赏赐太晚了，我们不感激圣恩！"乱军之中李存勖被流箭射中，不久便气绝身亡。众人都逃散了，只有一个伶人捡了些丢弃的破烂乐器放在李存勖的身上点火焚尸，收集起李存勖的遗骨安葬于雍陵，庙号庄宗。

父子两代在马背上得来的天下，顷刻间落入他人之手，虎父龙子四十余年建立的赫赫功业转眼之间化为过眼烟云。

八、寂寥忠良空浩叹

三垂岗之战，是忠与奸的一次大对决。

千古以来的大忠大勇——李家父子，与千古以来的大奸大逆——朱温，在千古以来最伟大的一个王朝灭亡之际，于三垂岗作了一次决定性的大战，而结果，以忠胜逆而终结。

三垂岗因此一战，垂名了青史。

清末刘翰作《李克用置酒三垂岗赋》，句为：

玉如意指挥倜傥，一座皆惊；
金叵罗倾倒淋漓，千杯未醉。

清代雍正年间的进士、著名诗人严遂成，曾在山西为官。秋天的一日，诗人临登三垂岗，写下名作七言律诗：

英雄立马起沙陀，奈此朱梁跋扈何。
只手难扶唐社稷，连城犹拥晋山河。
风云帐下奇儿在，鼓角灯前老泪多。

萧瑟三垂岗下路，至今人唱《百年歌》。

1964年12月29日，毛泽东在给田家英的信中说："近读五代史唐庄宗传三垂岗战役，记起了年轻时曾读过一首咏史诗，忘记了是何代何人所作。请你一查，告我为盼！"毛泽东还凭记忆书写了《三垂岗诗》，以方便查找。他又在诗后注明："诗歌颂李克用父子。"

李克用父子值得后人如此歌颂，原因在于他们在末世时表现的忠良操守和英雄气概。

末世忠良，总让人千古不忘，我想原因在于：一是末世之时，天下大乱，有一两个忠臣出现，虽然做的是力不能敌的事情，但有很重的悲剧情节，让后人备受感动；二是末世之时，饱食了国家俸禄，享尽了国家待遇的百官们，降的降了，逃的逃了，叛的叛了，往往只有少许一两个固执的、偏执的人要坚持立场，用肉脖子去撞刀片子，人格的魅力凸现出来，鹤立鸡群，凤毛麟角，十分稀罕。这样的稀缺资源，当然是会传颂千古的。其实啊，末世之时，忠良真的是少之又少啊！

末世之时，几个忠良，是无力回天的，就真如螳臂挡车，说难听点是粉身碎骨，说好听点是玉石俱焚，于社稷，于旧主，无补、无益，徒为历史增加一份悲剧。

末世之时，更多的饱食君禄者或叛或降，以历史的眼光看，也没有什么可以菲薄的。而且，作为王朝的拥有者，你自己不争气，为什么要责备他人？再说了，大势已去，为什么要那么多鲜活的生命去为它做殉葬呢？从人道的立场看，生命权大于一切。

末世之时，文武官员去作别的选择，用传统或者正统的目光看，是忠或者不忠的表现。其实，我们后人也不妨视野更开阔些。选择放弃行将就木的主子，确实是对主子的不忠，但是，如果他选择放弃主子之后，却能够为民族做些好事，似乎就不能用不忠来给他盖棺论定了。放弃一个本当放弃的主子，选择忠于民族，可不可以也用忠来评价呢？一个不适当的主子，有时真的是一场民族的劫难。一个真正的英雄，是会选择忠于民族利益，而不会选择愚忠于某一个不适当的人或者某一个不适当的政权的。

末世之时，忠良也好，叛逆也罢，是起不到真正决定性作用的。历代末世，都是制度已经臭不可闻，国家已经朽不可当。政治制度腐化，经济体制衰微，人民生计苦困，官场吏治黑暗。史学家们不从这些根子去找原因，去解决问题，偏偏却要去责备某个人叛了，某个人引狼入室了，这实在是一叶蔽目。千百年来，我们这个民族，太多地注重以道德标准、以个人修养来要求官员，却很少从体制问题上着手研究。王朝崩溃，不是某几个人的道德好坏可以决定的，不是某几个人的忠与不忠可以解决的，是制度、是体制！制度问题不解决，体制问题不解决，我们永远只能在历史和现实的轮回中痛不欲生！

末世之时，我们也不能说最高当权者就不想改革，就不想死中求生。然而，真实的历史一次次告诉我，这些当权者的改革行为，总是比现实的矛盾和要求晚了一步，比时人的期许晚了几步！几乎都是些马后炮、后悔药，当然了，非但无用，反而速死！晚唐时期，有几位短命天子，是想好好振作一下的，结果无功而返。这样的事情，宋末有过，元末有过，明末有过，清末有过。不同的是，清末显得更加淋漓尽致。记得列强入侵之时，外邦维新之后，大清以康有为为首的人，是搞了公车上书的，他们要求进行改革——维新。他们改革的核心，其实就是让最高当权者还权于皇帝。对此，时人是期许有加的，以至于许多个封疆大吏都参与其中。然而，最高当权者不许，杀六君子于北京。天下人终于失望透顶，失望后生怨恨，怨恨后生革命！后来最高当权者没了办法，自己提出要"君主立宪"，他们提出的这个"君主立宪"，其实已经比当年康有为等维新者的要求大为进步了。然而，时机已失，时人已恨，断断不会同意的，他们当然地会将革命进行到底！结果，终于推翻了王朝。设想如果康有为等人提出维新时，最高当权者允许，并且顺势而为，推出"君主立宪"的方案，那时候，天下人是一定会欢欣鼓舞的。清，也许就不会有末世之衰了吧？

历代王朝，末世之时，总是沉疴已重，须用虎狼之药。而虎狼之药下去，只有两种结果——生存或毁灭。

中国历史上，生存的例子，至今还没有出现过。

南宋

南宋：徘徊在生与死的边缘

——史上最悲壮的末代宰相文天祥

生，或者死！生存，或者毁灭！

哈姆莱特的经典拷问，正是人类一直面临的最严峻选择。即便我们历史上的经典英雄，也会在这样的拷问前徘徊。比如，我们熟知的文天祥。

许多年以前，我在北京一家机构工作，曾经用了一个周末的时间，寻找到文丞相祠。破旧的建筑，仿佛一个小杂院。但院中那大枣树，却令我心惊。正是夏季，高达十余米的枣树，冠盖如绿色的云彩。树干粗糙而粗壮，几人才能合抱。细心观察，枣树的主干向南倾斜，成四十五度角。老人们说，文公生前有诗："臣心一片磁针石，不指南方誓不休。"他虽然死了，但是，这棵活下来的树，却继承了遗志，依然指南。更有人说，枣树所结大枣，从不生虫，依稀有文公的一身正气。明朝洪武九年(1376 年)，汉人光复江山，为纪念文丞相的爱国精神，在此建祠，也同时种下这棵枣树。不过，这儿的老人们，更愿意说这棵古枣树为文公所植，并称之"文公手植古枣树"。

徘徊在枣树之下，我曾想象文天祥最后的犹豫。也许，只有勇敢的人，才会在这样的拷问前徘徊，然后勇敢地选择死亡，让生命从此成为万古不朽。而那些天生的懦夫，不必徘徊就会直接选择了偷生，让生命从此成为行尸走肉！

在南宋最后的日子里，文天祥无疑是位了不起的国士，了不起的勇士！

我们曾经许多次读他的《指南录》，读他的《过零丁洋》，每一次，总会被他巨大的勇气所震撼！但是，我们不知道他曾经徘徊过。

一首最动听的长歌，往往曲折婉转。但无论如何的婉转曲折，毫发无损于那首长歌的魅力。

文天祥(1236—1283年)，汉族，吉州吉水(今江西吉安)人。原名云孙，字履善，又字宋瑞，自号文山、浮休道人，南宋杰出的民族英雄和爱国诗人。著《文山全集》，名篇有《正气歌》、《过零丁洋》等。宋理宗宝祐时进士。官至丞相，封信国公。

一、一种最容易出现的错误

13世纪，世界发生人类历史上最为巨大的一次震撼！

一个称为蒙古的民族，在草原上突然长大，长大成唯一的参天巨人！这个巨人挥舞着马鞭，赶着狼烟，向他可以冲击的土地冲击！天之骄子、蒙古之王的成吉思汗，首战克西辽后，二十万大军攻入西部的花剌子模国，紧接着又挥师西进，越过高加索山，进入顿河流域，将基辅大公率领的俄罗斯军队打败。其可怕的破坏力和战争能力如狂风暴雨宣泄到世界各地。短短几十年间，蒙古人驱策剽悍强劲的草原铁骑便横扫欧亚大陆，灭数十国。

1229年春，成吉思汗之子窝阔台继位，他掉转马首，来到中原各国，继而向南宋开战！

欧洲、亚洲，几乎就是当时世界的全部文明。那个时候，遥远的非洲和美洲，几乎还处于洪荒中。然而，蒙古人面对全世界的文明社会，发动了前所未有的攻击。攻击面前，文明社会落花流水。

蒙古的开战，宣布南宋王朝进入了它的末年。

末年的南宋朝廷，偏安江南。长江以北，除了少许几个重镇，几乎全部丢光了。

土地减少，也许不是最要命的事情。但是，人才奇缺，资金极紧，军队至弱，却成为朝廷最大的困难。

然而，这一切还不能说是南宋小朝廷最大的困难！

1273年,蒙古人在中原建立的元朝的丞相伯颜,亲自统率二十万大军,一路南进,先攻下位于湖北的襄阳和樊城,也就是今天湖北边境地区的襄樊市和河南边境地区的南阳市。攻取此地后,元军顺江而下。又用了一年多时间,大军打到了南宋的首都临安近郊。临安,就是杭州。

每一个国家和民族,每一次战争和争战,都同样的血腥。我们没有必要因为血腥,而指责战争的某一方。战争,就是杀人。如果战争没有杀人,那就不叫战争,那是感化,是布道。这样的事情,有过吗?!

所以,蒙古兵所过之处,也会如此前的任何一次战争和此后的任何一次战争一样,尸横遍野,血流成河。人杀死了,接着就是农田荒废,百业凋敝。

元朝蒙古军队的一路攻杀,似乎仍然不是南宋小朝廷最大的困难!

一个国家,一个民族,拥有那么多的人民,拥有那么多的资源,拥有那么大的权力,最困难最可怕的事情,往往在它的内部!南宋正是如此。

有人说——是那个宰相贾似道造成的。

早在1259年,南宋的宰相贾似道,就是历史上千夫所指的那个家伙。

据宋人的史料讲,宰相贾似道以称臣、割江北地区和岁纳银绢各二十万两匹为条件,暗中屈膝求和。而元朝的伯颜,却意在灭宋,不停南侵。1275年,又是这个贾似道,带着南宋最后的十三万大军出征,结果立即被消灭。此后,朝廷再无可用之兵,只有等待最后的结局了。

为此,史书将这个贾似道一路骂下来,直到如今。史家似乎要将南宋灭亡的全部原因,让一个贾似道全部承担!

一个贾似道,如何负得了这么大的责!

元朝的史料说,贾似道并不那么坏。《元史》记载,鄂州之战后期,忽必烈曾当着众人的面夸奖身为南宋守将的贾似道:"彼守城者只一士人贾制置,汝十万众不能胜,杀人数月不能拔,汝辈之罪也,岂士人之罪乎!"

看来,贾似道是有些才干的。贾似道专权后,也有过一些作为。他首先禁绝宦官干政和外戚弄权,进行了适度的政治改革。宦官干政和外戚弄权，是历代王朝无法解决的问题。唐朝，就是这么灭亡的。贾似道在这两个问题上动手，是有些眼光的。随后，他推行公田法，用钱限价购买大地主超额的土地，让失地农民有地可种；又改革税收，充实国库。这些措施原都有利于国计民生，但是，却很不讨有钱人的喜欢！而南宋后期的将军们，全部是有钱人家的子弟，是不喜欢贾似道改革的人！

贾似道不讨人喜欢还有一个原因：这家伙聪明有才，但缺少沉稳厚重，遇事过于自信，不大容易发挥身边人的才能作用。

一个不讨人喜欢的人，带领着一批不喜欢他的军人，去作生死的决战。这怎么有可能打胜仗呢？将帅离心啊！

将军们都是富豪之家，都是几代人享受着国家俸禄的高官，几代人大把花着国家给的银子。然而，一旦国家有难，这些人却不愿意打仗。吕文焕、范文虎、夏贵等南宋后期的大将，都富贵已极，不愿打仗，处处拥兵自重。所以，当元军打过来时，十分顺手——

元军攻襄阳，守将吕文焕投降；

元军攻鄂州、江州、安庆，守将一一投降。

国家将谁养得最肥，谁就一定会是卖国贼！千古如此。

1275年正月，朝廷让贾似道亲出督师。二月，大军来到安庆鲁港，与元兵相遇。

这十多万人马，几乎就是南宋最后的军队了。然而，大将夏贵，早就怀着降元之心，只是在等待一个可以向新主子表忠心的机会！正好，这十多万人马，成为夏贵送给新主人的礼物。这小子根本不安排作战的事情，反而对从将们说，我们的前锋，已被人家打败了。此去必死啊，要命的就快跑吧！主将动摇军心，全军一夜溃散！

历朝历代，到了最后的关头，总是投降的人特别多，以至于有人说，我们这民族啊，汉奸总是多多！

汉奸多多，倒也没有什么可怕。可怕的是，在重要的时候，给汉奸们重要的权力，让他们决定国家和民族的命运！这个错误，历朝历代，最容易反复出现！

一种最容易出现的错误，给南宋小王朝带来的是一个已一目了然的结局。

可悲的是，一目了然的结局面前，仍然会有人挺身赴死。这些人是鬼雄。可不，你看，文天祥就来了！

蒙古大军兵临城下。此时宋恭帝在位，年仅四岁，太皇太后谢氏临朝听政，不得不发出“哀痛诏”，号召天下四方迅速举兵“勤王”。

号召天下举兵“勤王”，就是皇家在京城面对天下喊救命！

文天祥也收到了诏书。此时，他远在战场之外的江西老家。

二、一个最容易欺侮的民族

文天祥，一个文人。他并不长于行军打仗。

据说，接到皇家大喊救命的诏书，文天祥是哭了的。

他凭什么哭啊？他凭什么急啊？他文天祥，一个小官，权不大，人不多，力不强，没沾国家多少好处，没得朝廷多少优惠。比起那些个几代人享受了高官厚禄的家伙，你文天祥算老几啊！

可是，享受了高官厚禄的人不着国家的急，而没占过国家便宜的人，却偏偏很着急！

着急中的文天祥决意起兵，到杭州去，到国都去，去救那个没给自己个人多少好处的朝廷。

而这时候的朝廷，已经没法子与元兵作战了。

其实，在蒙古兵，也就是元军向南宋进攻的时候，宋，已经不堪一击了。甚至不是不堪一击！经过了理学这种“精神文明”的教育，又经过了三百年大宋华丽的教养，宋人已经早早得了软骨病，经不起打了。当蒙古人拿着狼牙棒跑过来时，宋，只有天灵盖！

到了这般地步的南宋，仍然该干吗干吗。有诗云：“暖风吹得游人醉，只把杭州作汴州。”南宋人，是痛并快乐着，是屈辱并快乐着，是危卵之下快乐着。

全民性的软骨病，是南宋的一大特色。

岂止南宋软骨，在此之前，在此之后，全民性的软骨病，难道真的痊愈过吗！

中国人，总是很容易地让外来民族给欺侮了。这个好欺侮的毛病，一直遗传到了如今！如今的世界普遍认为，中国人是全世界最好欺负的民族。在欧美，甚至在南非，甚至在我们的友邦俄罗斯，中国人（包括海外华人），是犯罪分子的首选目标，是他们最乐意摧残的人群，是政府官员刁难的首选目标，是他们最乐意骚扰的人群，是服务业（如航空公司、旅馆饭店等）歧视的首选目标，是他们最乐意欺压的人群。

非但如此，中国人受欺负，有世界之最，为举世无双。古今世界，都是大国欺负小国，然而，中国这样的大国，不但要受大国的欺负，还要受小国的欺负。在南海，欺负中国渔民的都是些小国家，在当今世界的实力排序中连个屁都不如的小国家！但就是这样的小国家，欺负中国，却已足够！因为我们的信条是，打不还手、骂不还口！还有呢，就是外国的流氓，完全可以到中国的土地上来欺负中国人！这种事，媒体上此起彼伏。

前些时，我就看到报道说，有外国人公然在中国大街上侮辱妇女、行凶打人（甚至在派出所里还敢打警察），却总能逍遥法外。

前几年有本书，很有些名气，名字是《河南人怎么了》。

我现在要问：中国这个民族怎么了？中国这个民族为什么长期患着软骨病？

宋这个王朝，创造了文化的巅峰，不世的华章，永世的经曲。宋王朝的核心文化，也达到极致，这个核心文化，就是“和”。宋人的价值观中，“和”是追求的最高境界：“万事和为贵”。为了“和”，就必须遵循“温良恭俭让”的行为准则，不能主动争斗，即使被动地反抗侵害也在禁忌之列。面对侵害，宋人能做的，必须是宽宏大量、不计前嫌，这就是恕道。在弱肉强食、优胜劣汰的环境中，这种核心文化只能是软弱无能的文化，只能败下阵来。上下几千年，中华民族几乎都没有改变“人为刀俎、我为鱼肉”的命运，其根本原因，就在于我们的核心文化出了方向性问题！

皇家大喊救命时，文天祥正担任赣州知府。史载，他“捧诏涕泣”。

还没等擦干眼泪，文天祥立即行动，组建军队。他只用了两个多月，便招募了近万人的队伍。在南宋最后的日子里，文天祥的这支军队，是地方干部们召集的第一支“勤王”军。

文天祥领着近万人的军队，赶往临安。当然，史上也有记载说，他的军队有三万多人。即使三万多人，也绝不是一支可以称为强大的军队。

而在成千上万大小地方官中，带兵勤王的只不过他和张世杰等人而已，这个政权腐朽到什么程度，可见一斑。

三、一幅最容易令人动情的画卷

八月，正是江西最为炎热的时候。文天祥受命领兵，前往临安。

他知道，这一去，也许就是永诀。回首家乡的青山绿水，曾经的往事，一幕幕飞驰而过。

1236 年 6 月 6 日（南宋端平三年五月二日），江西庐陵（今江西吉安南）淳化乡富田村。

乡村教师文仪的妻子产下一子。文仪经史百家无不精研，天文、地理、医药、占卜等书都广为涉猎，在乡间颇有学问，属地方名人。妻子曾德慈产下的这个孩子，就是后来名垂青史的文天祥。

两年前，金国灭亡后，蒙古发动了征服宋朝的战争。战乱频仍，国家多难，文天祥于战火中降临。

史载，文天祥少年时代广读诗书，书法更是名扬吉州城。十八岁时，他获得庐陵乡试考试的第一名。之后，这个农村的富家子弟被送到城里读书。有一天，他怀着沉重的心情信步来到吉州学宫，看到欧阳修、杨邦乂、胡铨这些本朝的名臣、志士的遗像，不禁肃然起敬。他暗下决心，要以他们为榜样做一番事业。不久，他转入白鹭书院学习。在书院主持人欧阳守道的教诲下，文天祥学业大进，也开始变得更加成熟了。

1255 年（宝祐三年），二十岁的文天祥考中吉州贡士，取得了参加进士考试的资格。第二年，文天祥带着老师和乡亲们的嘱咐，在父亲的陪同下，从富田起程，乘船北上，经两个多月的路程才抵达南宋京都临安（今杭州）应考。

在礼部的考试中，文天祥轻松过关。在由皇帝主持的殿试题目“御试策”中主要提出四个问题：为何天灾频繁、人才匮乏、兵力薄弱、“虏寇”入侵？文天祥运笔如飞，一气写了将近一万字的《御试对策》。他以《周易》中的“天行健，君子以自强不息”为理论武器，针对时弊提出了全面改革政治的方略。

当时的考官王应麟读到试卷后连忙向理宗皇帝推荐。理宗阅后也被文天祥那“肝铁石”“天不息”精神所感动，并高兴地说：“天之祥，乃宋之瑞也。”

黄榜张贴出来后，文天祥取了一甲第一名——状元及第。

这一年文天祥二十一岁。他成了宋理宗宝祐四年的状元。

中了状元，本可马上得官而为国家出力，然而不幸的是，父亲文仪四天后突然病故，文天祥不得不在家守制，不能出仕做官。这一待就是三年。

1259年，文天祥陪同胞弟文璧进京应试。朝廷按惯例要对这位前科状元任命官职，此时元兵已大举南侵，宦官董宋臣不劝皇帝抵抗，却一味鼓噪迁都避敌，朝野一片混乱。于是未等朝廷的委任书下达，文天祥便“选择”了上书皇帝，乞斩董宋臣以安定人心。但奏折被截，文天祥气愤地回到乡里。半年后，皇帝突然又想起了这位状元，让他出任职事主管建昌军（江西南城）仙都观。

这是一个闲差。第二年，文天祥又被任命为秘书省正字兼任景献太子府教授。秘书省正字是前科状元例行担任的职务，主要工作是为朝廷草拟文书，勘正文字谬误。

1262年（景定三年），贾似道的一次“意外差遣”让文天祥当上了地方官，他被任命为瑞州（今江西高安）知府。

在瑞州一年，文天祥政绩显著，颂声不绝。就在这时，因受他人的攻击诽谤，文天祥又一次罢官回乡。

这一次，他整整赋闲了五年。

直到1269年（咸淳五年），德高望重的江万里和马廷鸾出任左右丞相，文天祥被任命知宁国府（今安徽宣城）。但任职不到一个月，文天祥就奉调入朝。当地百姓对他依依难舍，甚至捐钱为他立生祠。文天祥很不忍心，感到愧对人民。为此，他写了《宣州劝农文》，劝告老百姓勤事农桑，勤教子弟。

1270年(咸淳六年)一月,三十四岁的文天祥到临安就任军器监,主管制造武器。其间还兼崇正殿说书等职。说书是给皇帝讲解经史,备顾问应对。他时常触及时事,规劝皇帝,上书直斥皇帝用错了人。但度宗皇帝昏庸无能,沉湎酒色,对忠言不仅听不进去,反而大为光火。文天祥被免去了所有职务,提前退休,再一次回江西老家务农去了。

回到庐陵故乡,过着隐士生活,关心天下事情,这是当时的文天祥。

1271年(咸淳七年),忽必烈建立元朝迁都燕京,称为大都,对南宋的进攻也越来越剧烈。

1273年(咸淳九年),朝廷终于再次起用文天祥担任湖南提刑,主管一路司法。这时江万里任湖南安抚大使,知潭州(湖南长沙)。文天祥到潭州拜见江万里,两人看到军事重镇襄阳、樊城失陷,东南受到严重威胁都深为忧虑。这一年江万里已经七十六岁了,他无限感慨地对文天祥说:"吾老矣,观天时人事,当有变,吾阅人多矣,世道之责,其在君乎。"江万里慧眼识英雄。

在湖南不到一年,文天祥转任知赣州。

1274年12月21日,太皇太后下发"哀痛诏"。

有人劝他:"眼下元兵长驱直入,您带了这些临时招募起来的人马去抵抗,好比赶着羊群去跟猛虎斗,明摆着要失败,何苦呢?"

文天祥泰然回答说:"这个道理我何尝不知道。但是国家危急,临安危急,我如果不带兵出力,岂不痛心!我明知道自己力量有限,宁愿以死殉国。但愿天下忠义的人,闻风而起,人多势大,国家才有保全的希望。"

文天祥排除种种阻挠,带兵到了临安。

世道之责,无选择地落在了文天祥的身上。

四、一样最容易重复的悲凉

悲剧性的人物,虽然不能开辟一个新的时代,但却总以他们悲剧性的命运,为后世留下永远的感动。文天祥就是这样的人。

当文天祥赶到临安时，朝廷百官早就作鸟兽散了。

早在行军路上，文天祥写有《出广州第一宿》诗：

越王台下路，搔首叹萍踪。
城古都招水，山高易得风。
鼓声残雨后，塔影暮林中。
一样连营火，山同河不同。

义兵到达前线，初次与敌作战，非常英勇，奋不顾身。除守卫平江外，文天祥还派出三千人支援常州。但是，王朝末年，各路将领各怀心思，总是难以统一行动。比如，南宋淮军将领张全，对文天祥的军队就不配合，让勤王军孤军作战。有一支由尹玉率领的赣州义军共五百人，遭元军合围后，因无法得到救援，全部壮烈牺牲。这一切的失误，给了元军更多的胜算。

不久，元军元帅伯颜兵分三路，包围临安。南宋朝廷或者与元军决一死战，或者投降，没有第三条路好走。而守城的将军一看大事不好，偷偷跑出临安，投降了元军。太皇太后召集大臣议事，来朝的仅有六人，南宋朝廷已陷于极度混乱之中。

事实上，当时闽广两路平静无事，江西、湖南也还有很多地方在宋朝手中，勤王军有三四万人，京师义民可动员二十万。文天祥和张世杰商议，背城借一，以战为守。如守不住，则分两路到江西、两淮活动，继续斗争。但分兵抗敌锋的战术却被朝廷否定。正在文天祥一心准备抗敌的时候，太皇太后谢氏和宰相陈宜中却在临安城上竖起了降旗。文天祥还能怎么办？

楚月穿春袖，吴霜透晓鞯。
壮心欲填海，苦胆为忧天。
役役惭金注，悠悠叹瓦全。
丈夫竟何事，一日定千年。
——《赴阙》

南宋派人到伯颜营中请求称侄纳币，准许议和，伯颜不许，大有宜将剩勇追穷寇的意思。太皇太后无可奈何，准备奉表称臣，岁纳银绢各二十五万两匹，以乞求保存小朝廷。伯颜仍然不许。但这个蒙古人知道，南宋朝廷之中仍然有一些主战大臣，仍然控制着一些军队。他提出，非丞相亲自来请降不可，并指定于德祐二年（1276年）正月十五日到长安镇商议投降事宜。丞相陈宜中害怕被扣留，没敢去议降。朝廷派赵吉甫、贾余庆献上传国玉玺和恭帝赵㬎的降表，向伯颜请降。表中赵㬎已削去帝号，自称“国主”，并“以两浙、福建、江西、湖南、二广、四川、两淮现有州郡，悉上圣朝”，把土地也献出来。但伯颜仍要求派宰相来接洽投降事宜。

元军兵临城下，太皇太后诏命文天祥为右丞相兼枢密使，都督诸路兵马，要他出来维持残局。几位执政大臣谁也不愿去，文天祥自忖国事至此，不能顾惜一身了。而且他幻想要以大义来说动伯颜退兵，便决定挺身而出。太皇太后命文天祥和吴坚、贾余庆、谢堂等人到伯颜营中去。吴坚胆小怕事，不敢抗争；谢堂遇事唯唯诺诺，没有主意；贾余庆则是一个卑鄙小人，一味逢迎元军，以求取得新朝官位。这场艰难的谈判，势必由文天祥来担任主要角色。他深感自己责任重大，下定决心：不为利诱，不被威屈，不辱使命。

1276年，文天祥奉旨出使元营。

在临安郊外的皋亭山明因寺，伯颜营中刀枪森列，元军杀气腾腾。文天祥视若等闲，十分坦然。伯颜问：“丞相来谈投降的事啊？”文天祥不承认是投降，严肃地说：“投降是前丞相一手经办的，我一概不知道，我是来谈判的。”并直截了当地问，“本朝承帝王正统，衣冠礼乐所在，北朝究竟想把它作为国家来对待呢还是要毁它的社稷？”伯颜只好说：“皇上（指元世祖忽必烈）的诏书说得很明白：社稷必不动，百姓必不杀。”文天祥义正词严地指出：“现在两国丞相亲订盟好，你们应当退兵平江或嘉兴，把和议情况奏闻北朝，北朝诏令下来后再作续议。”伯颜怎么肯退兵呢？他露出胜利者的倨傲、骄横的神气，威胁着文天祥。文天祥毫不示弱，他以高亢的声调继续说：“能依我所说，双方讲和，是为上策；不然南北兵祸不已，对你们也没有好处。”

伯颜带兵之人，又屡战屡胜，当然狂傲。他说：“文先生，你这个样子，难道不怕死吗?！”以他的经验，元兵一路打下来，只要说到一个死字，大多数宋将都会投降。何止宋朝元朝如此，在此之前的几千年，在此之后的几百年，中国，难道不是这样吗？

但是，文天祥不是这样的人。他毫不畏惧地回答：“我是宋朝的状元宰相，但欠一死报国，刀锯鼎镬，在所不惧。”

文天祥的态度，让伯颜下了决心要扣住他。他说：“其他人回去，文丞相暂留下来。”他知道，文天祥声望很高，登高一呼，从者数万，这对元军是极大的威胁，如果把他放回去，就会率勤王军队抵抗，对元军不利。

第二天，太皇太后派吴坚等人送来降表，南宋朝廷正式投降。等到文天祥被邀进军营时，仪式已经结束。

一个一心决意战死的人，突然间从谈判使成为囚徒，文天祥欲哭无泪，心中的悲凉，几人知道？

五、一枚最执著坚定的磁针

元军押着文天祥，从临安出发，沿运河北上。

金戈铁马，一介文儒，慢慢地向北方行走。经杭县，到平江，过无锡，十天才押至京口（今江苏镇江）。身为囚徒的文天祥，不时受到侮辱。

在镇江，文天祥等人找到机会，居然从元军中逃脱。

在此期间，文天祥一连写下了十五首《脱京口》：

经营十日苦无船，惨惨椎心泪血流。
渔夫疑为神物迁，相逢杨子大江头。

从镇江奔波到真州（今江苏仪征），守将苗再成看文丞相到来，打开城门迎接。此时，临安已经陷落。苗再成说，事已到此，我愿意跟您一起，集合淮河东西的兵力，打退元兵。文天祥正高兴，结果守扬州的宋军主帅李庭芝听信谣言，以为文天祥已经投降，是元军派到真州去的内奸，便命令苗再成把他杀死。苗再成不相信，但又不敢违令，只好将实情告诉文天祥，让他赶快离开。

被自己人怀疑比被敌人侮辱更难忍受，文天祥的痛苦，已到极点，他要到扬州去和李庭芝说个清楚。第二天，他真的到了扬州城下，结果，到处都是悬赏缉拿自己的文告。文天祥还能到哪里？他给我们留下了十三首《出真州》，记述了事情经过："扬州昨夜有人来，误把忠良按奸猜。怪道使君无见解，城门前日不应开"，"琼花堂上意茫然，志士忠臣泪彻泉。赖有使君知义者，人方欲杀我犹怜"，"人人争劝走淮西，莫犯翁翁按剑疑。我问平山堂下路，忠臣见诎有天知"……

经历了千辛万苦，文天祥才从高邮、泰州到了通州（今江苏南通）。守将杨师亮对文天祥热情接待，两个多月来的颠沛流离，这时他才能过上比较安定的日子。文天祥把从离开临安到达通州一路上所写的一百多首诗，编了集子叫《指南录》，表示心向南方，矢志不渝。在那儿，得知张世杰和陈宜中在福州拥立新皇帝即位的消息（吉王登基，改元景炎，为端宗皇帝），就决定到福州去。从通州扬帆出海时，文天祥伫立船头，口占七绝一首：

几日随风北海游，回首扬于大江头。
臣心一片磁针石，不指南方誓不休。

诗中表示他南行的赤子之心和继续战斗的决心。

文天祥脱险来到福州的消息传开后，在浙闽各地的同僚、旧部，不少人赶来福州和他商议重举义旗的事。他们准备在浙闽发展水军，如能拥有几百艘海船，则可望收复江淮、浙东失地。杨师亮可在通州一带策应。文天祥把这一计划写信报告陈宜中，陈宜中并不热心。文天祥来到福州，朝廷授予他右丞相兼枢密使、都督诸路军马等职。他没有受命，主要原因是他不满左丞相陈宜中的为人行事。临安被围时，陈宜中悄然出走，收复浙东、淮东的计划又未被采纳，这是陈宜中的私心在作怪。因为两浙是陈宜中为宰执大臣时失去的，他想依靠张世杰收回，不让文天祥得此功劳。宋朝一向重文轻武，张世杰是武将，他收复两浙，也不可能掌握朝廷大权，陈宜中仍然可以稳坐在左丞相的位置上，如果文天祥收复两浙，成为中兴功臣，原来又曾任右丞相兼枢密使，就很可能独掌朝政。文天祥是洞察陈宜中这个心机的，因此他上表力辞，朝廷只好改任他为枢密使，同都督诸路军马。

陈宜中以私心误大事，南宋末年国家艰危，大臣不能同心同德对付敌人，这就注定了他们必然失败。

1276年（景炎元年）七月十三日，文天祥看不惯陈宜中，南行到南剑州（福建南平）建立督府，再次起兵。后转移到汀州、莲城等地，派使参赞吴浚取雩都联络各地的抗元义军，坚持斗争。不久，南剑落入元军手中，行都福安失去屏藩。惊慌失措的陈宜中和张世杰匆匆护送端宗和卫王登舟入海，福安随即陷落。此后，南宋小朝廷设在船上，成为海上的流亡政府，再没有在大陆上行使中央政府的权力。

此时，江西局势也继续恶化，闽北、闽东、闽南相继陷落后，给处于闽西的文天祥增加很多困难。1277年（景炎二年）二月，文天祥率督府军移屯梅州（今广东梅县）。五月，经过一番整顿后，主力越过梅岭，开展收复江西的战役。勤王军旧部和各地义民纷纷起来和督府军相呼应，江西的抗元斗争掀起了高潮。在这个有利形势下，文天祥率主力一举攻克了赣州会昌县，并乘胜攻克兴国县，移督府于兴国。一连串的胜利，对各地义兵鼓舞很大，武宁、建昌临川、瑞州等地也来请求受督府节制，抗元声势越来越大，督府军大有席卷赣南之势。

元军立即开展大规模的攻势。毕竟，元军素经战阵，可称精锐。而宋军不过是些临时编成的队伍，战斗意志强盛，作战经验不足。文天祥带着军队且战且退，主要将领牺牲，督府军几乎全军覆没。此时，南宋流亡政府从惠州甲子门转移到浅湾（今广东饶平南澳岛），元军水兵进攻浅湾，张世杰率部和元军进行一场恶战，没能挫败元军的攻势。陈宜中、陆秀夫、张世杰护卫端宗先后逃到秀山（珠江虎门内的虎头山）、井澳和钢洲（广州湾口外海中）。左丞相陈宜中对大局绝望，自己逃往占城（现越南境内）。端宗在钢洲病逝，张世杰、陆秀夫立八岁的卫王赵昺继位，陆秀夫代陈宜中为左丞相，张世杰为枢密副使，文天祥仍为枢密使。陆、张在日暮途穷的情况下，对宋朝仍忠心耿耿。他们觉得钢洲也不安全，把行朝移到新会县南八十里大海中的崖山，这是南宋朝廷最后落脚的地方。文天祥率领督府军余部到处寻访，终于知道行朝在崖山。后文天祥被加封为太保、信国公。他先是在海丰活动，不久移督府于潮阳。

1278年十二月，文天祥在广东海丰五坡岭不幸被俘。他服冰片自杀，但没有成功。督府军从此瓦解了。

祥兴二年(1279年)正月，张弘范率水陆两路元军直趋崖山，准备消灭南宋流亡政府。而此时，珠江口外，零丁洋上，正酝酿着一场中国历史上空前的大规模海战。

事实上，就宋元双方兵力而论，宋军还略占优势，张世杰的船队有大小船舰一千余艘，其中有不少巨大的海上楼船，将官兵民共二十余万。元军共有大小船只八百余艘，而且有二百艘迷失航向，还没有到达崖山。张弘范看到宋军的阵势，感到这场战斗没有必胜的把握，就派人去劝降，但遭到张世杰的拒绝。张弘范竟派李恒元帅到关文天祥的船中，请他写信向张世杰招降。文天祥奋笔疾书，顷刻间写了一首七言律诗交给李恒，这就是那首著名的《过零丁洋》：

辛苦遭逢起一经，干戈寥落四周星。
山河破碎风飘絮，身世浮尘雨打萍。
惶恐滩头说惶恐，零丁洋里叹零丁。
人生自古谁无死，留取丹心照汗青。

李恒无可奈何地拿着这首诗向张弘范复命。张弘范看到这首大义凛然的诗篇，也不觉赞叹说："好人好诗。"

崖山决战已经不可避免，双方都在准备。其实元军有不少弱点：一是兵力较少；二是北方士兵惯于驰马平野，一登上船就头昏目眩，呕吐不止，战斗力大大削弱；三是船工大都是南方人，心向南方，只要形势转变，他们是会站到宋军方面来的。但张世杰因多次失利，战略思想和采用的战术都是小心翼翼，决战前竟把大船都连结起来，失去了灵活性。

二月初六日，决战这一天终于到来了。张弘范把元军船队分为四队，向宋军船队南北夹攻。宋军士兵全力抵抗，也无法扭转被动挨打的局面。元军士气旺盛，两军船只靠近时，元军纷纷登到宋军船上。只见宋军船只绳断旗落，阵势大乱。张世杰看到大势已去，下令砍断绳缆突围。战斗从中午到黄昏，宋军许多船只已被元军俘获。张世杰特别担心皇帝赵昺的座船，派人驾小船接赵昺到他的帅船中。保护皇帝的陆秀夫担心混战之后来人真伪莫辨，没有让接去。皇帝座船较大，突围不出，陆秀夫怕靖康故事重演，他首先叫妻子儿女跳海自尽，又回头对赵昺说："国事至此，陛下应当殉国。德祐皇帝（恭帝赵㬎）被俘，受辱已甚，陛下不能再受辱。"说罢即背负九岁的赵昺跳海壮烈殉国。

经过激战，张世杰率一百多艘船只突围出去，其余八百多艘都被元军俘获。而张世杰突围后，遇到一场翻江倒海般的大飓风，许多船只沉没海中。将士要他上岸暂避，被他拒绝，终于堕水牺牲。

自此，南宋王朝灭亡。

六、一部最经典传世的遗作

1279年（至元十六年）四月二十二日，文天祥离开广州，被押送大都。一同被押北上的还有行朝官员邓光荐。

这两位宋朝的被俘文人，虽然身在敌军丛中，却仍然论诗谈史，还想有朝一日能够东山再起。他们从广州经英德、曲江，越梅岭进入江西南安（大庚），改走赣州水路，经赣州、吉州、隆兴，从湖口入鄱阳湖，进入长江后顺流东下，经安庆、池州、鲁港，采石矶，六月十二日到达建康。在建康逗留了两个多月。在建康，文天祥为邓光荐编了诗集，取名《东海集》。到建康不久邓光荐就病了，文天祥要独自北上。两位志士要分手时，邓光荐依依不舍地写下了一阕《念奴娇·驿中官别》，赠送文天祥。

水天空阔，恨东风、不借世间英物。蜀鸟吴花残照里，忍见荒城颓壁。铜雀春情，金人秋泪，此恨凭谁雪？堂堂剑气，斗牛空认奇杰。　　那信江海余生，南行万里，属扁舟齐发。正为鸥盟留醉眼，细看涛生云灭。睨柱吞嬴，回旗走懿，千古冲冠发。伴人无寐，秦淮应是孤月。

这首词赞扬了文天祥壮志凌云、百折不回的精神，也为他生不逢时、天不我助而无限惋惜。

文天祥也步原韵奉和了一首：

乾坤能大，算蛟龙原不是池中物。风雨牢愁无着处，那更寒虫四壁。横槊题诗，登楼作赋，万事空中雪。江流如此，方来还有英杰？　　堪笑一叶飘零，重来淮水，正凉风新发。镜里朱颜都变尽，只有丹心难灭。去去龙沙，江山回首，一线青如发。故人应念，杜鹃枝上残月。

在这阕词中，文天祥表明了自己的心迹。尽管迭遭挫折，最后失败，仍然要做英雄人物，不向元政府低头。虽然人形憔悴，而丹心不改。八月二十四日，他继续北上，从建康经扬州、高邮、淮安、徐州、新济州（今山东济宁）、河间、保州（今河北保定），十月初一日晚上，到达大都。

从海丰到北京，文天祥走了将近一年。就是这一年，成为了文天祥人生的巅峰，成就了中国爱国文学作品的绝响。文天祥一路被押，一路诗歌，一路凄楚，一路豪情。

晓发高沙卧一航，平沙漠漠水茫茫。
舟人为指荒烟岸，南北今年几战场。
——《发高沙》

自海陵来向海安，分明如渡鬼门关。
若将九折回车看，倦鸟何年可得还。
——《发海陵》

己卯六月初一日，苍然亭下楚囚立。
山河颠倒纷雨泣，乙亥七夕此何夕。
煌煌斗牛剑光湿，戈铤彗云雷电击。
三百馀年火为德，须臾风雨天地黑。
皇网解纽地维折，妾妇偷生自为贼。
英雄扼腕怒须赤，贯日血忠死穷北。
首阳风流落南国，正气未亡人未息。
青原万丈光赫赫，大江东去日夜白。

——《发吉州》

过零丁洋，更是留下了那首千古绝唱。

七、一副最铮铮作响的铁骨

到了元大都，张弘范向元世祖请示如何处理文天祥。

元世祖说："谁家无忠臣？"命令张弘范对文天祥以礼相待，将文天祥送到大都(今北京)，软禁在会同馆，想着法子劝降文天祥。

元世祖首先派降元的南宋左丞相留梦炎找文天祥谈心。这位识时务的前朝高级干部，拉着文天祥现身说法。可是，文天祥怒不可遏，将留梦炎骂出大门。

元世祖又让降元的宋恭帝赵㬎来劝降。看到皇帝前来，文天祥北跪于地，痛哭流涕，对赵㬎说："圣驾请回！"赵㬎无话可说，怏怏而去。

元世祖大怒，下令将文天祥双手捆绑，戴上木枷，关进兵马司的牢房。文天祥入狱十几天，狱卒才给他松了手缚。又过了半月，才给他卸下木枷。

劝降无果，只好开堂审讯。

元朝丞相孛罗亲自开堂审问文天祥。

来到枢密院大堂，文天祥昂然而立。

孛罗喝令："跪下！"兵士们一拥而上，按着文天祥下跪。结果，文天祥竭力挣扎，坐在了地上。

“你现在还有什么话可说？”这是胜利者的问话。

“天下事，有兴有衰。国亡受戮，历代皆有。我为宋尽忠，只愿早死！”这是阶下囚的回答。

“死？那太便宜你了！我要关押你！”这是胜利者的咆哮。

“愿为正义死，关押何所惧！”这是阶下囚的冷峭。

胜利者是可以说到做到的。从此，文天祥在监狱中度过了三年。

三年，时间很短，却也太长！狱中，他曾收到女儿柳娘的来信，得知妻子和两个女儿都在宫中为奴，过着比囚徒还痛苦的生活。文天祥知道，这是胜利者的逼迫：只要投降，家人即可团聚。文天祥心如刀割，却正气如虹。他在写给自己妹妹的信中说：“收柳女信，痛割肠胃。人谁无妻儿骨肉之情？但今日事到这里，于义当死，乃是命也。奈何？奈何！……可令柳女、环女做好人，爹爹管不得。泪下哽咽哽咽。”

狱中的文天祥，写出了不少诗篇。《指南后录》第三卷、《正气歌》等气壮山河的不朽名作都是在狱中写出的。

1282年，元世祖至元十九年三月，权臣阿合马被刺，元世祖下令籍没阿合马的家财、追查阿合马的罪恶，并任命和礼霍孙为右丞相。和礼霍孙提出以儒家思想治国，颇得元世祖赞同。八月，元世祖问议事大臣：“南方、北方宰相，谁是贤能？”群臣回答：“北人无如耶律楚材，南人无如文天祥。”于是，元世祖下了一道命令，打算授予文天祥高官显位。文天祥的一些降元旧友立即向文天祥通报了此事，并劝说文天祥投降，但遭到文天祥的拒绝。十二月八日，元世祖召见文天祥，亲自劝降。文天祥对元世祖仍然是长揖不跪。元世祖也没有强迫他下跪，只是说：“你在这里的日子久了，如能改心易虑，用效忠宋朝的忠心对朕，那朕可以在中书省给你一个位置。”文天祥回答：“我是大宋的宰相。国家灭亡了，我只求速死，不当久生。”元世祖又问：“那你愿意怎么样？”文天祥回答：“但愿一死足矣！”元世祖十分气恼，于是下令立即处死文天祥。

八、一丝最容易闪烁的犹豫

生与死面前，文天祥到底有没有犹豫过？

也许有。

《宋史·文天祥传》记载了文天祥的话:“国亡,吾分一死矣。傥缘宽假,得以黄冠归故乡,他日以方外备顾问,可也。若遽官之,非直亡国之大夫不可与图存,举其平生而尽弃之,将焉用我?”

这些话,似乎有一种暗示:他有归隐故乡当道士(黄冠),甚至将来做元朝顾问的念头。如果这样推测,文天祥大约已经有了归降的可能。但是,忽必烈作为一代雄主,绝不能容忍这样的模糊和暧昧,他要奴才,他要一心一意的投降。

这是一场帝王和义士的较量。结果,必然是帝王选择帝王的王霸,义士选择义士的死节。

忽必烈并没有同意文天祥归隐当道士的请求。一位被文天祥怒斥过的降元的老同事也不同意:“天祥出,复号召江南,置吾十人于何地!”

这段记载,后人也有许多怀疑。后人说,杀身成仁的文天祥怎么会怯懦?怎么会逃避?怎么会投降?后人因此怀疑元朝人修撰的《宋史·文天祥传》,是故意诽谤、侮辱汉民族的英雄。

从人性的角度来看,任何人,都可能在生命的最后,有过一丝的犹豫。文天祥在受尽苦难被押到大都后,写了一首《己卯十月一日至燕,越五日罹狴犴,有感而赋》的诗,他在诗中说:“亡国大夫谁为传,只饶野史与人看。”这,已经有些看淡红尘看破节义的味道了。

他被押到广州时,劝降的人“嘲笑”他青史留名的信念,“国亡矣,忠孝之事尽矣。正使杀身为忠孝,谁复书之”。

文天祥说:“殷之亡也,夷、齐不食周粟,亦自尽其义耳,未闻以存亡易心也。”

文天祥不怕死亡,不怕利诱。但是,有一个叫灵阳子的道士,跑来与他谈道,却让他动了归隐佛道之心。巧合的是,在此之前,一位南宋宫廷琴师汪元量,因为不愿投降,又不愿意死亡,忽必烈赐他为黄冠道士。这个人,是文天祥的朋友。这件事情,对文天祥有没有影响?

灵阳子来狱中见他后,他写了一首诗相送:

谁知真患难，忽悟大光明。
日出云俱静，风消水自平。
功名几灭性，忠孝大劳生。
天下惟豪杰，神仙立地成。

此诗与文天祥《正气歌》，判若两人，形同冰火。一个悲壮的文天祥，一个徘徊的文天祥，同时进行着最后的较量。

文天祥给灵阳子还写了一首诗："昔我爱泉石，长揖离公卿。结屋青山下，咫尺蓬与瀛……天地不知老，日月交其精。人一阴阳性，本来自长生。指点虚无间，引我归员明。一针透顶门，道骨由天成……"

1280年中秋夜，那个被忽必烈赐为道士的汪元量，挟着琴，来到狱中，为文天祥演奏《胡笳十八拍》。汉末蔡文姬被匈奴掠获十二年，后来回到故乡，写下这首长诗，叙唱思乡别子的情怀。听着这样悲伤的曲子，文天祥是感伤的。感伤中的文天祥，写了《胡笳曲》十八拍，在序的最后，签名"浮休道人文山"。"浮休"语出《庄子》"其生若浮，其死若休"。文天祥此时以道人自称，是不是已经想象着超过红尘了？

也许，也许吧？我，一个凡人，无法对一个巨人作出任何的评判。我只能相信最后的结果：

最后的文天祥，没有选择逃避。他，很坦然地走向刑场。

北京的太阳，有些让人眼晕。让人眼晕的太阳下，站着让人仰视的文天祥。与太阳相比，也许，他身上放射的无形的光芒，更让人眼晕！

数万人在围观。这是些看客。看客，汉族总是很多的，而且好像还有上升的趋势！我们这个民族，在大义面前，在生死面前，看客太多太多。可是，看客们，你知道吗？今天你是个安然的看客，明天，谁能保证你不会成为看客们所看的那个刀下的人物！

文天祥不理睬这些看客。他跟没事一般，对那些个当兵的说："我没有任何要求，也没有什么事情了。"说完，他南向下拜，从此成为不朽。

人们在查看他身上的衣服时，发现了一首名为《衣带赞》的小文章：

孔曰成仁，孟曰取义。

唯其义尽，所以仁至。

读圣贤书，所学何事？

而今而后，庶几无愧。

这是文天祥最后的告白。

文天祥做了自己应该做的事情：选择成仁。

文天祥的兄弟和后人们，选择了自己应该做的事情：继续活下来。是啊，如果要求每一个人都去成仁，那么，我们这个民族，恐怕就没有如今的十数亿之众了！

文天祥有两个弟弟，一个降元，另一个退隐不仕。大弟弟文璧，小文天祥一岁，受命驻守惠州。1278年冬天，元军猛攻，文璧开城投降，好好地活了一辈子；小弟弟文璋，小文天祥十三岁，随文璧投降后，隐居不仕，在他大哥被杀三十五年后去世，享年六十九岁。

大弟弟文璧投降后，受尽世人责难。他为自己找了几个理由：其一，不绝宗祀。文天祥两个儿子，一个早死，一个战乱中失散，文璧把自己的一个儿子过继给了文天祥；其二，文天祥母亲身死他乡，一直没有安葬，需要举灵柩归乡；其三，文璧降元之时，南宋实际上已经灭亡，如果继续抗争，结果只能是全城百姓跟着倒霉。

大弟弟过继给文天祥的继子文升，后来也做了元朝的官。文天祥去世后三十年，他当上了集贤直学士，不久病死，被封为蜀郡侯。文升之子文富，也就是文天祥的孙子，曾为湖广行省检校官。

南宋，虽然日子过得如一把鼻涕，但是，约两百年岁月中，名将名士还是很多的。但是，从人格的魅力上说，从道德的力量来看，南宋，自岳飞之后，只有文天祥堪称第一人物。

年轻的时候，我曾在北京寻找文天祥就义的地方，在那儿留连许久。每到朝代末期，我们这个民族就会出现一些传世的悲惨英雄。这，似乎成为一种常态。这，也为我们这个民族沉淀了太多的悲剧色彩，以至于中华民族在世人眼中，成为一个多泪的民族、易泪的民族！

诗人说，为什么我们的眼里总是含满了泪水，因为对你爱得太深。

我想说，为什么我们的眼里总是含满了泪水，因为我们的苦难太多！

我们的苦难太多，因此将苦难作为一种文化，因此将前人的苦难当成一种享受，而后人在享受前人的苦难文化时，又重复前人的苦难！正如《过秦论》所言，秦人不暇自哀，而后人哀之；后人哀之而不鉴之，亦使后人而复哀后人也！后人和后人的后人，重复着这个循环。

什么时候，我们这个民族结束了苦难的悲剧故事，我们这个民族就会真正活出个人样了。

明朝:剑气如霜气如虹

——史上最狂傲的传道者何心隐

剑气,还是剑气!

淅沥沥的江南秋雨,淅沥沥地飘浮于江南秋色中。江南的秋色,依然有红花,依然有绿柳。

这个花发的老头儿,挽个书囊,雨中独行,分花拂柳。虽然身无寸铁,却满身剑气鼓荡。

高昂的额头,高翘的下巴,高视的眼神!好个高傲的剑客!

无招胜有招,无剑亦胜有剑。剑在他的心中。剑,就是他自己!

何心隐傲然独行,行走在江南的春雨中,行走在四百年前明朝的黑暗风雨中。

然而,他是否知道,前方,等候他的,是一张早已悄然张开的大网!

朝廷正张开大网,等待着将他一举捕获,然后置之死地!

一个剑气满身的老头儿,一张早已张开的大网!

1579年秋天。何心隐六十二岁。六十二岁的他,奔走在老家江西省的永丰、祁门之间。

一、拘捕,大网终于落下

六十二岁的何心隐,在江南作生命中最后的一次逃亡。

他为什么要逃?朝廷为什么要捕他?他杀人了吗?他越货了吗?他贪赃了吗?没有,都没有!

他犯了两大罪:思想罪,传播思想罪!

思想罪:这位明代后期的思想家,提出人为天地之心;反对“无欲”,主张“寡欲”,与百姓同欲;猛烈抨击封建专制,提出“无父无君非弑父弑君”诸多言论,反映了资本主义萌芽的某些特点。这些思想,让当时的专制者很不爽!

传播思想罪:这位明代后期的思想家,放弃好好的科举之路,到处宣扬自己的思想和主张,常常聚集大批学生演讲,常常办一次演讲持续一个多月,学生不肯散去,一时被称为“圣人”。这样一个人,朝廷为了安定,为了稳定,是容他不得的!

明王朝,是中国思想最黑暗的时代,你——不能有思想,否则就给你脖子上来一刀——咔嚓!

所以,他必须逃!他,如果想活命,就必须和背后的官兵们赛跑。

但是,思想家有他与众不同的性格。如果仅仅只是逃亡,那他就不是他了,那他何心隐就不是个狂侠了!

是的,他不能闲着。一边逃,他还得一边演讲,一边看着山月风光。

10月中旬的一天,何心隐逃到祁门,住在弟子胡时和家中。德安府的警察们,拿着传票(也就是抓他何心隐的文书),将其抓住。老迈的何心隐,这一次让人戴上厚重的枷锁,一路押往外地。

囚车里的何心隐,依然高昂着头。

朝廷对他的思想判决了死刑。可是,民间却对朝廷的判决判决了死刑。

据说,何心隐的囚车一路经浮梁、鄱阳、余干、进贤、南安向武昌行走,一路总有无数的人前来迎送。史书记载,沿途相送的人群络绎三千多里,一直到武昌。

看来,何心隐在下层群众中的影响力,实在巨大!

更要命的是,全中国,有好几万人为他鸣冤!

一个思想被朝廷判决了死刑的人,得到民众的拥戴越广,朝廷就会觉得他存活下来的危害越大!

民众的三千里相送,给朝廷提了醒,告诉朝廷:此人万不可留。于是,民众的相送,是在送何心隐速上黄泉之路!

一路在囚车中摇晃着，何心隐也在回忆自己的人生。我这一生，就是逃亡的一生！思想要逃离旧学说的牢笼，身体要逃离旧官僚的追捕。到最后，仍然逃无可逃！

何心隐1517年出生于江西永丰。他三十岁时中省试第一，眼前是大好的升官发财之路。可是，他放弃科举入仕这条路。他想干什么啊？他喜欢上了泰州学派的主张，接受王艮“百姓日用即是道”、颜钧“欲有为于世，以寄民胞物与之志”的教导，立志走齐家经世之路。

选择了这样一条道路的何心隐，真的开始了他的实践。他效法其师颜钧，在本家族办“聚和堂”，合族集体吃住，大家平等，族内开办学校，全族子弟集中教育。他个人，由“身理一族之政，冠、婚、丧、祭、赋役，一切通其有无，行之有成”。这是以家族共同体进行社会改革试验，企图先齐家而后治国平天下，虽属空想，却也可贵。

正当何心隐全身心办聚和堂的时候，永丰县令强制百姓交纳“皇木银两”，何心隐反对这种额外勒索。文化人反对政府的决定，往往会形成文字，以书面形式提出反对。何心隐也是这么干的。

他写了一篇文章，对县长大人的做法，既嘲笑，又指责。县长大人可受不了这一套，他，写文章是写不过何心隐，讲道理也讲不过何心隐，但是，他有兵，他有权。有兵有权，这就够了！

“出兵，抓人！”县长大人说。

结果，何心隐被关进了大狱。他的聚和堂，也被县长大人一并铲除。

好在何心隐有朋友在做官，好在这位朋友愿意帮忙。于是，何心隐在大狱中受了几天苦，就给放出来了。

出狱了，家乡也不能待了，否则，县长大人还是会找个什么理由又抓了他。算了，他不再搞什么实践了。实践的事情，交给后人去做吧。他逃离家乡，在外地聚徒讲学。

逃亡中的侠士，怎么会安分守己呢！安于生活，这也太难为人了吧！何心隐要参与国家的大事！

嘉靖后期，他在北京因为参与反对权相严嵩的秘密活动，受到人家的迫害。为逃避迫害，何心隐南下福建。之后又去安徽宁国、江苏南京，后来到了湖北。

何心隐在这儿一躲就是两年。

到隆庆元年（1567 年），何心隐已是五十一岁了。

这时，程学博任重庆知府，于是何心隐随程入川，做了韬略谋士，具体职务相当于现在政治顾问一类的差使。此时，在重庆时正逢白莲教起义，他协助程学博在不到一年时间平息暴乱。清代官方文书记载称，“学博守重庆时，平白莲贼蔡百贯，汝元力也”（《孝感县志·流寓传》），其事不详。

程学博任重庆知府五年，到第三年（隆庆三年，1569 年）因钱同文之死，何心隐便离开重庆往福建哭之。继而又往杭州会讲学者，曾与平日相与讲学的友人夏道南相见，由杭州遂再流寓孝感。到隆庆六年春天，由孝感赴道州会旧友周良相（合川），与周同归孝感。

何心隐六十岁时，仍讲学于孝感。

这年七月，程学博的亲弟弟突乘舟来到。他找到何心隐，急促地要送何心隐出湖广境。

何心隐不明白啊，过去我要逃亡，是办了乡村实验，或者是参与了反对权臣的地下斗争。现在，我安分地在地方讲学，逃什么啊？凭什么啊？

程学博的弟弟说：“何先生啊，我得到内部情报，您已经上了黑名单了，罪名是大盗加妖人加邪教！所以啊，就这两天，湖广公安部门，就会带兵来抓您了！快跑吧，我已经安排好了！”

于是，何心隐再一次踏上逃亡之路，向江苏方向而去。为了让老先生路上顺利些，程学博随即又致书“辩于湖广两院各道”，希望为何心隐洗刷。

万历五年（1577 年）七月，何心隐归永丰葬父母，准备事毕后“自辩于朝”。

他实在不想再逃亡了，他已经开始准备着向朝廷讨要个说法。凭什么这么没完没了地抓我啊？!

没等他自己投案，人家已找上门来。六十二岁时，他被罗入“妖人曾光”案抓捕。

当时的人多认为这是诬陷，好几万人为他鸣冤。

但是，当权者对百姓的声音一般是听不见的。他决定的事情，错了也要错到底。尤其是专制主义者！

何心隐被关进了武昌的大牢之中。一只思想的雄狮，终于被锁住了怒吼的声音。但是，大牢之外，又是什么样的情形？

二、抗议，学生又掀风潮

何心隐被抓，在湖北省城引起轩然大波。

本来平安无事的省城，这一下弄得黑云压城、山雨欲来。

在府台衙门，一些何心隐的好友、同行，甚至是崇拜者，前来说情的人踏破了门槛。与此同时，不仅仅那些私立书院的学生开始酝酿闹事，就是省府两处官方学校以及一些衙门里的普通官员，甚至小商人、小警察也都愤愤不平，夹枪夹棒地开始公开发表议论，写大字报的写大字报，写时评的写时评，就差不能大家一起在网上发帖了。

这些年，何心隐一直在湖北讲学，全省比较有名的私立书院，大概有二十多座，几乎全都留有他的讲席。用“桃李满天下”来形容他的声誉，是一点也不为过。何心隐名气如此之大，还有更深一层的原因：在当时，各地的官办学校，额有定数，大一点的县学，在籍学生不得超过三十人，小一点的县学通常只有十人左右。由于名额太少，导致入官学的门槛儿极高，除了考试严格，还有一大堆诸如请客送礼沾亲带故的猫腻儿难以对付。

就是在这种情势下，私立书院应运而生。这些书院倒是都有点“有教无类”的圣人教育之方，只要有钱肯付，什么人都可以进来。如此一来，许多渴望进学读书又请托无门的平民子弟便纷纷拥进书院，加上何心隐所宣扬的反对三纲五常、人之欲望可引导而不可摧残、人人皆可成圣等宏论，与朝廷提倡的“存天理、灭人欲”的程朱理学恰如针尖对麦芒，听了让人耳目一新。因此，何心隐学说极能博得平民子弟的欢心，只要他一登讲坛，远近青年学子都蜂拥而至。各地书院纷纷出重金礼聘他担任“客座教授”。

然而，仅仅在一夜之间，这位时代青年心中的偶像却成了巡抚衙门的阶下囚。一时间，不单闾巷之间驵侩之流就此事夹七夹八说短论长，就是青楼酒馆衙门值房，这也成了最热门的话题。省学的学生们反响激烈，有的摔盆子打碗不肯上课，有的把老师从讲台上轰了下来。老师按礼部通过的教义授课，学生们说他满口谄出的全是陈芝麻烂谷子，没有一点新鲜玩意儿，嚷着非何心隐上课不听。

无论是凑热闹，还是讨价还价，总得做点啥。紧接着，武昌城中便爆发了几次大的"学生运动"。

第一次是洪山书院的六百名学生发动的，全省就近私立书院的大批学生蜂拥而至，就连城里省府两所官学的学生也都响应参加，上万人将学政衙门围得水泄不通。看势头不对，城里头的一些地痞流氓等不法分子也趁机开始起哄捣乱，砸抢了几家店铺，甚至焚火烧毁了一些房屋。

地方官金学曾和陈瑞一看这紧张局势大有蔓延之势，很怕出现群体事件，便当机立断采取措施。除先前调入的二百名军士外，又将驻扎在孝感卫所的一千名兵士迅速调入省城进行弹压。城中各大衙门以及主要街道都有兵士日夜巡逻。虽然局面暂时控制住了，但问题并没有解决。

后来又发生了数千名学生围困学政衙门的重大事件：平素温文尔雅的莘莘学子，早把子曰诗云温良谦让等书生功课一股脑儿抛诸脑后，在火辣辣的日头底下，他们有的捶胸顿足看似疯汉，有的龇牙咧嘴如同怒目金刚，有的呼天抢地如丧考妣，有的攒眉拧目像是吃了几斗黄连水。总之是群情激奋。

既然是要闹事，总要有点闹事的样子吧！所以学生们一起哄就开始往学衙里冲。值守的兵士一个个如临大敌一起横枪护住大门。秀才们虽然有心闹事，但见了面生横肉的兵爷，心里头还是惧怕三分。衙门既不敢冲，便吵吵嚷嚷："你们凭什么抓何心隐？还我何心隐！"大家都很配合，广场上响起阵阵狂吼。地方官下了命令：把带头闹事的学生揪几个出来，该开除的开除，该抓的抓，绝不能心慈手软。

当然，除了省城，在京城、在南方并不平静，为何心隐鸣不平的声音此起彼伏。

这要了解一下当时的背景。儒学在明朝出现了天翻地覆的新变化,那就是出现了王阳明的“心学”。在嘉靖中期以后,到隆庆、万历时期,大约半个世纪的时间,心学大行于天下。王阳明实在是一个让人不得不佩服的奇才、圣人,一个在儒学、修养、政治和军事上都书写了无数传奇的大人物。其追随者为传播学问,创设了很多书院,来往于各书院讲学的,先后有创立泰州学派的王艮、湛若水、耿天台等人。

在其众多的弟子中,有一位创办“泰州学派”的王艮,主张良知现成自在,提出“百姓日用即是道”,因学说简便易行,又以启发市井智愚为职志,无论士子官僚,还是贩夫走卒,一律接引开导,因此在王门中独树一帜,形成了极具平民色彩的风格。当然也有人认为,泰州学派虽然依傍王门,实属异端,其重悟轻学,哪怕你目不识丁,天眼一开就成圣贤。如果说正宗的王学尚是精英主义,那么泰州之学就是民粹主义。王艮所走的是群众路线,向市井愚蒙传道,这多少有点蛊惑的味道。

直到泰州学派传入江西后,才出现了以颜钧、何心隐、罗汝芳等为代表、倡扬自然人性论、危言放行的“狂禅派”。何心隐发展了颜钧的平民化儒学理论,提出了“泛亲论”的儒学观点,认为人不仅仅表现为君臣之尊,而是尊一切可尊,人应该是相互尊重平等的关系。如果说泰州学派是一次中国文化和思想上的狂荡迸发,那么,何心隐作为代表则以其激情奔放的一生为其增添了颇为浓烈的重彩。

所以,在何心隐被捕期间,泰州学派许多重要人物都奔波营救:有的为他辩冤,有的变卖家产以求赦,有的愿舍身替死。耿定向与泰州学派有很深关系,是何心隐与李贽共同的朋友。与李贽一样,何心隐曾长期寓居于耿府。当时耿定向官居显位,又与张居正过从甚密,并得其信任。所以,当时包括罗汝芳、李贽等人在内,都把营救何心隐的希望寄托在耿定向的身上。

不过,等来的结果却是耿定向并没有为何心隐求情,李贽对此非常不满,最后与耿定向公开决裂,并投书对其进行了激烈的批评,下面就是讨耿檄文中著名的一段:

试观公之行事，殊无甚异于人者。人尽如此，我亦如此，公亦如此。自朝至暮，自有知识以至今日，均之耕田而求食，买地而求种，架屋而求安，读书而求科第，居官而求尊显，博求风水以求福荫子孙。种种日用，皆为自己身家计虑，无一厘为人谋者。及乎开口谈学，便说尔为自己，我为他人；尔为自私，我欲利他；我怜东家之饥矣，又思西家之寒难可忍也；某等肯上门救人矣，是孔孟之志也，某等不肯会人，是自私自利之徒也；某行虽不谨，而肯与人为善，某等行虽端谨，而以好佛法害人。从此而观，所讲者未必公之所行，所行者又公之所不讲。其与言顾行、行顾言何异乎！

《焚书》卷一《答耿司寇》

这段文字痛快淋漓，把耿定向的假道学的面具无情地撕碎了。

最终，无论是省会学生还是泰州学派的朋友，都没能把何心隐营救出去。

三、健行，一生多有侠义

何心隐以及后来的泰州学人已经不是坐而论道的人，他们更倾向起而立行。

学说虽然可怕，但更可怕的是将学说起而立行。

于是，泰州学派染上了侠士病。一千多年来渐行渐远的侠风，在泰州学派身上，重新萌动。

学问家，思想者，侠义道，这几样，是朝廷最怕怕的事情！这种人，是朝廷最怕怕的人！这几样和这种人叠加在一起，那无疑是朝廷最——最——怕怕的事情！

朝廷也喜欢学问人。但是，朝廷只喜欢像波斯猫、哈巴狗那样的学问人，就是宠物类的了！如狮似虎的学问人，朝廷不喜欢，朝廷也不容忍。虽然你可能对民族的将来具有莫大的贡献，但是，当下咱还是不喜欢，更不敢喜欢，更不能喜欢。所以，杀成为唯一的选择！

何心隐这小老头儿，要是早早明白这一点，大可以去写诗，比如写什么什么下的联想，说点“纵做鬼，也欢笑”的豪言；大可以去写网络文章，比如写含什么含什么的劝告，说点“灾区人民啊千万别让外国人利用”的假话。要是这么做学问，包你有吃有喝有美人。宫中养的宠物嘛，只要会搔首弄姿，那会有享受不尽的玩乐的，那多快活啊！

可是，何心隐这小老头儿不会，不干，不屑！

在16世纪，中国南方的一个小城市。

谁也不会想到，一场乡村变革运动正在轰轰烈烈进行之中。

如果说在中国长达数千年的历史上，曾经存在着一个原始共产主义社会，也许会令很多人大跌眼镜。但它的确曾经真实地存在过，就存在于明朝嘉靖年间，只不过它存在就像昙花一现，还没来得及结出醇甜的果实，还没来得及为时人广知、后人所闻，就淹没在封建专制镇压的洪流中。

如果按照年代推算，它比马克思倡导的共产主义还要早二百多年。

这个事件曾存在于不少的文学作品中：一个神秘的江湖组织“聚和堂”，在明朝时期与锦衣卫和蒙古势力抗衡。其实这种抗衡也是真实存在的，只不过不是江湖组织，更多人认为这是在中国历史上出现的一次“乌托邦”实验。其创办者就是何心隐。

何心隐原名梁汝元，江西吉州永丰人，生于明正德十二年（1517年）的一个土财主家庭。那时的江西是名副其实的全国最乱的地方，先有大规模的流民叛乱，后有宁王在南昌造反，一切都是“山雨欲来风满楼”。

关于何心隐早期经历记载简单：“幼时颖异拔群，潜心经史，辄以远大自期。”和多数读书人一样，他亦步亦趋地念书、考试，走的是科举道路。嘉靖二十五年（1546年），何心隐三十岁。这一年，在参加的科举考试中，他取得了江西省会试的第一名。也是在这一年，他听到了泰州学派开山人王艮的学说后喜不自胜，随即决定：抛弃学业。

何心隐本来仕途一片光明，却出人意料地放弃了当官的机会，以王艮的再传弟子颜钧为师，从此混进理学家的队伍。但他既不同于王艮的自幼贫寒而粗识文字，又不同于颜钧的早年木讷而至十九岁方忽然聪明开悟，而是“少补弟子员，治壁经。凡耳而目之，皆知其为伟器”。

但他心意已决，其后随颜学“心斋立本之旨”，成为泰州学派的再传弟子，并接受了其平民化、通俗化的儒学理论。这也改变了他的一生。

在多年后的现在，人们才惊奇地发现，江西省永丰县梁坊村就是明朝时期神秘江湖组织“聚和堂”的诞生地，其创始人何心隐与英国空想社会主义的创始人莫尔竟基本上生活在同一个时代，其所实践的也正是一个“乌托邦”的社会：推行财产共有、免费进行教育、个体小农经济实行合作化经营。

那么，这究竟是怎样一个神秘组织？

当年何心隐师从颜钧学习之后，回到家乡，按照自己的理想设置了“聚和堂”。这是一个以宗族为单位，既管教化，又管经济的社会基层组织。其重要内容是进行全族义务教育。全族子弟不分长幼远近，住在一起，伙食统一，在完全平等的集体生活中接受教育，以求“相亲相爱”、“务除杂念”。同时，捐千金，创义团，储公廪，在合族内部对鳏寡孤独实行集体救济，对婚丧祭祀赋役的费用，“一切通其有无”，从而来逐步缩小贫富差距。

在那个轰轰烈烈的年代，那是怎样的一个情景？

在社会组织方面：它要求破除一般的身份与家庭的差异，建立起一种超越身份与家庭的平等师友关系，如此一来，士、农、工、商就没有了身份的差异，而只有职业分工的差别。

在教育思想方面：实际上提出了进行社会教育的主张，全族子弟的教育不分散在各个私塾或家庭里，而是集中由宗族设置的一个机构来进行。儿童的教育已不是私人的事务，而是这个小社会的公共职能。

在经济改革方面：设管粮十二人、催粮二十四人、征粮七十二人。这些职事人员不脱离生产，也无任何特权和额外利益。税金统一按全族田亩数计算统一交纳。通过这种严密组织、精细分工，完成它的农业经济合作化。通过近乎现代精神的管理方法，实现了千百年来的个体小农经济的合作化经营。在当时，这确实是个创举。这种制度，因有利于澄清吏治和减轻农民负担而极富积极意义。

有人说，这是一个中国化的乌托邦！它推行财产共有，教育是义务免费的，颇具空想社会主义色彩，被后人称为四百年前中国大地上进行的一次乌托邦实验。

然而，正当何心隐全身心办聚和堂的时候，何心隐又做出了一件极为出格的事情——带头抗赋外之征。这也更显示了其追求正义与平等的狂侠特征。

黄宗羲记曰："会邑令有赋外之征，心隐贻书诮之。令怒，诬之当道，下狱中。"

据后人考证，此事发生在嘉靖三十八年左右陈瓒在永丰知县任上时。当时情况是，由于聚和堂实行的是财产共有，赋税统一上缴，所以县令强迫人民缴纳额外的赋役，何对这种额外勒索极为反感。因此，县政府的"赋外之征"遭到了聚和堂的集体抵抗。如此，对何心隐的治罪也便在所难免了。

据王之垣《历仕录》言，何心隐"以侵欺皇木银两犯罪，拒捕，杀伤吴善五等六命，初拟绞罪，后末减，充贵州卫军"。此所杀伤六命究系其亲手所为，抑或为族人相助所致，今已难以落实，但逮捕时曾发生过集体抗捕的行为则是有可能的。这便把聚和堂原来对政府的潜在危险变为现实的危险了。

何心隐被以聚众抗税之罪抓进了牢房。群龙无首的聚和堂自然解体。这个创建于 1547 年，解体于 1559 年，仅存十二年的中国历史上早期的"共产主义"便如昙花一现湮灭在历史的长河中！

何入狱之后，得益于在四十二岁时相识的泰州学派另一成员程学颜等朋友相救。当时，程学颜正在总督胡宗宪幕中，相助的朋友多半也都是何心隐在家乡的最后几年相识的。后来，程学颜通过走后门，打通总督胡宗宪、江西巡抚何迁等关节，何心隐被释放。

此后，何心隐离开家乡，在外地聚徒讲学，从此踏上了一个曲折艰难的茫茫不归路：一边进行他蔑视权贵的行迹，一边进行着他理想中的教育。

何心隐四十四岁时（嘉靖三十九年），程学颜北迁，其随程入京，算是短暂结束了流浪的生活。

何心隐在京师又认识程学颜弟弟学博（二蒲）和罗汝芳及耿定向（楚侗、天台）、耿定力（叔台）兄弟等人，日与讲学，住在耿定向邸舍中。

这次京师之行,也使何心隐行侠仗义的举动达到了顶峰——也就是在嘉靖四十年的“以术倒嵩事件”。

严嵩在嘉靖皇帝面前获宠二十年而不衰,这是个奇迹。曾经有多少人想扳倒“奇迹”而不能。从夏言到杨继慎,一个个都被斩首西市。这些冤案至今都让人心惊胆战。

然而,何心隐特立独行之处,最明显的就表现在他敢于向权贵挑战。严嵩则成了他的靶子!

对于此事,黄宗羲《明儒学案》、陈士业《答张谪宿书》、谷应泰《明史纪事本末》均有记载,应该是实有之事,其中以黄氏所记最为详细:何心隐本是一介布衣,但他好谈国事,因在家乡建立聚和堂,纠集族人合力抗税,结果被江西巡抚派人前往捉拿归案打入监牢,偏偏这巡抚又是严嵩的亲信。

第一次牢狱生涯让何心隐从此和严嵩结下了冤仇。根据何心隐本人称其更名原因说:“以心隐易汝元名者, 一则避已故严相之肆毒,一则便四方交游之称谓也。”(《爨桐集》)可见他真的是与严氏有了矛盾,否则不必说“避已故严相之肆毒”,那么上述各家的记载也就不是空穴来风了。

为了报仇,何心隐悉心研究朝廷中那些倒严官员的经历,认为这些官员都是意气用事,是拿脑袋撞南墙,而不善于使用四两拨千斤的智慧之方。他看准了嘉靖皇帝酷爱斋谯、迷信方术的弱点,花重金买通了深得皇帝宠信的道士蓝道行。

有一天,嘉靖皇帝就榆林关外的虏患把蓝道行请来扶乩。蓝道行预先已知道严嵩也要就此事前来觐见,便道:“待会儿会有一个身穿蟒衣的花白胡子老汉要来与陛下谈这件事,此人虽干练有才,但下巴翘起,有克君之相。重用此人,恐怕对皇祚不利。”嘉靖皇帝闻听此言,心下闷闷不乐。

半个时辰后,太监来报严嵩求见,嘉靖皇帝准他进来。当严嵩进来跪下磕头时,嘉靖皇帝定睛看这严嵩,果然是身着蟒衣,胡子花白,下巴翘起来如危崖耸峭。严嵩在内阁待了二十多年,三天两头就会入宫觐见,嘉靖皇帝虽对他了如指掌,偏偏却忽略了他这个下巴。想起蓝道行的促膝密谈，顿时心下骇然，一声不吭挥手让严嵩退了下去。

也就是从这一天起，嘉靖皇帝就下了诛除严嵩的决心。

当时的次辅徐阶与其不和，发现严嵩已经失宠，就赶紧让手下上折弹劾严嵩的儿子严世蕃。告状的折子一到嘉靖皇帝手中，他立刻下旨将严世蕃抓进监狱，最后也被问成死罪弃首西市。儿子一死，老严嵩即刻就被削职，然后抄家，清剿严党。在内阁惨淡经营二十年的严嵩，就这样吹气泡一样完了。

事后，大家都把严嵩倒台的功劳归之于徐阶，却没想到起关键作用的竟是何心隐。

在不知不觉中，何心隐为国家除掉了一个大奸臣。此后，为逃避严党追杀，本名梁汝元的何心隐不得不改名四处流浪。

当然，严嵩的倒台有着许多复杂的因素，无何的介入也未必不倒台，但他作为一介布衣，竟然有勇气，且还发挥了相当的作用，就不能不使人颇感惊奇了。其出位之思竟能想到扳倒当时的首辅大学士，那可真算是无以复加了，也更加证明了他狂侠般性格背后坚定的信念。

当然，也有人认为，正是何心隐"以计去宰相"才让张居正对他有所忌惮，不得不将其除掉。

四、传道，智慧对决铁幕

何心隐，一介书生也。

被捕之后，他所唯一遗憾的是："为讲学被毒事，且以元为名教中罪人，诚有罪矣。然肆毒于元者，不以名教罪罪，而以妖逆罪罪。"

其实，何心隐岂但无妖逆之罪，连名教之罪也并不充分。

他的人生理想是："天下无一处可补，以报朝廷。惟仲尼之道，海内寥寥莫闻，诚为一大空耳。此空一补，岂小补哉？亦不过聚英才以育之，将使英才布满于下以待上用，即周子所谓善人多而朝廷正，天下治矣。"能以如此的理想定他为名教中罪人吗？

但何心隐行为方式又的确破坏了名教，因为名教即礼教，而礼教的含义即在于等级与名分的规定，所谓士农工商各安其业，所谓不在其位不谋其政,所谓不犯上作乱,都在名教规定的范围之内,而何心隐却对此视而不见,抗赋役,倒首辅,漫游讲学而随意议论朝政,尽管其动机或许并无什么不妥,而其行为在当政者眼中则已罪不容赦。然而,接受了心斋之学的何心隐早已形成了首出庶物的高傲人格与出位之思的参与意识,所以他绝不会向当权者屈服,于是他的人生悲剧也就不可避免了。

何心隐特立独行,敢于向权贵挑战,就是在见到当时炙手可热的张居正时,他也轻蔑地问张是否知道太学之道,由此招致张之嫉恨。面对张居正的高压政治,何心隐的异端脾气发作,准备再一次“掀翻天地”、“赤手搏龙蛇”。何心隐与张居正之间的斗争集中地反映了要求讲学自由、反对封建迫害的启蒙思想与禁止讲学、对讲学者横加迫害的专制主义之间的斗争。泰州学案又载:“心隐在京师,辟谷门会馆,招来四方之士,方技杂流,无不从之。”

事实上,第一次以聚众抗税之罪抓捕只是一个借口,当时明朝的统治者真实的目的就是要取缔聚和堂与打击何心隐。因为虽然聚和堂统一办学,对促进子民学业等方面起了积极作用,但其统一征粮、统一纳税之举,断绝了封建官吏的贪赃受贿之路,为他们所不容,而遭扼杀不足为奇。

更为主要的是,何心隐的儒学理论对社会思想冲击很大,其对“五伦”(君臣、夫妇、父子、兄弟、朋友)关系重新定位,提倡以平等为主旨的人际关系,无异于颠覆当时社会的伦理关系,无异于变革当时的社会基础,这在统治者眼里就是拆除大明帝国这个等级社会,因此当时的统治者不遗余力地对何心隐加以迫害是不难理解的,所以,湮灭是必然。

事实上,聚和堂的出现不是偶然的,而是中国明代中后期出现资本主义萌芽带来的思想意识变化的产物,体现了当时的时代变化的一个特征。那时,儒学开始呈露出由庙堂走向民间,由经院之学而向平民化、通俗化、社会化方向发展的迹象。那时的永丰地肥水美,百姓富庶,经济地位可与现今的浙江杭州、江苏南京相媲美。在这种背景下,一些儒家学说的学习者也不再痴迷科举,而是开始走上社会,聚和堂就是何心隐以实际行动来实践自己的儒学理论实验。

对这种介于地方政权组织与宗族组织之间，就其所取得的效果，据邹元标说是，“彬彬然礼教信义之风，数年之间，几一方之三代矣”。黄宗羲《明儒学案》亦言其，“身理一族之政，冠婚葬祭赋役，一切通其有无，行之有成”。其间或有所夸张，真实效果今已难以考实，但有一点是可以预测的，即其存在着潜在危险。因为作为个体的农民很少有能力与官府相抗衡，而一旦将其组织起来，在一定情形下便会给政府的统治带来麻烦。严格说来是在政府的管理之外另起炉灶。它是泰州学派出位之思的一种现实操作，失败也是不言而喻的。在中国的历史上，聚和堂应该是件破天荒的大事，但这次乌托邦实验并没有引起太多人的关注！

这其实也并不奇怪，因为中国人千百年来，对出现的新生事物缺乏洞察力，习惯于四平八稳的生活。即使发现了聚和堂，也会觉得是个“异端”，被当时的统治者称为“妖人”、“奸犯”。所以很多人会不习惯，甚至排斥。这就是聚和堂的发生几乎无人注意的重要原因。

毫无疑问，何心隐被明朝统治者诬指为“叛逆”、“妖逆”，表明他的思想有背离封建统治的成分。他认为天地、仁义、人心、太极是等同的。说“仁其原”，又认为“有乾坤而乃有人”，视天地为人的本原。既说“人亦禽兽”，又说“人则仁义”，不仁不义便不是人，把人的自然属性与社会属性区分明白。关于思维与视听行为的联系，他认为是统一不分先后的，这也值得注意。

他对理与欲有自己朴实的见解。认为“有是理则实有是事”，事藏于理，理显于事。认为孔孟说的“无欲”应是“寡欲”，他说：“欲惟寡则心存，而心不能以无欲也。欲鱼、欲熊掌，欲也；舍鱼而取熊掌，欲之寡也。欲生、欲义，欲也；舍生而取义，欲之寡也。欲仁非欲乎？得仁而不贪，非欲乎？从心所欲，非欲乎？欲不逾矩，非寡欲乎？”以寡欲释无欲，显然更符合社会生活的实际。

他主张“与百姓同欲”，认为声音、臭味、安逸等物质享受是人性的本然要求，反对道学家将人欲说成罪恶。他认为人性本有的欲望是“尽天之性”，但必须“有所节”，才能达到“和”。个人的“欲货”、“欲色”，能够“与百姓同欲”结合，尽兴与节制结合，就叫“寡欲”、“育欲”。这是当时劳动者要求生活权利、争取平等的意志反映，有积极意义。

在社会关系领域，何心隐认为，朋友的关系和师徒的关系超越其他的关系，“交尽于友”，“道非师不帱”、“学非师不约”。社会应是“君臣友朋相为表里”。他认为，“君”的含义为“均”、“群”，做到了均与群就是“中”，即是说统治原则应是人群的均平合理。要实现这个理想社会，必须先组织“会”，“聚英才以育之，将使英才布满于下，以待上用”。于是他漫游各省，到处聚徒讲学。张居正禁毁书院，压制讲学，何心隐写《原学原讲》，论辩“必学必讲”、“必不得不学不讲”的理由，坚持抗争，终为理想献出了生命。

五、杖毙，权力绞杀思想

从喉咙深处发出的惨叫，沉闷，郁闷。这是极度疼痛的声音！

他想忍住，想憋住。但是，他实在忍受不了这份痛苦！

身体壮硕的他，鹤发童颜的他，很无奈。这个人是何心隐。

被人强迫着按在大板凳上，大棒子一下下狠狠地打在身上，那份痛啊，真的钻心！

因了思想的放纵，何心隐正在付出肉体的代价！为了思想的启蒙，何心隐正在承受躯体的惩罚！这惩罚，是要他的命！

一个曾经的侠客，一个曾经的狂生，一个曾经的思想者，正无奈地走向生命的尽头。

关于何心隐之死，一直是难解之谜。

到底是被张居正授意所杀，还是王之垣诸人为向张氏献媚而杀之，多年来一直是一场争了很久的笔墨官司。但无论如何，何心隐之死与张居正厌恶讲学有关则是可以肯定的。邹元标《梁夫山传》说：“比江陵柄国，即首斥讲学，毁天下名贤书院，大索公，凡讲学受祸者以千计。”《明史纪事本末》甚至说：“汝元扬言张居正专政，当入都颂言逐之。”如果与倒嵩之事联系起来加以思考，也很难说何心隐绝对不会产生这样的念头，也许他想再来一次扳倒首辅的壮举。

其实，二人的矛盾不能被视为是他们个人之间的恩怨，而是代表政府的当权者与具有出位之思的士人之间的冲突。而且这种冲突并非万历年间才产生，而是长期以来明代士人群体演变分化的必然结果。

如果是这样，那么张居正是何许人也，为何要置何心隐于死地？

张居正(1525—1582年)，字叔大，号太岳，湖北江陵人。在明代，崇尚高度集权的朱元璋定下的规矩是不设宰相。这位独裁者只挑选几个大学士为其辅佐，其中再选出一个小组长。这个所谓的“首辅”其实就是一人之下、万人之上的宰相、丞相，或首相。

张居正是明代历朝中最具强势的首辅。据史料记载，他稳居权力巅峰时，连万历也得视其脸色行事。这位年轻皇帝，只有加入与太后、首席大太监冯保组成的铁三角，悉力支持张居正。这是何等的威风！连皇帝对其都这样，如此一来，宫廷内外、朝野上下，首辅还用得着在乎任何人吗？

在历史上，张居正是中国历史上唯一顺风顺水的改革家。不过，张居正在明代后期所推行的改革也屡次触犯了权贵的利益。在其执政期间，帝国的国家机构试图站在“中间立场”，平衡权贵阶级与贫民之间的利益冲突。此时，张居正担任这样的角色并不好扮演。其有句名言：“创始之事似难实易，振蛊之道似易而实难。”可见非亲身参与除弊兴利者，很难有这样的沉重之慨。

事实证明，张居正也不是完人。众望所归的海瑞，大家期待委以重任，张居正置若罔闻，将其冷藏起来；文坛泰斗王世贞与张居正同科出身，一齐考中进士，很巴结这位首辅，极想进入中枢，他婉拒了。他也有私利，也有执政失误，也有倒行逆施。因此，在他执政期间并不都是颂歌盈耳，反倒是常有“浮言四起”，平地里陡起一场又一场政坛风波。

因为要革陈除旧，张居正在改革中的唯一“逆行”就是文化专制。这与其崇尚实学不无关系，也因此，他向来对嘉隆以来的空谈学风颇有不满，认为“比来士习人情，渐落晚宋窠臼”(《答少司马杨二由》)。加之当时有些生员包揽诉讼，挟制官府，欺凌百姓，俨然成为“学霸”，为此，他开始大张旗鼓地严厉整顿学政，为此还专门制定了十八条规章。

打击学霸，制止生员干政，自然是没有话说。但有一条规定是“不许别创书院，群聚徒党”。

史料记载，万历四年(1576年)正月，张居正借皇帝诏，共毁天下书院六十四处。

这当然是钳制言路，引起了许多士人不满，而且何心隐事件由此引发，也为他招来了千古骂名。

事实上，何心隐于张居正是老相识，二人初次见面是在嘉靖三十九年。

当时何心隐京师游览，经御史耿定向介绍与张居正会面于显灵宫。

关于这一次会面的记载甚多，不过都大同小异：估计当时何心隐正与御史耿定向高谈阔论自己的哲学思想，正在兴起的时候，张居正来拜访，何心隐立刻躲起来。虽然是偶遇，但听说何心隐在耿家，张居正还是请求见一面，估计张居正也巴不得想见一见这个狂人。

但何心隐不吃这一套，套近乎也不行，借病推辞不见。无奈，张居正坐了一会儿怪无趣的，就离去了，也没有见着何心隐。耿定向问何心隐为什么不见张居正，何心隐说：“这个人我很怕他。”

耿定向就问：“为什么？”

何心隐说：“这个人将来会掌握天下的权柄。”

不过，耿定向有些不相信。何心隐又说：“分宜(严嵩)想消灭道学而办不到，华亭(徐阶)想扶持道学也不成；能兴灭道学的只有这个人。你记住：这个人一定会杀我！”

当然还有一种说法是：张居正曾在当时的御史耿定向处偶遇何心隐。何非常突兀地问他：“张公您执掌太学，可知道太学之道吗？”张居正博学，却对这个“太学之道”闻所未闻，知道这是胡扯，便瞪着何心隐没有好气地说：“你时时都想飞，却是飞不起来吧！”(《明儒学案》)张居正走后，何心隐大感沮丧，对耿定向道：“此人能操天下柄。”又说：“你记着，此人必杀我！”

现在看来，无论二人见面与否，其对话以及何心隐的预言都可能是附会之谈，然而张居正当时是国子监司业，其后转成封建统治阶级当权者，而何心隐是反封建的一介布衣，二人的格格不可相入却是很明显的。张一眼即看出何心隐是位“时时欲飞”的不本分之人，而何心隐凭着初次印象便感到了张居正的政治野心与凌人的霸气，并预言他将来“必当国”，而且当国后“必首毒讲学，必首毒元”。

也正因如此，早在禁学令提出之初，何心隐就非常不满，他立即撰写了《原学原讲》一文予以驳斥，这有点类似于后来的大字报。他提出“必学必讲”，“必不得不学不讲”，公开反对张居正毁书院、禁讲学的命令；并且还声称要到北京上访，还拟伏阙告状，要与张首辅辩论一番。到了禁学令下达之后，他又视若无物，仍在湖北孝感等地聚众讲学。再加上还倡导建立独特的公社式团体，提倡在会中“老者相与以安，朋友行与以信，少者相与以怀”，因为搞这一套，他被称之为“妖人”与“狂狷”。

所以，在张居正看来，在刀尖上跳舞的何心隐出事是必然的。

而这个逮捕令是张居正下达给湖北巡抚陈瑞和当时的学台金学曾的。而此时，何心隐正在湖北各地聚众讲学。只不过，到了后来，湖北的领导发生人事变动，新来的一把手王之垣对张居正更加效忠，领会意图更加完整准确。于是，这个刚刚上任的领导，就迫不及待地决定赶快把何心隐处理掉。

其实，以张居正铁腕政治家的严厉风格，即使何未讲过欲进京驱逐他的话，仅此争讲学权利之一项，便足以会遭到政府的惩处，但何心隐却并不畏惧，因为他要借此“一鸣以舒此生平欲鸣未鸣之郁郁然者”。这其中不仅包含着他个人的不平之气，更重要的是牵涉天下士人讲学的权利。也因此，他在身陷囹圄时才会说：“且元一细人也，讲学一大事也，不幸以细人冒大事，而凡与救元者，非徒救元也，救讲学也。”

万历七年(1579 年)，湖广巡抚王之垣将他杀害，惨遭杖刑而毙。临刑那一天，“其时武昌上下，人几数万，无一人识公者，无不知公之为冤也”。

这一年，何心隐六十三岁。他的被害和李贽一样，都成了明代思想史上轰动一时的冤案！

回顾其一生，他从一开始就踏上了一个曲折艰难的茫茫不归路，一边进行着他理想中的教育，一边进行他蔑视权贵的行迹。即使四处逃亡的二十年，他也没有闲着，他参加了倒严嵩的秘密行动；讲学四方，推行自己的空想，走遍大半中国，足迹所至，北至京师，南及八闽，东至东海，西至重庆，到处“以朋得朋，以友得友”，纠合同志，聚徒讲学；甚至跑到少数民族聚居地，“以兵法教其酋长”，此事惊动了嘉靖皇帝。他一直就是一位行动主义者，直到被捕送命。

六、叹息，黑暗扑灭光明

与中国古代无数个文人的非正常死亡一样，何心隐也死于非正常！

关于何心隐之死，一直以来说法不一，对于到底是否死于张居正之手更是一笔糊涂账。邹元标在《梁夫山传》中称巡抚王之垣为讨好张居正将其捉拿并杖毙。黄宗羲则说是张居正当国后，因江西学人结成朋党与之为敌，便仇视江西学人，故授意王之垣捕杀何心隐。还有沈德符、耿定力、王世贞、王之垣、王士禛等皆有记述，不尽相同。也有记载说，虽然杖杀他的是王之垣，然而心隐临死前对王之垣说：“公安敢杀我？亦安能杀我？杀我者张居正也。”按容肇祖先生的说法，“杀何心隐的实情，不必出于张居正的意旨，而为媚张居正的人所发纵指示的”。清人金植《不下带编》卷一有云：“况他人耶？一分权势，一分造孽，非必自造，代之者众矣！”这的确堪称警语。好像是王阳明说过的吧，“心念一动，即是行了”。这在平民百姓恐怕还不至于出什么危险，可是在操纵权柄的人就不同了，若是有什么邪念或者恶念，那也许就真是“行了”，此无他，“代之者众矣”。事实上，无论何心隐如何死法，我们都没有必要探究。黄宗羲《明儒学案》说：“泰州之后，其人多能以赤手搏龙蛇，传至颜山农、何心隐一派，遂复非名教之所能羁络矣。”何心隐这个持不同政见者，正是以“赤手搏龙蛇”的姿态，与整个社会伦理道德及政权作抗争。在当时的体制下，这个威胁到统治者利益的所谓“异端”，毫无疑问会被统治者铲除，至于是死于张居正之手，或是死于他人之手，倒无关紧要了。

何心隐死了。不论他怎样思想锐利，词锋如刀，但是，任何语言的翅膀，总无法面对权力铁腕。在权力面前，一切总是太稚嫩、太弱势。每每读到何心隐，总替他惋惜。当然，我并非仅仅惋惜这样的一个个体，而是为一个群体惋惜。在中国，知识阶层常常集体失语，是不是他们一次次被权力割掉了阳具或者大脑?!

何心隐,客观地说,是一个教育家,正如孔子是早期的教育家一样。在古今中外的历史上,作为一个真正的教育家,你必须具备一些基本条件。

第一是独立的思想体系。第二是这个思想体系是领先的,是有时代性的。第三是为了传播这个思想体系,教育家可以付出一切。这样的教育家,我们的历史上是有过的,但是,现在没有了。现在的那么多大学,那么多教授,早就不传什么道了,他们在忙着挣钱!

客观地说,何心隐是个学问家,正如老子是早期的学问家一样。他,也是一个学问家。在古今中外的历史上,作为一个学问家,你必须具备一些基本条件。

第一你得真有学问。第二你的学问是利国利民的。第三你的学问是服务国家和人民的,为了你的学问,你可以付出一切。这样的学问家,我们的历史上有过,但是,现在没有了!

明代,与张居正同时代的这个何心隐,不媚俗,有骨气。

明晚期的思想解放运动,如果就这么走下来,如果不被张居正中断,如果不被后来满清兵的马刀和长箭击断,那么,中国的资本主义也许会早早地到来。

社会改革的先驱,是思想改革、文化革新。中国历史上,如何心隐这样的思想先行者并不少见,但是,他们也都如何心隐一样,死于精心设计的非正常事件之中。当统治者要消灭一种进步着的思想时,他们不会也不肯用思想进行交锋,而只会用他们最擅长的办法:肉体消灭!正因为这样,中国文化人,背负着社会进步的先驱责任的文化种子们,总会在他们的思想萌芽时,就突然死于非正常状态!于是,进步的思想,如昙花一现,转瞬即逝!于是,我们,在经历了几千年的风雨之后,依然默默地落后着,一任世界强国向前飞驰!

何心隐的命运,也正是中国文化种子的悲剧命运,更是中华这个大民族迟迟不能前行的悲剧命运!

在现代学术史上,大家公认:以王艮为代表的泰州学派具有狂侠精神。

用狂侠来概括泰州学派的行为是非常恰当的。这些人自认为是在传道济世，他们在舆论上代表了独立于朝廷之外的道义力量。这些人常常以一己力量采取实际政治行为，这些人更有以天下为己任的思想。

泰州学派的主要成员们以其鲜明的人格风范与强烈的狂侠精神，成为明代中后期士人群体中一个影响巨大的学术流派，而它对当时士人的影响也绝不逊于王廷相、罗钦顺这些以理论思辨著称的思想家。在明代的学术潮流中与士人群体的人格心态上，都曾留下过泰州学派深深的思想痕迹。稍后的东林诸子以在野士人的身份评议朝政，喊出"天下之是非，自当听之天下"；汤显祖以情而经理天下的政治构想与文艺创作，甚至王夫之那"天下兴亡匹夫有责"的凛然气节，无不带有泰州学派出位之思的狂侠色彩。

事实上，千百年来，士人作为一种独立的阶层来发挥舆论的力量以评议政治，代言民情，在中国古代始终只是一种美好的梦想。这种梦想在战国时昙花一现之后，在中国历史上几乎已成绝响，不料在明代中后期的泰州学派这里，竟然又能旧梦重温，仅此一点，我认为，便是弥足珍贵的。

何心隐死了。但是，他的影响，却更加炽热。

除程学博为他向当道申辩外，他在祁门被逮后，弟子胡时同一路随同他至武昌，他死后收他的骸骨，并根据他的遗言与程学颜合葬一墓。

在他死前，他的弟子王之垣（与楚抚同名，系王艮之孙）要舍身为之替代。罗汝芳也极力要为之援救。

何心隐被杀害以后，明末思想家李贽极推崇何心隐，称之为圣人。李较何小十岁，但终何一生，二人未晤见过，直至万历七年（1579年）何心隐在武昌被封建统治阶级杀害后，李才著《何心隐论》为之辩冤。

李贽在《何心隐论》中说，当时肯定何心隐的有三种说法：一、"凡世之人靡不自厚其生，公独不肯治生。公家世饶财者也，而直欲与一世贤圣共生于天地之间。是公之所以厚其生者与世异也。"二、"公诵法孔子者也。世之法孔子者，法孔子之易法者耳……公既独为其难者，则其首出于人者以是，其首见怒于人者亦以是矣。"三、"公独来独往，自我无前者也……公以为世人闻吾之为,则反以为大怪,无不欲起而杀我者,而不知孔子已先为之矣。”

事实上,这三种说法集中到一点,就是何心隐以孔子为仪范,在思想和行动上和那些道学家们形成鲜明的对立。他的济世厚生的精神,体现了以天下为胸怀的人道主义理想。但他却不容于社会,被视为“异端”,最终惨遭统治者的杀害。

济世厚生,本来只是学问人最基本的治学要求,是官家人最基本的为官要求。然而,何心隐却不能说,说了就得死!

悲剧!中国的悲剧!

明末：在刀锋上慨然行走

——史上最睿智的侠客学者黄宗羲

明末

“大丈夫行事，论是非，不论利害；论顺逆，不论成败；论万世，不论一生。”

这是黄宗羲的话。

他的这些话，是铁骨之言，是豪情之语，是智慧之论。

黄宗羲生活的那个时代非常特殊。正是从他生活的这个时代开始，古老的东方和同样古老的西方，开始选择自己未来的道路。从这个选择以后，曾经古老的西方，脱胎换骨，如旭日东升；曾经同样古老的东方，故步自封，如江河日下。古老的西方，选择了对漫长的专制统治的告别；古老的东方，选择了对漫长的专制统治的深化。选择即命运！

伴随着那个时代，黄宗羲用自己的一生，为自己的话作注解，将生命的旅程搁在刀锋之上。

黄宗羲，字太冲，浙江余姚人，生平所用别号甚多，有南雷、茭湖鱼澄洞主等。由于其代表作《留书》、《明夷待访录》均署黄宗羲老人，故当时学者都尊称他黄宗羲先生。宗羲一生颇为曲折，依他自己所说，是早年为党人，壮年为游侠，老年为学者。他博学多才、名重天下，他与顾炎武、王夫之并提，合称为“明清之际三大思想家”。

一、问题少年的北京沧桑

1623 年秋天。江南花红柳绿，而北国却已满目萧瑟。中国的这个时候是明王朝天启三年。

来自浙江的黄尊素，携带家眷，前往京城。他此行是到北京就职的，上任大明王朝监察御史，相当于现在的纪委书记。他十三岁的儿子黄宗羲，时而行走在家人的行列中，时而坐在车里，漫不经心地看着一路秋色。中国近代最伟大的思想启蒙家，就这样懵懵懂懂地开始了自己的命运之旅行。

在西方，可以与黄宗羲比肩的思想启蒙家卢梭，此刻又在哪儿呢？

这个时候，古老的东方和古老的西方，同样经历了千余年最黑暗的封建长夜。思想启蒙，是打破这个长夜唯一的先奏。上帝拿出两根魔术师的水晶棒，他将让两个人在东方和西方承担同样的使命。在东方，这根水晶棒将落在黄宗羲的手中，而在西方，这根水晶棒会交给卢梭。

此时的卢梭，还在天堂中沉睡。这位后来欧洲最伟大的思想家、欧洲民主和自由思想的启蒙者，还没有出生。直到1712年6月，也就是黄宗羲进北京八十九年后，他才出生。欧洲人评价说，卢梭是法国著名启蒙思想家、哲学家、教育家、文学家，是18世纪法国大革命的思想先驱、启蒙运动最卓越的代表人物之一。

黄宗羲与后来的卢梭，颇有相似之处。黄宗羲十三岁离开家乡，随父亲迁往北京，开始一生的坎坷；卢梭十三岁离开家乡，按舅舅的安排外出当律师书记，开始人生独立的旅程。十三岁的黄宗羲是个问题少年，他不喜欢八股文，不喜欢科举考试的那些东西，大量的时间用来偷偷看小说，几次到北京参加北闱乡试，都名落孙山，榜上无名。卢梭也是一个问题少年，他非常讨厌律师书记的工作，认为这个职业只是为了赚钱，缺乏趣味，难以忍受，终于辞职而去。

十三岁的问题少年黄宗羲来到北京，马上就面临人生的诸多大问题！

父亲黄尊素升任御史（监察官员），官当大了，权力也大了，家庭地位也提高了，按当今的常理，是可以好好地大赚其钱了。

然而，大明王朝的黑暗岁月，虽然有无数的贪官昏官，却也还有些许的忠直之士。黄尊素就是其中之一。

这位老先生，刚直敢言，对朝廷的黑暗常常直言相犯。于是，他成为朝廷中东林党的重要人物。而东林党人的对立面，就是大宦官魏忠贤等人。

以太监魏忠贤为首的奸党，被时人斥为“阉党”，其中除宦官外，还包括一大批追随魏忠贤的官僚。阉党专权，疯狂掠夺人民，迫害正直官员，同要求改革朝政的东林党人处于十分尖锐的矛盾之中。东林党人与太监党，正如大明王朝的正义与邪恶。

那时，东林党的领袖人物如杨涟、左光斗等人，经常到黄尊素家里共议时局，商讨对付阉党的办法。他们常常谈到深夜，为了不致走漏风声，黄尊素屏退了家人，只把黄宗羲留在身旁。

每逢这时，宗羲总是聚精会神地倾听着。他钦佩先辈们那种忧国忧民的精神，而且还了解了朝廷的许多黑暗内幕；他从中懂得了很多道理，受教育很深，这对他的成长有着重要的影响。

黄尊素不顾个人安危，多次上书皇帝，尖锐地揭露和抨击魏忠贤的罪恶。他对天启帝说：“国家权归宦官等幸臣，到头来会祸移国家，难道陛下连江山社稷的前途都不考虑了吗？”

阉党早就对黄尊素恨之入骨，直到天启五年(1625 年)初，终于等来了机会，随便找个茬儿，将黄尊素削职回籍。

次年三月，魏忠贤又利用自己的手下李实伪造证据，陷害黄尊素，又把他从家中逮捕后押送京城。

这一年，黄宗羲已经十七岁了。

父亲被捕进京，宗羲一直把父亲送到了绍兴府城。临别时，父子两人都意识到，这恐怕是他们的最后一别了。黄尊素抑制着难言的痛苦，嘱咐儿子，一定要认真读书，要努力钻研历史书籍，借以了解古今治乱的情况。

黄宗羲把这些话牢记在心，他深情而又悲愤地望着父亲被押向通往京城的大道。

在牢狱中，黄尊素多次遭到毒刑拷打，受尽了非人的折磨，但仍顽强不屈。

这一点，让魏忠贤异常地气急败坏，见其宁死不从，便密令爪牙许显纯、崔应元将黄处死了事。

六月一日，黄尊素遇害，时年仅四十三岁。

噩耗传来，全家人悲愤不已。

黄宗羲的母亲悲痛难忍，一时昏了过去，等她苏醒过来后哽咽地对黄宗羲说："你要是能安慰我，你就不要忘记你祖父在墙壁上写的话。"

黄宗羲的祖父为了激励孙儿为父雪冤，在一堵墙壁上写下了春秋时吴王夫差用以自励的那句名言："尔忘勾践杀尔父乎？"

祖父的字迹，从这一天开始，每一天逼视着年轻的黄宗羲，让他在痛苦中成长，在痛苦中成熟。仇恨，也在他的成长和成熟中开始发芽，并最终成为参天大树。

二、青年侠士的袖中兵刃

少年时代的黄宗羲，有两件事情是他所喜爱的，一是阅读各种史书，二是练习武术。

小说家们将黄宗羲当成笔下的人物，着意描绘他武功的高强。学者们否认他曾经熟练武术，着意解说他只是一个锐意的文人。我倒是觉得，黄宗羲或许算不上当世的一等高手，但一定是武术中人。

千古文人侠士梦。有着杀父之仇的文人，会有着更强烈的侠士梦。唐朝的大诗人李太白，有事没事总带着一把长剑，喝酒不喝酒都会在长安街头打架；宋朝的大词人辛弃疾，有事没事都爱写点剑啊刀的，白天或者晚上总爱回头看看细柳营；宋朝的大文人范仲淹，最怀念的是在西部领兵打仗的日子，胸中自有百万兵甲。还有后来的大学者王阳明，自己总认为武功堪称一代大侠。所以啊，黄宗羲爱武术，应当是很正常的。而且他还写过关于武术的东西，在《王征南墓志铭》中，黄宗羲说，内家拳"盖起于宋之张三丰。三丰为武当丹士，宋徽宗召之，道梗不得进，夜梦玄帝授之拳法，厥明，以单丁杀贼百余"。七年之后，他的儿子黄百家，也曾在宝幢铁佛寺学拳，并写了《王征南先生传》一文，在文中说："盖自外家至少林，其术精矣。张三丰既精于少林，复从而翻之，是名内家。得其一二者，已足胜少林。"可见父子两代，都是武术迷，都是武术家。

不是武术家，又怎么可以成为侠客呢？

青年的黄宗羲，是侠客无疑。

这位青年侠客，首先要做的是报杀父之仇。

1628 年正月，也就是大明王朝崇祯元年正月。青年侠客黄宗羲决定北上入京，去报杀父之仇。

出发的时候，他随身携带了两样东西：一是为父亲申冤的状书，二是替父亲报仇的兵器。他的兵器，是铁锥。

铁锥在《史记》中是有记载的。《信陵君窃符救赵》故事里说，朱亥击杀晋鄙，就是用的铁锥，是重达四十斤的大铁锥。几十年以后，秦始皇巡游至博浪沙时，张良雇了职业杀手，用铁锥投将过去，将座车完全砸烂。此铁锥更重，达一百二十斤重。汉朝初年，淮南厉王刘长刺杀辟阳侯审食其，也是用的锥，但这一次的锥，小巧、轻便、实用。

黄宗羲所用的铁锥，可以藏在自己的衣袖之中，当属于小巧轻便的那一类。也许，就相当于现在我们电工师傅们所使用的改锥吧？要不然，几十几百斤重的大家伙，可真的不好携带于长袖之中啊！

袖着铁锥，怀着状书，黄宗羲来到北京。

新即位的崇祯皇帝，早在当皇帝之前，对太监们的专权就已十分反感，只因为手无大权，无法作为。如今他当了皇帝，决心挽救王朝的危机，接受臣下的谏言。于是，他拿魏忠贤开刀，逼其畏罪自杀，同时，给东林党人平反，黄尊素还被追赠为太仆卿，恢复了名誉。黄宗羲听到了这些消息，激动万分。

但是，皇帝的改革，总是不能尽如人意。魏忠贤的余党仍大有人在，当年直接谋杀他父亲的许显纯、崔应元和李实等人依然逍遥法外。此等奸人不除，国将不国，民将不民！

黄宗羲上书崇祯帝，揭发许显纯等人的罪恶，请求皇帝依法立斩凶手，以慰忠魂。

上这样的建议，是要冒一定的风险的。在大明王朝，以书生士人为主的清流人士，同太监为主的权臣几乎进行了无数次的斗争，每一次的斗争，几乎都以清流人士的流血而告终。

还好，崇祯皇帝看过奏折后，传旨刑部，严加追究，从速审问。

春去夏来，已到五月。

五月的一天，刑部会审许显纯及其帮凶锦衣卫指挥崔应元，黄宗羲出庭对证。

黄宗羲袖藏铁锥，步入刑部衙门。

举目望去，物是人非。仅仅在几个月前，坐在大堂之上的，还是明王朝第一号坏蛋魏忠贤的党徒，而跪在大堂之下的，多为清流正直人士。今天，这地方终于成为审判当初的审判者的法庭。

许显纯、崔应元是被拖到堂前的。黄宗羲一看，两个家伙面无人色，早没了往日迫害忠良的威风。

许显纯，是魏忠贤心腹爪牙之一。此人的专业，就是无中生有，罗织罪名。东林党前后“六君子”的冤狱都系他一手罗织，前后“六君子”的“供状”全是他一手伪造，双手浸透了东林志士的鲜血。崔应元则参与了许显纯所有的陷害活动。

看到仇敌，黄宗羲无法压抑积压了许久的怒火。他冲上前去，左手抓住许显纯的衣襟，右手袖中的铁锥快速出击，直刺许显纯。许显纯鲜血淋漓，不堪剧痛，大声说：“我是孝定皇后外孙，依照法律，应该得到从轻发落！”

黄宗羲高声反驳：“你与魏贼朋比为奸，多少忠臣义士命丧你们手中！你们罪同谋反！依法当诛！”

打过许显纯，黄宗羲又扑向崔应元，挥拳奋击，拔下胡须。

威严的刑部大堂，一时混乱一片。

六月，许、崔伏法，家属流放。

一切审讯结束之后，宗羲组织被难诸家子弟，设奠于诏狱正门，公祭死难的父辈，一时悲声大作，震天动地，旁观者无不下泪……

复仇的日子里，黄宗羲袖着铁锥，在北京四处寻找害父仇人，一连刺了七人。

这样的快意恩仇，实在比很多武侠小说的描写更加生动和真实。也许正因为如此，后人的武侠小说中，将黄宗羲描写成一位武功高超的侠客。

这一年，宗羲十九岁。

黄宗羲的报仇行动，引起了皇帝的注意。国家正处多事之秋，北方有新崛起的民族不停骚扰，南方有新出现的流民经常闹事，如黄宗羲这样的威武之士，正是皇帝要用的人选。但是，当皇帝提出对他加封时，黄宗羲谢绝了崇祯皇帝的封赏，扶着父亲的灵柩，返回家乡余姚，将父亲的遗体安葬在化安山。

这，已是当年的秋天。

三、浪迹天涯的寻访之旅

报了父仇，辞了封赏，黄宗羲要做什么？

自隋唐开创科举，读书、考试、升官，几乎是读书人的全部事业，是读书人一展抱负的唯一出路。

但是，黄宗羲对科举功名并不热衷。他要走自己的路，去读万卷书，去行万里路。

作为长子，他为了昭雪父亲的冤狱，曾南北跋涉，也曾为一家人的衣食生计东西奔走。现在，大事已了，正好可以继续自己行万里路的宏愿。

古今以来，有大作为者，往往先是一个旅行家。人生的阅历，首先来自人生的游历。

在这一点上，黄宗羲与卢梭惊人地相似。卢梭年轻时就形成了漫游癖好。大约在十八岁的时候，听从华伦夫人的建议，开始自己的远途旅行。他爬山越岭，登临阿尔卑斯山的高峰。一路之上，大自然的美景尽收眼底，人世间的故事潜入胸中。大自然的奇伟和多彩，深深地影响了卢梭的人生观。从此之后，他又多次远出旅行，不论是旅途中的美景，还是乡村的田园生活，无不令他陶醉着迷。他说，旅行，是人生最伟大的教师！

黄宗羲从十九岁开始，离开家乡，遍游大江南北。他一边感受大自然无限的风光，一边求师访友，探讨学术疑难之处。遇有藏书之家，更是如饥似渴地借阅抄录。游历和学习，成为他一生最重要的组成部分。

明建国之初，太祖朱元璋曾下诏，称“非科举者，毋得与官”。然而，黄宗羲对这条路的兴趣并不大，也因此屡试不中。干脆，他按照自己的爱好去读书。他要学的是经世报国之学。

外出游历的路上，黄宗羲一次次目睹政事的腐败、人民生计的困难。经世济国的实学到底在哪？偌大的中国，如何才可以强大起来？众多的人民，如何才可以富有起来？

父亲生前的话，让他反思。父亲曾说，读书人不可不通晓史事。于是，他潜心学史。他将家中藏书分门别类，一一细读。几年下来，黄宗羲将二十一史、明十三朝实录等篇幅极巨的史籍全都看完了。与此同时，他还广泛地研读了六经、天文、地理、历法、音乐、数学、佛教等方面的书籍。在这几年中，他不仅在学术上奠定了坚实的基础，尤其重要的是，他通过历史的镜子，结合自己的游历，看到了国家体制存在的问题，看到了政治制度存在的问题，看到了民族文化存在的问题。

制度性问题，是几千年中国一直没有走出的魔咒。崇祯皇帝即位不久，立即重复他的前任们的错误。他一方面猜疑群臣，一方面独断专行。一个王朝灭亡前所有最黑暗的征兆涌现出来。

大明王朝太监党势力重新抬头，迫害忠良的故事继续上演。全国灾荒连年，赋税加重，流民起义军成燎原之势。北方的地方政权日益坐大，虎视眈眈，伺机而动。国家到了如此地步，黄宗羲非常愤慨。1630年，经友人周镳介绍，他参加了复社，成为社中活跃人物之一。

在当时，士大夫集团中正直一派的急先锋，是以少年名士为主体的复社。

明中叶以来，士大夫集会结社之风特盛，或赏花赋诗、饮酒成文，或讥弹时政、臧否人物。万历之后，江南文人集会结社尤为普遍，天启、崇祯年，较知名者就有应社、国门广业之社、读书社、小筑社、诗社、文社、登楼社等。许多社团的联合努力，形成了晚明的思想启蒙浪潮。

黄宗羲所参加的复社是由南方的许多个文社联合组成的，成立于崇祯二年(1629年)，是当时规模最大、影响也最大的文社。作为一个文人结社，复社的盛况不仅在明朝绝无仅有，就是在历史上也是罕见的。从此，复社作为继东林之后而起的具有相当影响力的团体，出现在崇祯时代的政治舞台上。

它除了组织集会、讨论文章之外，更重要的是评议朝政、抨击时弊。他们的宗旨很明确："重气节，轻生死，严操守，辨是非。"可见，复社已带有鲜明的政治色彩。

复社以救国救民为己任，发动政治斗争，矛头直指阉党余孽阮大铖。阮大铖颇富文才，又奸狡巨猾，曾是魏忠贤的一名走卒，谋害过东林党人。崇祯初年，阉党失势，阮大铖削职为民，凭借自己擅长于诗词歌赋，搞起了"中江社"和"群社"，同时暗地收容亡命之徒，准备东山再起。

复社志士联袂而起，他们以宗羲为首，由周镳、陈贞慧、吴应箕执笔，发表了声讨阮大铖的《南都防乱公揭》。然后在南京城内四处张贴，一百四十八名复社成员在公揭上列名。

在檄文中，复社人士揭发：早在天启年间，阮大铖就为魏忠贤出谋划策，"倾残善类，此义士同悲，忠臣共愤"。如今，他又乘国家危难之际，"日聚无赖，招纳亡命"，"愈肆凶恶"，还经常恐吓他人，扬言"吾将翻案矣、吾将起用矣"！真是"阴险叵测，猖狂无忌"。怪不得当初他被罢官来到了安庆后，就有民谣云："杀了阮大铖，安庆始得宁。"目前，他潜伏南京，仍与阉党余孽"交通不绝"，"其恶愈甚，其焰愈张"。大家"戮力同心"，"志在防乱"，要把阮贼早为扫除，以免将来酿成国家大患。他们坚决表示："但知为国除奸，不惜以身贾祸"，如果有朝一日，阮大铖"威能杀士"，复社志士甘愿以"一身当之"，"以寒乱臣贼子之胆"。

揭文一发表，轰动南京城。宗羲又联合遭阉党害死者的子弟举行大会，用自己的不幸遭遇，痛斥这个无耻败类。在复社的声讨下，阮大铖臭名昭著，人人痛骂，以后的五六年间，始终不敢公开露面。

这一年为崇祯十一年(1638年)，黄宗羲二十九岁。

黄宗羲三十三岁那年，也就是崇祯十五年(1642年)，他来到北京，参加北闱乡试，这是宗羲一生当中最后一次游京师。这一年，蓟辽总督洪承畴和锦州镇总兵祖大寿先后降清，李自成、张献忠两支农民军纵横中原。大明王朝的日子，已经屈指可数。

经过三场试毕，依旧名落孙山的黄宗羲束装南返。

四、南国豪客的逆风而行

第三年便是甲申,即1644年。

1644年三月十七日,李自成带领农民军团,直趋北京城下。十九日,北京城破,明王朝的最后一个皇帝朱由检自缢煤山。此时皇帝身边,仅有一人相随。一个对人民薄情寡恩的王朝,得到的回报只能是大众的薄情寡恩!

到此,历时二百七十七年、历经十六帝的明王朝结束了。一个多月后,吴三桂引清兵入关,在山海关一片石大败李自成,清王朝定都北京。清兵所到之处,疯狂杀戮。

曾经安宁的生活,不复存在。刀剑将代替笔墨,血雨将洒满江南。

这年五月,马士英等人在南京拥立福王朱由崧为监国,接着正式称皇帝,建立历史所说的南明王朝的第一个政权——弘光政权。

可悲的是,如此国难当头,权奸们仍然还要搞窝里斗。

马士英是阮大铖的密友。他让阮大铖当了兵部侍郎,次年二月升为兵部尚书。阮大铖立即对黄宗羲等人展开报复。他编造了一份黑名单,名曰《蝗蝻录》(诬称东林党人为蝗,复社成员为蝻),捕杀以黄宗羲为首的签署过《南都防乱公揭》的复社人士。复社成员有的被捕,有的被杀,有的出走避祸。

清军攻入北京时,黄宗羲尚在杭州。福王朱由崧"监国"南京,传诏各地义士前来共同抗敌。黄宗羲在杭州看到诏书,前赴南京。然而,等待他的却是阮大铖已经张开的大网:一张蓄意将黄宗羲等人一网打尽的大网!

黄宗羲和当年的同仁顾杲、陈贞慧等人都遭到逮捕。幸运的是,顾杲一个在福王朝廷中任官的亲属从中帮助,设法推迟了案件的提审。更幸运的是,到第二年即清顺治二年(1645年)五月,清军攻入南京,福王逃至芜湖被俘,弘光政权至此覆亡。大乱之中,黄宗羲等人得以乘机脱身,他回到了浙东。这一年他三十六岁。

福王朝廷崩溃了。回到了浙东的黄宗羲,逆风而行。

1645年五月，清军占领杭州，不久攻占了整个浙西，并攻向浙东地区。

黄宗羲有位老师，名刘宗周，是江南名人，又参加过南京的弘光政权，只因受马士英排挤，辞职回到家乡山阴。山阴陷落后，清王朝官员劝他投降。刘宗周避居山间，绝食明志。

得知老师刘宗周绝食，黄宗羲徒步二百余里，赶去见老师最后一面。此时，刘宗周水米不进已有二十来天，看到宗羲，口不能言，仅能微微点头。临终前，刘宗周以极其微弱的声音，吟绝命诗一首："留此旬日死，了我平生事。慷慨与从容，何难亦何易。"

这一时期，江南烽烟乍起，抗清义军四处开花。

五月十二日，正在家中守孝的原明朝官员钱肃乐在宁波首先发难。

六月九日，孙嘉绩和熊汝霖在余姚起义，参加者数千。

正在家乡余姚黄竹浦村的黄宗羲同弟弟黄宗炎一起，变卖家产，组建"世忠营"，投身抗清行列。

闰六月，浙东各路义师共迎明宗室鲁王朱以海，在绍兴建立了又一个南明王朝的政权——鲁王政权。第二年二月，监国授予黄宗羲兵部职方司主事之职。鲁王政权初建时，拥有不少的兵力，并在军事上作了一定的部署。但是，鲁王政权的实际领导者大都是一些腐朽而无能的官僚，刚刚取得一点胜利，便自鸣得意，不再进击，忙于封官晋爵，致使浙东各地相继被清军占领，战局急剧恶化，鲁王政权大受挫折。

危急时刻方显英雄本色。地盘大量丢失，清军绝对优势，许多将军、许多大臣、许多名人，一一投降新生的清政权。然而，黄宗羲毅然率部进入四明山，开展游击战争。四明山位于浙江宁波和绍兴之间，方圆八百余里，四周高山环绕，峻岭起伏，山中有茂盛的密林，有肥沃的土地。黄宗羲和他的五百余名义军士兵，耕种自给。

鲁王从绍兴失败逃出后，身边军队很少，更无钱粮可用，已经成为一个有名无实的流浪政府，辗转于浙闽沿海一带，常常不能上岸，只能住在船中。黄宗羲得知后，带领自己的军队，离开四明山，紧随左右。黄宗羲还利用空隙时间，在船中讲学，给《授时历》、《泰西历》、《回回历》

三部历书作注。

1651 年七月，清军攻占舟山，鲁王虽被臣下救走，但所部非死即散，鲁王政权从此瓦解。

黄宗羲只得回到家乡一带隐蔽起来。

隐藏的日子是艰难的。从 1646 年到 1656 年的十年中，清政府为了逮捕黄宗羲，指名捕拿、悬赏访缉、画像通缉，用尽了手法。为了避开清军的追捕，黄宗羲藏匿山野草莽之间，有一次因疲劳过度，竟昏倒在沙滩上。他的亲属也受到株连，流离失所，八口之家在艰难的环境中病故了一半，1655 年除夕，他最钟爱的幼子阿寿夭折，数月过后，二儿媳孙氏和小孙子阿运也相继病死。黄宗羲长歌当哭："揭来四月选三丧，咄咄书空怪欲狂。八口旅人将去半，十年乱世尚无央！"(《南雷诗历·子妇客死一孙又以疾殇》)幸运的是，他在友人们的热诚帮助下，终于没有落入清军之手。

激烈动荡的年代，颠沛流离的艰难，丰富了他人生的历程，淬砺了他不屈的意志，并促使他对政治、社会、历史、人生进行理性反省和理论探讨。

正因有了这样奇特的人生经历，我们这个民族，才有幸获得了一位最伟大的思想启蒙家。

到了 1661 年，也就是顺治十八年，清王朝统治者经过十几年的军事镇压与政治"招抚"，统治逐步稳固，社会逐步稳定。于是，有些人归附了清朝，有些人躲进了深山或者干脆削发为僧。

这年的冬天，黄宗羲与家人返回故居。

五、社会名流的屡次拒绝

各地的抗清斗争相继宣告失败，清王朝的统治日渐巩固，宗羲冷静地接受了这个现实。

他写下这样的诗句：

锋镝牢囚取次过，依然不废我弦歌。

死犹未肯输心去，贫亦其能奈我何！

——《山居杂咏》

在此后的三十多年中，宗羲致力于讲学和著述，开创了在中国学术史上占有重要地位的清代浙东学派，培养了多方面的人才，写作了大量涉及哲学、史学、文学、艺术、天文、地理、数学等领域的学术专著，对中国的思想和文化作出了巨大的贡献。

1669年，十六岁的康熙帝亲自执掌政权。他采取了一系列政策，缓和民族矛盾，发展国民经济，清初社会开始走向安定和发展。这时，黄宗羲业已进入晚年。

晚年的黄宗羲，已经是一个极有名望的学者了。

专心学问的三十多年中，黄宗羲还多次拒绝朝廷的征召，保持了中国士大夫最后的气节。

康熙皇帝亲政之后，他明白，抗清武装斗争虽已过去，但许多汉族知识分子还是以明朝为正统，对清朝仍心存敌视。像黄宗羲这样的人，品德高尚，学识渊博，如果能争取这类人为清政府所用，这对于安定社会、振兴文教，将有极重要的作用。

1678年，康熙十七年，他以“诏征博学鸿儒”的名义，命令中央和地方三品以上的官员推荐“学行兼优，文词卓越之人”，并将由他“亲试录用”。

结果确实网罗了一批知名之士，但是却没有争取到像黄宗羲这样出类拔萃的杰出学者。

清廷议修明史，于是开博学鸿词科以网罗天下名儒。经筵讲官学士叶方蔼向玄烨推荐黄宗羲，宗羲门生陈锡根得知后大惊，说：“这只会使老师像叠山那样啊！”（谢枋得号叠山，南宋遗民，义不仕元，为官府逼迫北上，至京绝食而死。）便极力向叶剖陈利害，他深知老师根本不愿做清朝的官，如果硬逼的话，定将导致不堪设想的恶果，所以就代为力辞，这件事才算作罢。当时被各地推荐的，还有顾炎武、吕田良等，顾、吕也都拒不应召。

第二年开设史局修《明史》，修史总裁徐元文（字公肃，号玄斋，江苏昆山人,1634—1691年)又欲聘请黄宗羲出山,宗羲仍然拒绝。当万斯同应聘入京时,宗羲送行之诗说:“不放河汾声价倒,太平有策莫轻题。”明白地表示了自己不与朝廷合作的态度。季野入京后,也执意“以布衣参史局,不署衔、不受俸”。

两年以后,康熙十九年(1680年),主持编修《明史》的大臣徐元文再次向皇帝建议聘宗羲修史。康熙帝立即命两江总督和浙江巡抚以礼相聘。黄宗羲以要给老母守丧、自己又年老多病为理由,辞而不往。康熙知道不能勉强要求黄宗羲正式参加官修《明史》之事,就下了一道特旨:凡黄宗羲所有论著和他搜集的明代史料,由地方官抄录送京,交给史馆。

后来,徐又一次力挺,宗羲不得已而同意——也许,还因为宗羲认为“国可亡,史不可亡”(《南雷文定·次公董公墓志铭》)。

对待清朝皇帝的再次征召,黄宗羲的做法是非常睿智而得体的。

他虽然绝对不愿当清朝的官,但修纂《明史》是有关祖国历史和文献的一件大事,他对此寄予了颇大的关注。康熙十八年,他的得意门生万斯同应徐元文之召到北京参加修《明史》,他表示支持,还把一部分有关史料交给了万斯同。

这一次,他自己虽然辞而不赴,但当徐元文延请他的儿子黄百家进京参与修史时,他同意了。他在给徐元文的一封信中曾寓意深长地说:“现在我已经让我的儿子跟你们一起修《明史》,这样,你们总可以把我放过了吧。”黄宗羲尽管没有直接参与编修《明史》,却为此做出了不少贡献。由于他史学造诣极深,对明代史事十分熟悉,所以每逢修史中遇到重大疑难问题时,史官们总是通过书信请他指教;有时派人千里送稿,求他审正修改,才算定论。对此,黄宗羲每次都不辞辛劳地给予详切的答复。

为了使明朝历史真实的面貌得以完整地保存,以便后世可以通过知一代之史坚定民族复兴的信心,他希望清朝修史馆的学士们能修撰好明史。以死殉国,固然有气节,而忍辱以修故国之史,未尝无气节也。万斯同和万言于康熙十八年(1679年)临北上之时,黄宗羲以《大事记》、《忠端公所记》、《三史钞》授之,并作诗三首以送其行,第一首曰:

史局新开上苑中，一时名士走空同。
是非难下神宗后，底本谁搜烈庙终。
此世文章推婺女，足知忠义及韩通。
凭君寄语书成日，纠谬须防在下风。

十年后，即康熙二十八年(1689年)，万斯同自京返甬稍歇后又北上史馆，黄宗羲又写诗送行，其诗曰：

三叠湖头入帝畿，十年乌背日光飞。
四方声价归明水，一代贤奸托布衣。
良夜剧谈红烛跋，名园晓色牡丹旗。
不知后会期何日，老泪纵横未肯稀。

康熙二十九年(1690年)，黄宗羲八十一岁了。

康熙询问朝廷大臣徐乾学："国内有谁博学多闻，文章好，可以充当顾问的？"

徐对答："以臣所知，只有浙江黄宗羲，臣弟元文曾经奏荐过。"

康熙帝说："可以将他召至京师备顾问，我并不要他做官任事，如果他什么时候想回家乡，立刻可以派官员护送他回去。"

徐乾学接着说："他年事已高，恐无来意了。"

康熙听罢，叹息了一番。

1695年8月12日，清康熙三十四年七月初三，一代哲人黄宗羲仙逝，享年八十六岁。

还在病重之时，黄宗羲写了遗嘱，嘱咐家人说，"我死后，即于次日安葬，就用平时穿的衣服入殓，一被一褥，不做佛事，不做七七(人死后四十九天为亡者设斋修福)，凡是纸幡、纸钱之类一概不用"，以后祭扫也"不可杀羊"。七月初四，黄百家率家人以极其简朴的礼仪，将黄宗羲老人安葬在化安山黄尊素墓北侧。

六、一代学人的务实见识

天下平定，社会安宁。中年后的黄宗羲，致力学问，专心讲学。国家和民族的复兴，总得从思想的复兴开始。

他曾说："我年轻时，拜刘宗周为师。那时年轻，很喜欢气节刚劲的人，但同时又免不了受科举恶习的影响。因此，所学的知识太肤浅了！这么多年来的患难经历，反倒使我感受深刻。如今，我心中的很多疑问都找到了答案。所以，我真为过去所掌握的学问深感悔恨！"

黄宗羲的讲学活动，主要集中在1663年到1679年，即康熙二年至十八年。

康熙二年，黄宗羲应友人吕留良邀请，来到浙江桐乡县吕氏家中，为吕氏子弟授课。吕留良为一代大儒，能请黄宗羲上门讲课，说明黄宗羲的学问已达到相当的高度。直到康熙五年（1666年）冬天，黄宗羲才辞去馆事。这几年中，黄宗羲还往来于崇德、余姚之间，四处讲学。

康熙六年（1667年）春，黄宗羲重游绍兴，到书院讲学。

此后数年中，黄宗羲曾多次赴绍兴，与同门会讲于证人书院，并着手整理编写一批阐述发明蕺山学术精华的著作。

康熙七年（1668年），黄宗羲到宁波创办"甬上证人书院"。

康熙七年春，宗羲在绍兴证人书院讲学之后，又应市上诸门生之请，到宁波主持讲席，建立了"甬上证人书院"，院址先在广济桥万家，后来迁宁波城西万氏别墅白云庄。

黄宗羲讲学，宗旨明确。许多教书人只会教死书，而他强调，讲学要明经通史，要经世致用，他说，"经术所以经世，方不为迂儒之学"，又说，"学必原本于经术而后不为蹈虚，必证明于史籍而后足以应务"。

黄宗羲还讲授天文、地理、数学、历法等自然科学知识。在宗羲的教诲下，甬上弟子都能刻苦钻研"经学、史学以及天文、地理、六书、九章至远西（指西欧国家）测量推步之学"，而且"皆卓然有以自见"，其中不少人成为闻名当时的经学家、史学家、文学家。

康熙十五至十八年（1676—1679年），黄宗羲多次到海昌（今浙江海宁)讲学。他反对束书空谈,主张“经世”、“应务”的务实学风。他本人身体力行、言传身教的倡导,影响了清初浙东一代学子,弟子中人才辈出,浙东学术团体大盛。

黄宗羲不光是博学多才,而且勤奋过人,“年逾八十,尚著述不休”,真称得上是没身而后已!他一生著述弘富。据统计,黄宗羲的著作共有一百一十二种,一千三百多卷,内容涉及史学、政治、哲学、经学、数学、地理、天文、历法、音乐、诗文等许多方面。字数在两千万以上,这还不包括《明文海》这类编选性的东西(详参吴光《黄宗羲与清代学术》)。

从五十三岁直到逝世前夕,是他一生中著述的高峰时期。《明夷待访录》、《明儒学案》等最有影响的著作及他本人的文集《南雷文定》都是在这个时期写成的。后来的大史学家全祖望对著作等身而成就极大的黄宗羲推崇备至,说他能以“百年阅历,取精多而用物宏”,写出的书“如山如河”,“固当炳炳百世”。这种评价是公正的。

此外,黄宗羲还编有《宋元文案》、《元文钞》等,后来大多亡逸。黄宗羲还着手编撰《宋元学案》,以整理明代之前学术思想发展的历史。遗憾的是,宗羲辞世时仅成十七卷,后来,由宗羲子百家(字主一)及全祖望等续成一百卷。除了这些著作以外,宗羲还撰有《弘光实录钞》、《明史案》、《行朝录》、《历代甲子考》、《易学象数论》、《孟子师说》、《太极图讲义》、《授时历法假如》、《西洋历法假如》、《回回历法假如》、《春秋日食历》、《大统历推法》、《测圆要义》、《割圆八线解》、《勾股图说》、《开方命算》、《四明山志》、《匡庐游录》、《今水经》、《律吕新义》等等,涉及史学、经学、历算、地理、音乐等门类。至于自著诗文集,则有《南雷诗历》、《南雷文案》、《南雷文定》、《南雷杂著》……

晚年时的黄宗羲,是世所公认的一位德高望重、誉满全国的大学者,深受当时广大知识分子的敬重。同时代的大思想家顾炎武、陈确等人,同他有书信交往,对他都非常敬佩。一位学者曾经这样评价他:“黄先生论学如大禹开山导水,脉络分明,真是吾辈的北斗星啊!”

七、民主启蒙的先行智者

作为博学多才的一代大儒，作为中国文化学术史上杰出的思想家，黄宗羲先生的成就和贡献是多方面的。一般认为，其最重要的贡献，当推政治思想哲学、史学等领域。

我个人认为，黄宗羲对我们民族最重要的贡献，当属民主启蒙。

黄宗羲在《原君》篇中提出，君应该做到“不以一己之利为利，而使天下受其利；不以一己之害为害，而使天下释其害。此其人之勤劳，必千万于天下之人……而己又不享其利”，这才是“君之道”，才是“君之职分”。

他又提出，“天下为主，君为客”——人民是主人翁，君主则是为主人翁获利释害而勤劳的人。用今天的话说，人民当家做主，君主当为公仆。仅此一点，他已高过同时代全世界的许多思想家。

在他八十多年之后的卢梭，提出相近的观点：一切权利属于人民，政府和官吏是人民委任的，人民有权委任他们，也有权撤换他们，直至消灭奴役压迫人民的统治者。在社会观上，卢梭坚持社会契约论，主张建立资产阶级的“理性王国”；主张自由平等，反对大私有制及其压迫；提出“天赋人权说”，反对专制、暴政。卢梭的这一人民主权思想，成为欧洲思想启蒙的核心思想，并由此影响了近代以来欧洲的进程。在此之后，法国大革命爆发，欧洲开始走向真正的民主政治。卢梭的思想启蒙，直接创造了近代以来欧洲的政治经济繁荣。

黄宗羲有关政治思想的论著不少，而《明夷待访录》则奠定了他的民主启蒙思想家的历史地位。《明夷待访录》包括《原君》、《原臣》、《原法》、《置相》、《学校》等共十三篇，对数千年来政治、法律、教育、经济、军事等各个方面加以理性的反省和批判，提出了一个富含民主意识的全方位的政治大纲。

黄宗羲还从根本上否定“君为臣纲”。他说，臣的职责是“为天下，非为君也；为万民，非为一姓也”（《原臣》，下同），臣不是“君之仆妾”，而是“君之师友”，臣与君的关系是平等的，“臣之与君，名异而实同”，都是为着万民的利益来同心协力治理国家；若不出仕为臣，于君则为“路人”——这已跟“公仆”的含义颇为接近了。至于“天下之治乱，不在一姓之兴亡，而在万民之忧乐”，更是对忠君观念的彻底批判。关于法律，黄宗羲认为“贵不在朝廷，贱不在草莽”(《原法》，下同)，含有法律面前人人平等的意味；主张“有治法而后有治人”，与儒家传统思想“有治人而无治法”也针锋相对。在《学校》篇中，黄宗羲认为学校不仅仅是培养人才的场所，而更应该是立法议政的机构，他写道，“必也使治天下之具皆出于学校，而后设学校之意始备”，“天子之所是未必是，天子之所非未必非，天子亦遂不敢自为非是，而公其非是于学校”。

黄宗羲先生的胆略和见识不能不令人敬佩。这些凝聚着民主启蒙思想精华的议论在中国两千多年的封建社会中是空前绝后的，跟西方近代资产阶级民主思想的产生相比也要早一个世纪。

令人遗憾的是，黄宗羲的思想启蒙虽然早于卢梭，却始终没有成为中国政治改革和社会进步的一种真正动力！或者说，当欧洲人将卢梭的思想付诸实践时，我们又一次纸上谈兵！

黄宗羲还提出许多前无古人的治国思想，务实、智慧。比如我们现在经常提到的“黄宗羲定律”，就是其中之一。“黄宗羲定律”，是对中国历史上频繁出现的“并税式改革”规律的认识和揭示综合归纳而成的，意思大概是：不分土地好坏都统一征税；农民种粮食却要等生产的产品卖了之后用货币交税，中间受商人的一层剥削；历代税制改革，每改革一次，税就加重一次，而且一次比一次重。

黄宗羲逝世后一个半世纪，鸦片战争发生了。古老的东方，与曾经同样古老的西方，开始第一次真正的对决！

结果，我们惨败！

我们从那时候开始的惨败，一直延续了许久！

清朝

清朝：在冰与火的对决中陨落

——史上最天才的兵器专家戴梓

一、天才末路

辽东半岛的冬天。

漫天飞雪，天地茫茫。没有飞鸟，没有走兽，山野死一样沉寂。世界在严寒中沉睡了。

只有他，一个华发的老人，在山脚下寻找什么。细而短的辫子，稀而短的胡须，沾着雪花和冰凌。他在寻找什么？他是谁？

戴梓。一个当世陌生的名字，一个后世莫名的名字。现在，老头儿在辽东半岛的一座荒山下，寻找残剩的玉米粒和榛子，好让自己度过这个冬天的饥饿。

没有人知道他是当朝最著名的兵器天才，没有人知道他为朝廷发明了连珠铳和子母炮，没有人知道他的名字已经让刚刚闯进泱泱大国的西洋人惊惶不安！

在他所处的这个时代，连珠铳是早期的机关枪，这项发明，比西方人发明机关枪早了二百年，这大约相当于上个世纪的中国发明了原子弹和核武器！

在他所处的这个时代，子母炮是早期的开花弹，这项发明，和欧洲人的发明几乎是同步的，这相当于上个世纪的中国发明了卫星导航导弹！

然而，他，却在这个荒凉的地方，为冬天的米粒发愁！

三十多年了！他，一个兵器天才，在这冰冷的世界寂寞地挣扎着！

当他为自己冬天的米粒发愁时，大清帝国，也无法挽回地开始为自己后半生的命运发愁了。

二、天地杰作

戴梓出生在杭州钱塘江畔。他的父亲是明朝的一名军官，也是明代火器的制造专家。很小的时候，他就随父亲一起，在烟火浓浓的兵器厂玩着，也对火器制造有了浓浓的兴趣。父亲的火器制造有什么难事，他就上去帮忙，还真解决不少事儿呢。

天才自有天才的经历。

他四岁时，父亲身为明朝的军官，和战友们一起常常同海盗作战。有一次，父亲与海盗作战肋部受伤，回家休养。四岁的戴梓上前抚摸父亲胸前的伤口，激愤道："我真恨自己为什么不早出生几年，那样的话，我就可以陪着父亲一起上阵杀贼了！"四岁孩儿，竟有如此志向！

十二岁时，朋友聚会。戴梓当场作《咏淮阴台》诗。诗云："有能匡社稷，无计退饥寒。"报国之志，跃然而出。

后来，明朝完了，清兵入关了，大清国成立了。青年时代的戴梓，在西湖之滨，在钱塘江畔，写字画画，纵酒泡妞，过着那个时代有钱人家的公子们应该过的日子。

字画之余，他痴迷于火器制造。在自己个人的工作室里，他发明了一种连珠铳。这东西形若琵琶，一次可以将二十八粒火药铅丸装进铳背上的机关中，而且有两个击发机。到使用时，只要扳动其中一个击发机，火药铅丸就会自动落入铳筒之中，同时，第二机随之并动，石击火出，可以一连发射二十八发。旧的火器，用火药绳子点火发射，只能一次发射一弹，然后进行弹药装填。而这种新火器，用石击发，解决了风雨潮湿的问题，可以一连发射二十八弹。可以想象，这种新武器的威力，比旧火器的威力一下子增加了不少。后人分析考证后认定，这就是早期的机关枪。而且现代一些搞军事史研究的人更是认定说，这机关枪比西方人的机关枪早了二百多年！

戴梓发明连珠铳后，当晚做了一个梦。梦中有人骂他说，上天有好生之德，你却要做这种火器，如果流到人间，你的子孙后代还能有人活下来吗？大梦醒来，一身大汗。于是，他将这一新火器藏在家中，不敢拿出。也许，在戴梓的心中，还有一种中国文人士大夫的想法，那就是想将自己的发明献与帝王家，作为自己报国求功名的资本吧？一个喜欢火器的人，应该是喜欢出将入相的人。从心眼里，戴梓虽然也会写字，虽然也会画画，可是，他看不起这些小玩意儿。在江南，在杭州，写字画画，几乎是每个男人都会做的事情。而做火器，可不是谁都会发明制造的。

不久，三藩叛乱了。三藩，是清朝入关后加封的三个汉人王，他们分别是吴三桂、尚可喜、耿精忠。此三人在清兵入关时和入关后，立即投降，帮助清兵镇压明朝残部，立了不少功劳，因此，清朝皇帝为了稳住这些手握重兵的汉将，将他们分别在南方几省封了王。康熙年间，三位藩王先后造反了。南方的吴三桂指挥叛军一直打到了湖南，而耿精忠、尚可喜也纷纷策应，暂时的太平被打破了，耿精忠的军队，眼看就要打到戴梓的家门口了！

康熙十三年(1674 年)，康亲王杰书统兵征讨耿精忠，兵到浙江、福建时，康亲王杰书听到了戴梓的名字，听到了他发明火器的威名，于是礼聘他从军。这一年，戴梓二十四岁。

面对叛匪，面对康亲王的礼遇有加，戴梓拿出了连珠铳，送给了康亲王。康亲王立即将这种新式武器用到阵前，打得叛军血肉横飞。戴梓本人也随军一起征打耿精忠，一共六年。六年下来，他，和他的连珠铳立功多多，康亲王便升他当了监军道，大约相当于现在军队后勤部的助理员之类。

南方叛乱初平，北方战事将起。这时候，康熙皇帝他老人家正忙着收拾天下，一大堆烦心的事情等着他的决定，一件事搞不好，刚刚入关的旗人，就可能被赶回老家。西北草原上的准噶尔部落，因为人丁兴旺，正准备着向东扩张。刚刚平定的三藩之乱，残部还没有完全清除。大清王朝那十几万旗人兵马，那一百多万的人口，还真应付不过来。这么点人口，一旦融进了中原，真的有点大海茫茫找不到北的感觉。紫禁城的康熙皇帝十分着急,怎么样才可以以少胜多,成了他的心病。

就在这时候,康亲王领着戴梓回到北京。他们向康熙皇帝献上了连珠铳,康熙十分高兴。康熙欣赏戴梓的才华,又让他制造更好的火器。

康熙二十六年(1687 年)的一天,康熙皇帝决定亲眼检验新火器。

京郊的皇家猎场。正午阳光之下,猎场龙旗猎猎。

戴梓着了官服,指挥兵勇演示新火器。早在一年前,康熙皇帝就命他的西洋顾问造一种威力强大的新式大炮,可是,洋专家们拿了高薪,却没有高效,整整一年,无法造出。康熙只好又令戴梓试试。结果,戴梓只用了八天就给造出来了,命名子母炮。

演示开始,只见每一炮弹打出,炮弹炸开之后,片片子弹从天而降,锐不可当。

康熙皇帝高兴极了,连声说 OKOK!这两声 OK,是有来头的,因为康熙皇帝已经重金聘请了西洋人给他当顾问,所以,他应该是可以说几句洋文的,比如最最简单的 OK 当是会说的吧?康熙在想,西北边的草原人想搞事,咱不怕你了。想来,正好试试咱的火器。嘿嘿!皇帝一高兴,就下了命令,命名子母炮为"威远将军",将戴梓的名字刻在炮身上,以示表彰。

连珠铳和子母炮这两样火器,以今天的眼光看,实在简单。不过,在当时,可真的是惊天动地的事情。草原上的军人,几乎全体用着刀和箭。即使是欧洲那些个走向近代工业的国家,火器也真的不怎么样,跟咱就在一个水平线上。谁怕谁呀?

子母炮是什么玩意儿啊?我查看了照片,查看了资料,查看了出土文物。炮长二尺一寸(0.672 米),有点像迫击炮的样子,重一百五十公斤。既比过去的老式大炮小,又比过去的老式大炮轻,方便带走移动。炮弹重十到十五公斤。炮弹不再是过去的实心弹,而是在炮弹内装了火药和铁片。每次炮弹打出,会在敌军阵前开花,无数弹片在敌阵上横飞,威力了不得啊!这实际上是中国最早的可以发射开花弹的大炮。

连珠铳,这又是什么玩意儿啊?我没法子找到照片,当然更找不到出土文物,据说这种火器因为太过先进,太过厉害,后来竟然让大清皇帝封杀，以致到乾隆年间失传。根据当时记载，这种连珠火铳，铳背就是弹匣，可以贮存二十八发火药铅丸（铁丸也可以）。铳的扳机有两个，互相衔接，扣动一个扳机，弹药自己落到筒中，同时解脱另一扳机而击发。好家伙，这在当时可了不得，当敌人拿着冷兵器从远处冲来时，你可以连续发射，真比现在的核武器还要厉害哦。其中的原理，和现代机关枪完全一样，只是因为原料不如现在，工艺不如现代，所以这玩意儿也远不如现代的机关枪。不过，西方人一直到二百年后，才想到发明这种可以连续发射的机关枪！

这两样东西，是他早期发明的大规模杀伤性武器。

两样火器，堪称天地杰作。

三、天才奇技

戴梓不光会自己发明火器，对外来的新式火器，也是一看就明白，看明白了就能仿造出来。

日本人自元朝以来，就开始看不起中国人了。所向披靡、纵横欧亚大陆的元朝军队，曾两次派出海军登陆日本挑战，结果两次均以惨败告终。或许马背上的民族实在是不谙水战吧？从这以后，曾经十分惧怕和崇敬中国的日本人，开始牛起来了，开始根本不把中国人放在眼里了。到了明代，他们不停地派出由流氓团伙组成的特种部队，袭击中国东南沿海，即史称为“倭寇”的东西。康熙年间，已经很看不起中国人的日本人，带来他们的新式火器——鸟嘴枪，来显示武力。康熙看了，有些不悦。一个小小的日本，也敢看不起咱天朝大国？也敢拿几样火器来夸耀？得，快叫戴梓来吧，让他看看是什么东东。戴梓来了，看了看这火器，然后对日本人说：“没什么了不起，咱中国早就有了。”其实呢，大清国那会儿还真没有这种东西。

好吧，你说你有了，那你拿来看看？日本人说。

康熙知道自己没这种火器，只好用眼看戴梓，让他想办法。

戴梓说了：“七天，七天后，拿来给你们看。”

果然，七天之后，戴梓拿着鸟嘴枪来了，和日本人的火器几乎一样，不同的是，工艺更先进！本来嘛，戴梓对火器过目不忘，只要看上几眼，回家就能给你造出来！

明朝时，称霸海上的荷兰人，曾一战而败给了中国人的火器，心里一直不服气。红毛子们回家之后，不知道是不是天天躺在干草上舔苦胆(我不知道他们会不会学中国人搞什么卧薪尝胆)，潜心研究，又搞出了一种新式枪。到康熙年间，他们拿着新式火枪到北京城向皇帝展示和夸耀。康熙又不悦，还是让戴梓想办法。结果，戴梓只看了荷兰人的枪一眼，回家也只用了八天时间，造出了一模一样的家伙！

由戴梓发明和仿造的多种火器，一一被康熙用到军中，用到国内战争中，威力发挥到了极致。

康熙三十五年(1696年)，康熙亲征准噶尔，带着戴梓发明的火器，真的是锐不可当啊。一次战斗中，康熙命令炮营向敌营开炮，子母炮大发神威，只三发炮弹就炸坏了敌营，终于大胜。

后来康熙攻打台湾，又是凭借这些火器，一举收服台湾。

有了这些火器，康熙牛得不得了。他下令军中，动用全国最好的生铁，大量赶制子母炮。对于连珠铳，康熙就不那么热心了。因此，大清国的军队，一直到后来，始终没有成建制地装备连珠铳，只有子母炮装备很多，也因此留下了不少文物可以让我们一睹尊容。康熙只发展子母炮不发展连珠铳是什么原因？可能他觉得，子母炮又大又重，不会传到民间，即便你个人想拥有一个玩玩，你要使用起来也很难，一百多公斤重的家伙，你三两个人怕是推都推不动吧？可是，连珠铳这种东西既轻便且厉害，方便携带方便使用，如果传到了社会上，如果传到了反对派手上，怕是不利于和谐社会的建设发展吧？所以，康熙老兄不再令人制造连珠铳，只让制造子母炮。在装备子母炮时，康熙也没忘记下一道命令：汉人军队，一概不许装备这些火器！

国内战争结束后，康熙觉得，身边的这个兵器天才，似乎也没有多大用处了。这样吧，让他到翰林院去编书吧。于是，兵器天才戴梓开始了他的文字生涯。

戴梓，在当时的中国是个奇迹。如果重用了他，中国的命运，大清的命运，也许不会如后来那么悲惨。

但是，大清并没有真的用好这个人，没有用好先进的技术。一直到乾隆，仍然没怎么用。乾隆时的大学士、相当于大宰相的纪晓岚写过一本《阅微草堂笔记》，将戴梓的这些发明，作为好玩的东西记了下来。我们看看吧——

关于连珠铳，他写道：

> 形若琵琶，凡火药铅丸，皆贮于铳背，以机轮开闭，相衔如牡牝，扳一机则火药铅丸自落筒中，第二机随之并动，石击火出，而铳发矣，计二十八发，火药铅丸乃尽，始需重贮。

纪先生是作为好玩的东西记下来的，不是作为重要的东西记下来的。他记这些东西时，这东西尚没有失传。如果他真的认为是国之利器，那为什么不找人仿造甚至大量制造呢？

纪先生也只是个文人。要知道，那些个只会读四书五经的酸文人，根本是没有什么见识的，只会给帝王家补点诗啊词的，根本不是现在电视剧上的那般能干和明白。所以，纪先生也不能幸免，也只是一个没有什么真正见识的酸文人。看看他老人家的这本《阅微草堂笔记》我们就知道，他老先生记了很多的鬼呀狐狸精啊什么的。至于新火器的发明和使用对国家对民族有多么重要，他没有想到过。如果他那会儿想到了，晚清被人家痛打时，也许还会有还手之力哦，可惜没有。

四、天妒英才

刚开始时，戴梓发明火器有功，康熙皇帝给他的赏赐是：南书房行走。这个职务，相当于现在中南海领导人身边的秘书。但在大清时，一些官员得到这个赏赐，只是得到一个名誉、一种职称，并没有领导人身边某些秘书那么大的权力那么大的派头那么大的胆子那么乱的作为。

然而，就是这么个虚名，也引起了一些人的嫉恨。其中一人就是南怀仁。

康熙的身边有一些来自西方的人物，中国近代史上记录很多的。其中一个人,大名是南怀仁。他应当是近代中国引进的较早的洋专家了。

洋专家和戴梓这样的土专家,有时也会比武的。据说他们真的比过几次。

一次是西人带来一种新式的火炮,康熙十分喜欢,就让南专家仿造。这位专家搞了很长时间,就是搞不出来。后来有人提出让土专家戴梓试试,结果,仅仅八天时间,土专家戴梓还真的捣鼓出来了。这一回,真让南专家气歪了大鼻子。

又一回,洋专家不服气,要和土专家比比日食的推算。众学者推出了戴梓。他们那一天要测算日食。结果,洋专家测算的时间到了,日食没有出现。片刻,土专家戴梓测算的时间到了,日食准时出现……

好了,有此二比,洋专家南怀仁真的气了,急了,有了危机感。这人在西方,本来是个十足的三流货,在他自己的国家,他那点本事,恐怕要找个工作餬口都难。可是到了中国,他能却一下子大把大把地赚银子。这样的人,在我们改革开放的早年,我们也是见过很多的。

洋专家南怀仁连输两场,真的急了啊。

洋专家急了,也是什么事都做得出来的。洋专家急了,更无顾忌,反正国家不是他的国家,人才不是他的人才,你的国家兴亡与他无关,只有银子最重要哦!万一翻了脸,大不了拍屁股走人!

如果真的只是拍屁股走人,那也不错,起码还算知道什么是荣什么是耻啊。可是,人家不走,就要跟你玩到底。

南怀仁嫉妒了,作为皇帝的顾问,他有许多机会告状。他给戴梓列了一个大大的罪名:通日本!要不然,他怎么会制造日本人的火器?!

康熙是聪明的,不然怎么可以成为十全老人?又不然怎么会开疆拓土?然而,聪明的康熙,最后却作出一个让他的子孙们用命运背负的决定:流放戴梓,让他到极苦极寒的辽东,永远不得回京!

康熙这么做,有他自己的原因:国内大敌已去,要这种新火器做什么?目前并没有什么大敌出现,火器嘛,不那么重要了。如此先进的火器,如果任其发展,如果流入民间,如果流入敌手,那怎么了得?想到这儿,康熙出了一身冷汗,暗自庆幸洋专家找了个好理由,可以远远地流放戴梓。

所以啊,不是南怀仁一个洋专家误了戴梓,误他的,是康熙,是皇帝,是中国人视之为天的东西!

天妒英才,英才就彻底玩完了!

五、天朝悲哀

火器,是近代西方国家强国的利器。

一向以天朝自居的中国,也是有火器的,而且很早就有了,而且并不比他们的差。

戴梓的父亲,在明朝为官时,就是火器专家。

明朝时,中国的火器比西方的火器略胜一筹。明代的火器有近百种,地雷、水雷、喷火筒、手枪(手铳)、大炮、散弹铳(上个世纪我们在乡村经常可以看到的鸟铳),那时候已经装备到军队,作为军队的常规武器了。

在明朝第三任皇帝朱棣的时候,明代的火器,应该说比欧洲是先进的。郑和下西洋,兵丁并不多啊,可是,这位海上远征军总司令,几乎是所向披靡,一直打到非洲,全无对手,所依靠的,就是他们比各国先进的火器,这才可以以少胜多。朱棣皇帝因为位置来得不怎么名正言顺,他毕竟是夺了侄儿的位子才得到皇帝位置的,所以,这位爷十分地敬业,害怕当不好皇帝而落个千古骂名,因此,样样要创新,火器亦要创新。于是,才有了明初火器的突飞猛进。如果,仅仅只是如果,如果就这么一直干下去,也许,我们的火器,早就领先当今的世界各国了,还用得着到了今日拿着钱哭着喊着要买人家的东西,还看人家的脸色吗?

明朝中期,政治腐败,当权者不思进取,火器发展有所停止,但也并不落后,毕竟咱们曾经是领先的嘛。但万历年时,火器发明得更多了,什么快枪、多管铳、大炮、早期的火箭、多管火枪,都已发明并装备军中。

因为火器多了,军队也向近代化转变。专业兵种开始出现,用大炮的,叫神机营;用车载炮的,叫车炮营;用火铳的,叫火枪营。全军用火器的，大约已达到了百分之二十。

中国军队与西方军队的战争，从明代后期，就已经开始了。那时候，在欧洲横行海上几无对手的葡萄牙、荷兰军队，跑到了咱家的大门口找茬儿，明朝海军一出战，就让他们大败而回。咱的火器好，没法子不打胜仗。

明亡，原因很多，如果没有火器，它早就玩完了。就因为火器，它才坚持了那么多年。明后期，一是天灾，二是人祸。十六年大水大旱，荒野千里，没吃的了，农民就会反啊；十万太监当政，干臣尽灭，没人用了，朝政就会完啊！明之灭亡，清之兴起，是个偶然。明确地说，清，北地一个小小的民族，能够占了大明的万里江山，实在是天上掉大饼，白捡了一个大便宜！

清与明，在辽西大战十八年，明的政治经济已经玩完了，可是，清，就是胜不了，为什么？因为火器！

清入了关，坐稳了天下，心态就变了，如戴梓这样的人，也许不重要了，也许是危险分子了！

坐稳了天下的人，心态的变化，往往很健忘，往往很容易忘记，忘记自己曾经的艰难。清，就是最典型的。他们忘记的事情，太多太多——

他们忘记了十八年打不下辽西这么个小地方，大队的人马，在明朝军队的火器面前死的死，伤的伤。

他们忘记了太祖努尔哈赤被火炮打成了残疾人，回到家不久就玩完了。

他们忘记了太祖努尔哈赤临死前对他们说过，千万要当心明军的火炮，那玩意儿太可怕了，娃娃们小心啊。

他们忘记了正是汉人的火器，帮助他们平定了国内的叛乱，打掉了周边的麻烦。

他们忘记了……他们忘记了自己还要干什么了。

坐稳了天下的人，心态的变化，往往很容易沉醉，沉醉于自己过去少许的成就。清，就是最典型的。他们沉醉的事情，太多太多——

他们沉醉于马刀，入了关，当了中原之主，他们在太阳光下，看着广阔的原野哈哈大笑，就是这东西，让他们征服了这么大一个中国。

他们沉醉于弓箭，举起一张张破弓，纵马在肥沃的土地上狂奔，看着远远躲开的汉人哈哈大笑，就是这玩意儿，让他们征服了比自己多N倍的汉人。

他们沉醉于自己的八旗军制……

坐稳了天下的人，心态的变化，往往很自私，自私于自己的家天下会不会有什么危险，往往会从自己很小的地方想事儿，担心有人会用什么新东西对付自己。

坐稳了天下的人，心态的变化，往往很固执。

坐稳了天下的人，心态的变化，往往很无知。

自私，固执，无知，愚昧，这样的人，不落后才有问题呢。

六、天作之孽

天要灭戴梓，谁也没有办法。虽然朝廷有许多人希望留下他，可是，天意谁敢违啊？

大清一代，官员们保身家、求上进的唯一法子，不是多想，不是多说，不是多干，而只有一个：只说是，或者只说“喳”！别用脑子想什么！在大清朝做官，只要做一只憨憨的猪就行了。

于是，正值中年的戴梓，带着家人，被流放到辽西的铁岭。

他知道不会再有人用他了，他知道他对火器的精通，已无用武之地。一个文人、一个专家，他能做什么呢？每天写写字，有时候画点画，卖给附近的人，混口饭吃。在破屋子里面，这老头常常对着自己的字画叹气，说，这东西是人人都会，有什么用啊？能挡枪子儿吗？能打敌人吗？能救国家吗？没有人回答他，也没有人听到他这样叹息。

有时候，没有人买他的字画了，他，就只好到野地里，找点儿农家收割时丢下的玉米，找点山上的榛子，填填自己的肚皮。

戴梓被赶走了，清的武备，也开始日落西山，一次次让人打得满地找牙！

英法联军不过几千人，而北京周围的守军有十多万人，大量的火器锁在仓库之中不曾动用。拿着大刀和长矛的军人们,听到炮声四散而去,看到排枪争先跑掉,区区几千人,追赶着十几万大军如入无人之境。

八国联军打进来时,与英法联军打进来的故事,几乎是一样的。

戴梓去后,中国的火器,成了中国近代史的一个死穴!虽然有政治腐败的原因,虽然有经济不良的原因,但是,我们每一次都会在火器上吃太大的亏!日军入华,蒋介石恨恨地说,我们的火器,实在不能与之一敌!常常是几个集团军的人马,围住了区区万人的日军,却无法完全取胜!美军入朝,我们的志愿军以整军的兵力围住一个营的美军,却怎么也干不掉人家,因为火力实在相差十万八千里,只好眼看着人家突围而去!

戴梓的命运,成了近代中国命运的一个缩影。

统治者,当权者,总是最不愿意看到创新的事物的,他们对创新有一种本能的生理排斥,有一种本能的生理厌恶。排斥和打击新事物,包括新的思想、新的制度、新的技术,在中国的近代,这实在是天作之孽!

从清到民国,戴梓,几乎是唯一的一个兵器天才,此前没有过,此后没有过。从晚清到民国,是中国国运的一个节点,一个大转折。这个时候,如果是在春秋战国之时,像戴梓这样的天才,是会受到重用的,此国不用,彼国必用。然而,他生不逢时,无人用他。本当为国之利器的他,却被当做破帚把丢在荒山野地之间。

自毁国之利器,天朝自己作孽!自作孽,岂可活?!

后人评他:磨剑半生虚售世,著书千载枉惊人。

这,不也是近代中国的切肤之痛吗?

七、天将何往

戴梓在辽西的铁岭生活了三十多年。三十多年,无人问他,无人理他。一个兵器天才,寂寞在风雨雪霜之中。

三十多年后,戴梓得到赦免,但已七十八岁。等他踏上返回北京的道路时,大清国眼看就要风雨飘摇了。

还好，戴梓死在回家的路上，他并没有亲眼看到大清国一次又一次在火器面前的惨败。否则，老头儿非给活活气死不可！

大清的后半个世纪，其实一直在挨打，一直在挨打之后充胖子，一直在充了胖子之后继续挨打。

它就这么在那儿支撑着，就像一个在拳击台上被对手打得无法还手无法自卫无法喘息的人，还要在那儿支撑着。你看着他支撑的那种难受样，你会比他本人更难受。所以，他早点倒下，早点结束，早点死亡，也许是唯一最好的解脱。这样的话，他自个儿轻松了，看的人也终于松了一口气！

大清，搞到最后那一步，不怪别人，只怪它的愚蠢。明朝留下的近代工业遗产，它完全不要；几次从海外传来的先进制度，它不选。连戴梓这样只问技术不问政治的天才，它都不能重用，大清这架政治机器，还能支撑吗？

中国人遇到大难，喜欢问天。天，会回答你吗？天将何往？天知道！

一个人的命运，是一个时代的缩影。戴梓倒霉，碰到那么个时代。时代，什么时候可以变呢？

时代之变，自大清以来，是有许多次机会的。从没有哪一个时代，如近代中国一样充满了变革的机遇。维新运动，洋务运动，新文化运动，民主宪政运动，好多好多机会，一一与我们擦肩而过。唉！

历史给了行将就木的慈禧一次机会，康梁等人要搞维新了，要变法了，大清不要，它要杀维新党人；历史给了手握重权重兵的袁世凯一次机会，民国了，宋教仁要搞民主议会制了，历史给袁大头做一次华盛顿的机会，他不要，他要当皇帝；历史给了刚刚上台的蒋介石一次机会，全国统一了，可以仿效美国式民主了，他不要，他要独裁无胆、民主无量……错错错，一错再错。就是有再好的火器专家、经济专家，你又奈何？

制度创新，是技术创新之母。陈旧的制度，是冷若冰霜的东西，而四周的变化，却如火如荼。我们对这一切漠然，用冰冷的心，用冰封的制度，面对如火扑面的变化，我们不落败，谁落败？！

冰与火的对决，该决出胜负了。

民国：市井谁人知国士
——史上最多变的自诩国士杨度

什么样的人可以称为国士？

是那些专业技术人才？是那些有点名气的学者？都不是。

在我的理解中，国士，是可以经天纬地的栋梁之才，是可以改变国家命运的经世之才。

在中国的历史上，有两个千年一遇的大变局，一个是春秋战国时期，一个是清末民国初年时期。春秋战国时期，诸侯纷争，国家走向飘浮不定；清末民国初年时期，列强纷至，国家走向再次飘浮不定。这两个时代，因为大动荡而造就了大批人才，确有人堪称国士。

春秋的时候，豫让称“王以国士待我”，但不敢说自己就是国士。清末民国初年的时候，杨度自称国士。正是这个杨度，在近代史上充满了争议。

杨度（1875—1931 年），汉族，湖南湘潭人。生于湖南湘潭姜畲石塘村，原名承瓒，字皙子，后改名度，别号虎公、虎禅，又号虎禅师、虎头陀、释虎。他是中国近代史上一个奇人，先后投身截然对立的政治派别，一生谜团，满身争议。

晚清民初，是一个非常特殊的时代。西方文明，坚船利炮在背后猛然侵袭，东方文化受到前所未有的质疑。中国向何处去，成为所有读书人关心的头号问题。

从湖南湘潭农家走出的这个杨度，被人称为一个非常奇特的人物。

他参与“公车上书”，积极支持维新变法，曾受人尊重；他做过宣统朝的学部副大臣，被称为“帝制余孽”；他为袁世凯铺陈帝制被当做“筹安首领”，遭民国政府通缉，遭国人的唾弃；他晚年又沉浸于禅宗之中，仿佛要寻找另一条通向彼岸的道路。

然而，很多年以后，根据一些当事人的回忆我们才知道，晚年的杨度又秘密加入中共地下党，被周恩来称为“杨度同志”。

“宪政专家”、“帝制祸首”、“投机分子”、“爱国者” ……他仿佛集“千变万化”于一身。在这种急躁的表面下，饱含的是一个读书人高涨的野心还是一代知识分子渴望祖国强大的赤诚热情？或许两者兼而有之？

1926年冬天，曾经豪情万丈的杨度，曾经激情满怀的杨度，穷途末路，已经要靠给人做幕僚来维持排场，显示其在政治舞台上的存在。但是，他依然豪情万丈激情满怀，赋诗曰：

> 茶铛药臼伴孤身，世变苍茫白发新。
> 市井有谁知国士，江湖容汝作诗人。
> 胸中兵甲连霄斗，眼底干戈接塞尘。
> 尚拟一挥筹运笔，书生襟抱本无垠。

如今，又有多少人真正知道这位北洋时代曾经的“国士”呢？

一、一心博取帝王学

杨度，现代中国的伟人毛泽东的同乡，湖南湘潭人。

有人说，杨度是湘潭有史以来最大的骄傲。

五十六年的人世道路，布满崎岖。杨度是怎样开始的，又是怎样艰难完成的？

1895年冬天的一个夜晚，湖南衡阳有些冷。

船山书院一代名儒王闿运与二十一岁的杨度，谈论着人生的道路。

也许就是这次冬天寒夜的谈话，注定了杨度的命运。

杨度，祖先世代务农，典型的农家子弟。到杨度的祖父杨礼堂时，太平天国起义军到处闹事，湖南人曾国藩回乡组织湘军，与太平天国军对决。杨礼堂参加了湘军，并在战争中建立功劳，当上了哨长，还得到了正四品都司衔。杨度的大伯杨瑞生也随父亲杨礼堂参军，父子同在一营。后来，在三河之战中杨礼堂阵亡，杨瑞生死里逃生。杨瑞生后因军功升为总兵，驻归德镇、朝阳镇等地。杨度的父亲杨懿生，是杨礼堂的第四子（次子、三子早夭）。因为父亲和兄长已经参军，所以，他在家务农，兼作吹鼓手。杨度，就是这位吹鼓手的长子。

年仅十岁时，杨度的父亲意外去世。承受了丧父之痛后，他被过继给伯父。十六岁改名为度，字晳子。伯父迁关外朝阳镇时，杨度和妹妹回到湘潭。

光绪十八年（1892 年），杨度考取秀才。次年（1893 年），顺天府乡试考上举人；二十年、二十一年，甲午科、乙未科会试均落第。会试期间恰逢"公车上书"，他亦附和，并由此认识了梁启超、袁世凯、徐世昌等。还乡之后，杨度师从衡阳东洲、船山书院一代名儒王闿运（壬秋，湘绮）。

杨度与王闿运大约于光绪十四年（1888 年）初识，此时杨度十三岁。王闿运亲自到杨家招其为学生。此后，师生关系亲密，杨度深受王喜爱，甚至可以随便开玩笑，王在《湘绮楼日记》中常称杨度为"杨贤子"。

王闿运，湖南奇人，著作丰富。他好治经学，并以致用为目的，屡入官场，总不顺利。从他给自己的挽联中我们可以看到其人的志向：

> 春秋表未成，幸有佳儿述诗礼；
> 纵横计不就，空余高咏满江山。

一个不得意的大文人，是会十分爱惜人才的。不能做官，不能治世，那么，退而治学，收天下英才而育之，不也是一件快事吗？

因此，王闿运爱惜这个天资奇佳而胸怀壮志的弟子，他准备将自己平生所有的学问倾囊相授。

因此,便有了冬夜的师生对谈。

王闿运问杨度:我这里有三种学问:功名之学、诗文之学、帝王之学。杨贤子啊,你想学哪一种呢?

功名之学:学习就是为了个人的功名,为了考官。所以,学问不过是敲门的砖石。搞这门学问,不必深究圣贤的精义,不必身体力行做人的真理。一旦功名到手,砖石可以尽弃,只需遵循权力场的潜规则即可。

诗文之学:这门学问,是要探求古今为学为人的真谛。如果选择这门学问,你可能要用毕生精力治,专心研究某一经书或者某一史书,辨正纠误,烛幽发微,登群籍之巅峰,览历代之得失,究天人之际,成一家之言。总之,其学不以力行为终极目标,而以立言为本职,你大可以坐在自己家中去做个学问家。

帝王之学:这是王闿运最为钟情的学问。记得曾国藩湘军强大、消灭太平军在即时,王闿运曾经专门给曾国藩写信,鼓动他自立为皇帝。帝王之学,是王闿运心中的大学问。他这样描述:“以经学为基础,以史学为主干,以先秦诸子为枝,以汉魏诗文为叶,通孔孟之道,达孙吴之机,上知天文,下晓地理,集古往今来一切真才实学于一身,然后登名山大川以恢宏气概,访民间疾苦以充实胸臆,结天下豪杰以为援助,联王公贵族以通声息……斯时方具备办大事的才能。再然后,或从容取功名,由仕途出身,厕身廊庙,献大计以动九重,发宏论以达天听,参知政事,辅佐天子,做一代贤相,建千秋伟业;或冷眼旁观朝野,寻觅非常之人,出奇谋,书妙策,乘天时,据地利,收人心,合众力,干一番非常大业,以布衣为卿相,由书生封公侯,名震寰宇,功标青史。”

显然,王老师也是钟情于帝王之学的!

好一个帝王之学,好一番振聋发聩之言!帝王之学,正是王闿运一生心魂所系。遗憾的是,王闿运生不逢时,没能亲身践行,要么是所托非人,要么是所遇非时。如今,他年过古稀,好不容易觅到一个与自己气味相投的弟子,自然不肯放过教诲的契机。

晚清时节,风云激荡,民族危急,读书人中,奋起立行的,大有人在。“为天地立心,为生民请命,为往圣继绝学,为万世开太平”,这样的激励，自然会让人心向往之，更何况是怀有鸿鹄之志的杨度？

杨度几乎不假思索，选择了帝王之学。

王闿运提醒，这门学问，翻云覆雨，风险极大，“大德大善与大罪大恶，不过一纸之隔”，“入凌阁、上封神榜的是它们，油烹刀锯，甚或毁家灭族的亦是它们”。

老师再提醒：这门学问，既不如功名之学稳稳当当，又不像诗文之学的清高雅致。如果你真的要选择这门学问，可要想好哦。想好了，决定了，不许后悔！

青年杨度，热血热肠，豪情豪语，说：“我愿意！我决定！虽千万人吾往矣！”

他的意思是说，只要能成就一番流芳千古的伟业，即便不得善终，也是毫无怨悔。

二十一岁的杨度，用整个的身心，奔向帝王之学！

湖南冬天的深夜，很冷。这时候的中国，也正在最寒冷的冬日之夜！太多的苦难，太多的强敌，太多的失误，太多的危急，已经让我们这个民族，如去年的美国股市和中国A股，跌到了万丈深渊！一个挣扎在万丈深渊的民族，难道还不觉得寒彻骨髓吗？！

深夜的这次畅谈，师生两人建立了前所未有的人生共识，订立了日后遵循的精神契约。

杨度在王门学了三年，他醉心于王氏帝王之术。这，对他的一生产生了深远的影响。

他曾与友人说：“余诚不足为帝王师，然有王者起，必来取法，道或然与？”杨度的弟弟妹妹杨钧、杨庄也学在王门，杨庄后嫁与王家第四子。同门还有夏寿田、八指头陀、杨锐、刘光第、刘揆一、齐白石等。

晚清社会，如云海翻腾，时局剧烈变化，新知时时闪现。后来，杨度对新学也开始感兴趣。光绪戊戌年（1898年），全国变法热兴起，湖南开始新政，谭嗣同、熊希龄、唐才常、梁启超在长沙办时务学堂，蔡艮寅、刘揆一、杨度等人纷纷前来一同听课，共同讨论国家的改革大事。

尽管杨度不断接触新学，但是，在骨子里面，他依然是船山书院真正的弟子,是王闿运帝王之学的忠实传人。他,始终热爱帝王之学,以至于帝王之学永远沉积于杨度的生命的最深处,就如他生命中永远不灭的火种。当然,帝王之学,日后也成为他生命中最重的负累和最大的阴影。

眼下,杨度正意气风发,准备着大展身手。

杨度的理想也已渐渐明朗:从国家体制改革入手,借助西方和日本的经验,植入大清的国体,然后,将大清进行宪政改革,那就是:以宪政学为表、以帝王学为里,辅佐君主完成立宪大业,自己则做一个当朝宰辅、千古名相。这就是杨度为自己的人生绘制的美好蓝图。

二、一句名言传千古

杨度有名言:“若道中华国果亡,除非湖南人尽死。”

一句名言，真可千古流传。这句名言，是杨度第二次东渡日本所作。

杨度第一次到日本留学,是 1902 年,也就是光绪二十八年。东渡日本求学之前,老师王闿运是反对的。王先生认为,帝王之学在中国,日本那么一个小小的国家,能有什么真学问啊?为了照顾老师的情绪,杨度只好瞒着老师,悄悄地到日本求学,而且还是自费的。

到日本后,杨度很快进入东京弘文学院师范速成班。他的同学中,有黄克强等清末民初的名人。

这时候的杨度,个子长高了,他如许多南方人一样,脸形瘦长,双目灼灼,风度翩翩,儒雅斯文,一看就是有为青年啦!

在湖南衡阳船山学院,杨度数载苦读,经历了静寂的日子。到日本东京两年,杨度目睹的是这个小国家令人目眩的繁华。

岁月无情,时光无情。无情的时光划过之后,一个风华正茂的青年走向成熟。

在日本,杨度时时想到自己的老师。他明白,尽管王闿运老师有长者的宽仁之风,却仍然不希望最心爱的弟子过早沉迷于西学。

王闿运与张之洞属于同一代人。不同的是,张之洞的眼光更为宽广，对西方文明也更能理解。而王闿运则受中国传统的羁绊更深更沉重。所以，当得知杨度悄然东渡日本之后，老先生的心情是沉重的，是忧郁的。

王闿运的忧郁，很快被证实。受留日学生影响，杨度思想日趋激进，和湖南留日同乡创办《游学译编》。筹办《游学译编》需要钱啊，在日本，靠打工能挣几个大毛啊？于是，杨度回国了，回国筹集资金。回国后，杨度找到自己的老师，请老师帮忙。老师总是爱自己的学生的，他把杨度介绍给正当着大官的张之洞，张之洞在称赞杨度的同时，也给了一些经济上的支持。拿着经费，杨度再往日本。

到日本半年后，杨度参加结业大会。会上，日本高等师范学校校长嘉纳治五郎发表了贬低清国人的言论，杨度听后很是气愤，当场和他就国民性和教育问题激烈辩论。不久，他将自己的观点以《支那教育》为题，发表在梁启超的《新民丛报》上，此举为杨度获得了中国留日学生的支持和赞扬。

1903年，光绪二十九年，杨度学成回国，被保荐入京参加新开的经济特科进士考试，初取一等第二名。一等第一名是未来的北洋政府的财长、杨度的同事和政敌：梁士诒。由于梁士诒这个名字被说成是"梁头康尾"，而"康梁"因为戊戌变法，正为慈禧太后所恨，所以，梁士诒被除名。杨度受到牵连，又是"湖南师范生"，且在日期间有过攻击朝廷的议论，策论中又有不满朝廷的言论，被怀疑为革命党人，也被除名，并受到通缉。本来好好的一场考试，搞成了这个样子，杨度很有些气恼，只好避居家乡。

天天在家躲着也不是个办法啊，何况，杨度的心中装着天下的啊。于是，他决定再赴东京。这一次到日本，他选择了弘文学院，到那儿继续自己的学习。

这个时候，他的弟弟和妹妹作为湖南省第一期官费留学生，也留学日本。

这一年秋天，杨度与梁启超在横滨相遇。10月，两人常常相谈，每每谈到国事，总是伤心不已。这时，梁启超发表了《少年中国说》，影响很大。1903年10月，心忧国事的杨度，也写了一首长诗：《湖南少年歌》，发表于10月4日的《新民丛报》。作品一经发表，“若道中华国果亡，除非湖南人尽死”这句名言，就在旅日华人中广为传诵，更成了脍炙人口的名句。

此时杨梁“二人相与，天下之至好也”。

1904年，即到达日本的第二年，杨度转入日本法政大学速成科，集中研究各国宪政。同学中有汪精卫等。

此时在日留学生爱国热情高涨，保皇派、排满革命派各自宣传自己的主张。

杨度留学时期的东京中国学界，可谓卧虎藏龙。论人物，有梁启超、黄兴、宋教仁、胡汉民、蔡锷等；论报刊，有梁启超主持的《新民丛报》，杨度和黄兴主持的《游学译编》、《中国新报》，以及《国民报》、《浙江潮》等。此外，还有一批以通俗语言写成的小册子，如陈天华的《猛回头》、《警世钟》，宋教仁的《灭汉种策》，秦力山的《革命箴言》等。

为了国家的强盛，为了人民的幸福，中国革命的先行者们和中国改良的先行者们，已经在日本开始结社。势力最大的一派，是主张渐进改良的康有为、梁启超，另一派是主张暴力革命的孙中山。两派人物，拥有共同的敌人，却持有不同的观点，时时论战，争吵不休。

杨度，因为早年学的是帝王之学，当然了，帝王之学，如果没有帝王，那这个学问还有什么用啊？所以，杨度是主张宪政的，在写完名动一时的《湖南少年歌》之后，他从弘文学院转到东京法政大学速成科，以便更好地研究宪政。

杨度一生思想的精华之作，名《金铁主义说》，正是在这一期间完成的。

21世纪的头几年，有一本叫做《货币战争》的书，非常流行。杨度的这一长文，在那个特定的时代，比起《货币战争》深刻多了！

杨度所谓的“金铁主义”，指的是一种“经济的帝国主义”：“金者黄金，铁者黑铁；金者金钱，铁者铁炮；金者经济，铁者军事。欲以中国为金国，为铁国，变言之即为经济国、军事国，合为经济战争国。”

这是杨度在这一长文中的总纲。

据说，杨度的这个观点，是受了德国某些思想的启发。当康梁与孙中山各执一词争论不止时，杨度希望提出第三条救国之路。当康有为等人提出君主立宪制的时候，当孙中山等人提出暴力革命的时候，我杨度提出一个与你们完全不同的救国论，这就是金铁主义说。这个观点，与渐进派的维新救国论、激进派的革命救国论并列，是为救国的第三条道路。杨度，是个要标新立异的人。

就在这篇文章的第七节，杨度明确提到了“君主立宪”——“因内根于帝王之学，外受英国、日本君方立宪制的影响，形成君主立宪思想”。

年轻时代的杨度，还有一个特点，那就是颇有侠者之风。他热心国事、友善同学、才华出众，在中国留日学生中很有威望。

蔡锷也曾在日留学。据说，蔡锷在日本的时候，与杨度关系最好，休假日必到杨度家吃饭。1905 年，杨度被选为留日学生总会干事长，后又被推举为留美、留日学生维护粤汉铁路代表团总代表。

杨度带头请愿，要求废除 1900 年中美粤汉铁路借款续约，主张收回路权自办以维护国家主权，发表《粤汉铁路议》。他以总代表的身份回国，根据他老师的对策，提出官绅筹款自办。他拜见张之洞，得到张的支持。不久粤汉铁路收回自办，他圆满完成任务，声望大增。

杨度与孙中山是朋友，是肝胆相照的朋友。在东京，两人就中国革命问题辩论数次，“聚议三日夜不歇，满汉中外，靡不备论；革保利弊，畅言无隐”（章士钊《与黄克强相交始末》）。杨度虽然不赞成孙中山实行暴力革命的思想，但他却将自己的同乡、暴力运动专家黄兴介绍给孙中山认识，并促成孙黄合作。孙黄联合，才有了中国同盟会的成立。为感谢杨度，也为了壮声威，孙中山力邀杨度参加同盟会。杨度说，我就不参加了，我们还是做朋友，各做各的事情吧。

在杨度看来，大家做的事情，同为救国，只是道路有所不同。

1905 年，日本文部省颁布了《取缔清国留日学生规则》，并称清国的学生“放纵卑劣”，恶语中伤，激起留日学生的抗议。杨度以干事长的名义递交抗议书。在这种情况下，中国留日学生分成了两派，一派主张自办学校，一派主张向日本政府妥协。湖南人陈天华悲愤交集，蹈海自尽，引起极大反响。发生这样的悲剧性事件，作为总干事长的杨度受到办事不力的指责。为此，杨度也十分内疚。

1906年，清政府派出镇国公载泽、端方、徐世昌等五大臣出洋（欧、美、日）考察宪政。为了交差，熊希龄赴日请杨度和梁启超捉刀起草报告，杨度写了《中国宪政大纲应吸收东西各国之所长》和《实行宪政程序》（梁写《东西各国宪政之比较》），由此博得大名。

根据杨度操刀的这个报告，清政府下诏预备立宪。此时的杨度仍在日本。

1907年，光绪三十三年，杨度在东京创立《中国新报》月刊，任总编撰。他在报纸上宣称："不谈革命，只言宪政。"为此，杨度与梁启超发生了观念上的分歧，两人因此分道扬镳。在日本期间，杨度发表十四万字巨论《金铁主义》等许多文章，宣传君主立宪，主张成立政党，召开国会，实行宪政。一时间，杨度的《中国新报》与梁启超的《新民丛报》、同盟会的《民报》，各自坚持自己的主张，形成三足鼎立之势。杨度在办报同时，还组织政俗调查会（后改名宪政讲习会、宪政公会），以设立民选议院为立宪运动的中心目标。

这就是杨度。在历史激变的大时代，他坚持自己的主张，并身体力行，表现了湖南青年的卓尔不凡。

卓尔不凡的杨度，更是卓尔不群的。杨度既不倾向维新派，尽管他与康有为、梁启超等维新巨子都有交情，政治思路也很接近他们，但杨度并不赞成他们。同时，杨度也不倾向孙中山代表的革命派，尽管他与孙中山、黄兴都是至好的朋友，但杨度同样不赞成他们。他要坚持自己的主张，实行自己平生所学的帝王之道。

这，也成就了中国近代史上一段脍炙人口的逸事。

1905年7月，杨度与孙中山相会于东京。

后人记载，说是杨度与孙中山互相约定："吾主张君主立宪，吾事成，愿先生助我；先生号召民主革命，先生成，度当尽弃其主张，以助先生。努力国事，期在后日，无相妨也。"（刘成禺《世载堂杂忆》）唐浩明先生所著的三卷本《杨度》对这段逸事有着精彩的描述，虽然是小说家言，却极能传达当时两人的心声与冲突。笔者本人在观看电视剧《走向共和》的时候，也看到这部电视剧中演绎了这一幕。看到杨度与孙中山两人诚挚地如此约定，真让我们这些现代后生感慨不已，感慨当今的世风真的不古！

两人在讨论的时候，孙中山向杨度介绍三民主义及五权宪法，杨度则回以金铁主义。

理念如何落实，两人再次发生分歧。“如何建立责任政府，谁来给人民以自由”？这条路怎么走？杨度的看法偏于保守，他认为，只要清政府同意立宪，完全可以承认它们的合法性地位，而且，中国应该施行君主立宪，而非民主立宪，因为后者在20世纪初叶的中国并不具备足够成熟的条件——这些思想决定着杨度以后十多年的奋斗方向。

帝王术与宪政梦，一直纠结在杨度的灵魂深处，甚至构成“体用论”（哪一个是体，哪一个是用；哪一个是目的，哪一个是工具；哪一个是主干，哪一个是枝叶）的剧烈冲撞。

三、一种实验难评说

1905年，清政府腐败无能，激起全国浩荡的反对浪潮。无奈之下，清王朝打出最后一张王牌：预备立宪。

随后，清政府便派载泽、端方等五大臣出洋考察。

历史就是如此地机缘巧合。因为考察宪政的清朝官僚对宪政几乎无知，便想出请人捉刀代笔写考察报告的鬼主意。

当时，他们定下两个人选，一为梁启超，一为杨度。但他们担心梁启超有戊戌积恨在身，不会轻易答应干这种龌龊之事。五大臣委派的代表熊希龄只得远赴东京，去做杨度的工作。也好在熊与杨度是同乡旧友，而杨度对当局的态度，较之梁启超与孙中山等人又要温和一些。何况这确是他教育帝王、施展抱负的上佳时机，因此，杨度欣然接受，同意捉刀。

以杨度之才，区区一个报告，简直易如反掌。同时，他还劝说梁启超帮忙写下《东西各国宪政之比较》。他自己则提交了两篇论文：《中国宪政大纲应吸收东西各国之所长》和《实行宪政程序》。杨度因此博得“宪政专家”的大名，并为1907年的飞黄腾达铺设了坚实的阶梯。

1907年，光绪三十三年，梁焕奎、范旭东筹备湖南宪政公会，有意拥杨度为会长。

这年10月，杨度回国，参加伯父的葬礼。12月成立湖南宪政公会，杨度当选为会长，并起草《湖南全体人民民选议院请愿书》，请他的老师王闿运作过修改，联络不少湖南名流联名上奏。

这一举动，开了清王朝时代的请愿运动之先河。

同年，清王朝的闹剧开始上演，中央政府下诏书，宣称“仿行宪政”。既然要行宪政，必须找到专家，于是，张之洞、袁世凯联合推荐杨度，说杨度“精通宪法，才堪大用”。就这样，布衣杨度进京了，直接担任四品京堂候补的官职，主要工作是在宪政编查馆行走，并担任颐和园外务公所教习，为清廷权贵大臣讲授宪法。

杨度在颐和园开了一个贵族班，专门向皇族亲贵讲说立宪的必要性，极力主张开设民选议院。王公们听宪法讲座，在中国历史上是第一次；王公们学习法律，在中国历史上也是第一次。

作为晚清“宪政专家”，杨度做了许多事情。客观地说，他做了他应该做的事情，做了顺应时代潮流的事情。

同时，杨度还是清政府关于立宪文件的专门写作组负责人。

1911年，清王朝成立“皇族内阁”，杨度任统计局局长。

这时候，摄政王载沣要杀袁世凯。杨度和袁世凯私交颇深，关系非同一般，又怀有知遇之恩。他认定袁就是他要找的“非常之人”，而他就是帝师。所以，杨度拒不草诏，亲王也拿他没有办法。

终于，辛亥年到来了，中国历史的重大转折时刻到来了。

这一年，武昌新军起义，打响中国革命的第一枪。

武昌起义爆发，国家向何处去？杨度有自己的判断。

他卸下清政府的统计局长一职，他要到河南去。

他来到河南，来到河南安阳，陪伴袁世凯身边，甘心成为袁的幕僚。

袁世凯就任中华民国的临时总统后，立即聘请杨度为顾问，“出入府中无阻”。而几次内阁部长的提名，杨度榜上有名，甚至被拟订为熊希龄“名流内阁”的交通部长，可终因南北两方的权力平衡而被挤下。

袁世凯想来想去，怎么也不能让这位大才子闲着啊，于是，他请杨度担任教育部长。

杨度却回答："我愿意帮忙，但我不帮闲。"

——交通部长，忙职；教育部长，闲差。如果让我干个忙的差事，有权有为，当然可以。但如果让我干个闲的差事，无权无为，当然不可以的！杨度要的是大作为，不是什么虚假的待遇、名誉。

1912年秋，杨度并不得志，北京的日子，也过得清闲。这时，黄兴来北京了。黄兴曾是杨度介绍给孙中山的，因此，对杨度存有感激之心，他极力邀请杨度加入国民党，杨度不答应。后来，国民党内的大佬胡瑛等又请杨度入党。杨度说，除非国民党放弃政党内阁的主张，我才可以考虑。

1914年，中华民国才三岁，袁世凯宣布解散国会。

杨度是自负的。他认为，自己是袁世凯智囊中的头号王牌，理应排在帝师王佐的高位。可是，袁世凯执政下的民国，五次组织内阁，杨度始终得不到一个好位置。袁世凯最后一次选举国务卿时，杨度抱有热切的期望，满以为这一次一定能够当上。结果，袁世凯指定了自己的老朋友徐世昌。杨度心中，郁闷得很！

郁闷之中，杨度怀念起了从前。一个不得志的人，往往会怀念从前的。恰恰此时的民国，矛盾重重，宪政建设乱七八糟。

先说各种矛盾吧。总统与内阁的权力之争，从不休止；中央与地方的利益之争，从未间断；袁世凯与国民党的互相攻击，从没停歇；东洋人西洋人老毛子之间，既互相斗争又同时给中国施压。新建的中华民国，如一个刚刚出生的孩子，一下子要单独面对自身的饥饿，还要单独面对四周的虎狼，真的是举步维艰，阴影重重！

于是，一种思潮出现了：现在民国的体制，不如前朝的专制政体更适合目前的形势。

这种思潮，在北京不断蔓延。这，正是让中国从共和退向帝制的第一根导火索。

当国民党在南方打响倒袁的枪声时，杨度仍然在北京，他依然是君主立宪思想的铁杆拥护者。主张帝制而一直未受重用的他，等待机会，渴望机会，也渴望并准备着东山再起。

正在此时，袁世凯想做皇帝的消息传来了！

听到这个消息，杨度十分兴奋。苦学多年的帝王术，这一次，也许真的派上用场了！

杨度身受无尽的骂名，就是因为这次的表演！

为了给袁世凯称帝推波助澜，杨度联合严复、刘师培、孙毓筠等人，成立机构，开展活动。他们的机构，是筹安会；他们的活动，是研究国体问题。杨度自任会长，亲自研究这么一个问题：共和政体适用于中国与否？中国已经共和，还需要研究吗？不共和，难道独裁吗？哈哈，杨度就是这么样的，但他还不能直接这么说，一定得披上学术的羊皮。

尽管披上了学术的羊皮，但民众并不笨，大家都知道，这帮什么筹安会的人，其真正的意图就是来做吹鼓手的。杨度父亲是乡间的一名吹鼓手，现在，他成了北京城的一名吹鼓手！不同的是，他的父亲只为乡间婚嫁吹鼓，而他则为帝制而吹鼓。

1915年4月，中华民国的第四年，杨度呈送《君宪救国论》。他说："中国如不废共和，立君主，则强国无望，富国无望，立宪无望，终归于亡国而已……故以专制之权，行立宪之业，乃圣君英辟建立大功大业之极好机会。"据说袁世凯看到这样的奇文，赞许说："至理名言哪！"

中华民国早年，媒体发什么新闻，还是很自由的，基本上没什么人管的。一些媒体对杨度等人看不惯，就写文骂，还有一家当时的报纸，发讽刺漫画，名叫《走狗图》，指筹安"六君子"就是袁世凯养的几条走狗。杨度对此不以为意，也不以为耻。杨度万余字的《君宪救国论》，以问答形式，探析中国实行君主立宪的必要。一位老外这样评价："这份文档，部分吸收了现代世界的事实，但依然彻底保留了其反动性与逻辑混乱。它作为典型中国智慧的工作方式的一个生动例证，是如此显著，以至于我们不得不予以特别的关注……它包含了理解古老中国智慧的所有基本元素，这些至今尚没有被完全摧毁。从文学的立场看，它也同样颇有价值，因为它是如此质朴。虽然它牵涉的是一个像中国这样的遥远地区，但它对现代政治理念的处理是如此古怪，它对学科研究的回击又是如此尖锐。"（见帕特南·威尔《帝国梦魇——乱世袁世

凯》)

杨度吹帝制,第一读者都当然是袁世凯。也许他就是写给袁世凯一个人看的!就像我们今天一些报纸,办得实在不怎么样,要新闻没新闻,要理论没理论,要幽默没幽默,整个一个要啥没啥,可这样的报纸也在天天出版啊,天天发大块文章啊,办这样的报纸,恐怕也有杨度写吹帝制奇文的心态,那就是谁写谁看,写谁谁看!

袁世凯爷俩看到杨度的奇文,高兴得不得了啊。袁世凯说:"小杨同志,你真是旷代逸才也!"

老袁说话,绝不食言,亲手写了"旷代逸才"四个大字,做成大牌匾,送到杨度居住地。这时的杨度,风光无限。

帮助袁世凯称帝,应该说是杨度一生最大的污点。

袁世凯称帝的丑闻传出,全国的反对浩荡如潮。在湖南家乡,杨度被骂为汉奸,被骂为国贼。他先前的好友梁启超称其为"下贱无耻、蠕蠕而动的嬖人"。杨度的昔日好友当中,先是梁启超发表反对帝制的雄文《异哉所谓国体问题者》,一支笔抵得上三千毛瑟枪;接着蔡锷潜逃出京,回到云南老家宣布该省独立,拉起军队讨伐袁世凯。

这一切,并没有让袁世凯担心。只要袁世凯北洋的班底还在,枪杆子还在,那就没有什么可怕的。

但是,北洋系统也出了问题。先前一个个表示支持帝制的北洋高级干部,因为分到官职不理想,或者其他的什么原因,跑出来发通电反对帝制,宣布自己所占的那个省份要独立。这么一来,袁世凯的势力没了,支持者也没了,底气更没了。

袁世凯只好回头,撤销帝制。可是,四方群雄已起,点火容易灭火难啊!次年6月,袁世凯重病之下,自知生命难保,临终前曾大呼"杨度误我"。当然,也有人写史说,袁世凯生命最后喊的是:"他害了我!"并不是什么杨度误我。

真的是杨度误了袁世凯,还是袁世凯误了杨度?或者两人本来就打着同样的算盘?

袁世凯死了,杨度送去挽联:

共和误民国？民国误共和？百世而后，再平是狱；
君宪负明公？明公负君宪？九泉之下，三复斯言。

无论袁世凯是否说了杨度误我，无论杨度怎样为自己的错误而开脱，无论过去和将来的历史如何评说这个杨度，总之，有一点是铁案如山的：在这场帝制闹剧中，杨度表演太过分，他已经用自己的行动，将自己牢牢地钉在了“帝制祸首”的耻辱柱上。洪宪帝制失败，黎元洪继任总统，当然要发布惩办通缉令，通缉推行帝制的祸首们。在民国政府的通缉令上，杨度名列通缉犯第一。

饱学帝王术的杨度，在清朝受政府通缉，在民国又受政府通缉，他的术呢？他的谋呢？都到哪儿去了？怎么总是自身难保啊？！

再度陷入困境，杨度开始反思，反思自己这些年到底做得对不对，反思自己人生和事业的道路为什么越走越窄！他好想写一篇文章，寄给青年类的刊物发表，题目就叫《人生的路啊，为什么越走越窄》。

可是，杨度还来不及动笔，恩师王闿运病故的噩耗突然传来。杨度悲伤不已，感从中来，提笔写下这样一副挽联：

旷代圣人才，试以逍遥通世法；
平生帝王学，只今颠沛愧师承。

——即便在这个时候，他对帝王之学还是念念不忘的。

袁世凯死了，帝国制闹剧收场了，杨度也心灰意冷了。他跑到天津、青岛的外国租界，因为只有外国人的租界，政府才无法抓人。在这个相对安全的地方，杨度闭门学佛，用佛的智慧，重新思考人生、反省过去。他以“虎禅师”为名写了不少论佛的杂文和偈语。经历了太多的沧桑，杨度要休息一下，要让自己的心冷静下来。

冷静后的杨度，真的清醒了。时隔不久，1917年，张勋复辟，找出清朝已经退位的皇帝，让他重新做皇帝。张勋复辟后，立即邀请杨度入京参加。他想啊，杨度是铁杆的帝制学者，一定会参加的。然而，杨度断然拒绝了。他不顾张勋曾经在他落魄之时有过接济的恩情，毅然发表《反对张勋复辟公电》。

杨度以身说法，加重了这一通电的分量。

他通电说："所可痛者，神圣之君宪主义，经此牺牲，永无再见之日。度伤心绝望，更无救国之方。从此披发入山，不愿再闻世事。"

他宣布：我将披发入山，遁入空门，学佛参禅。

他认为禅的基本精神就是无我，提出"无我主义"的"新佛教论"。

一边醉心佛学，一边写着文章，一边过着轻松的日子，杨度这几年的时光，还是快乐的。唯一不快乐的，或许是他不老的心！在杨度的心中，中国的国情是需要君主立宪的，只有如此，才能找到救国的最佳药方。我杨度之所以屡试不成，只是生不逢时，运气不好，风云不佳。既然天不作美，那么，也只好从此埋头佛学，不理乱世烟尘。佛家有言："放下屠刀，立地成佛。"

但是，深受帝王之术影响的杨度，真的能够放下那青春时节就开始生根发芽的帝王术与宪政梦吗？

有道是，提是提得起，放却放不下。

杨度晚年有诗云：

成是侯王败匹夫，到头归宿总丘墟。
帝师王佐都抛却，换得清闲钓五湖。

这首杨度晚年的诗歌，看似潇洒，实则愤懑。帝王术，在他的心中，太难放下了。

有学者写到杨度，讲了这样一个故事，我照抄一下：

曾经有这样一个故事：老和尚携小和尚游历，途遇一条河，见一女子正想过河，却又不敢过。犯难之际，老和尚便主动背该女子蹚过了河，然后放下女子，与小和尚继续赶路。小和尚不禁一路嘀咕：师父怎么了？竟敢背一女子过河？一路走，一路想，最后终于忍不住了，说：师父，你犯戒了，怎么背了女人？老和尚叹道：我早已放下，你却还放不下。

杨度与王闿运，正对应着小和尚与老和尚。王闿运说过，“世事可为则奉行帝王之学，世事不可为则奉行逍遥之学。”也就是说，帝王之学必须有逍遥（老庄）之学做补充调剂，才不至于走入暴虐的死胡同。王闿运确实是有大智慧的人，他的平生际遇之复杂，并不逊色于杨度，但他始终能拿得起放得下，真正的举重若轻。而杨度则不然。老和尚背负的“女子”（帝王术）一直让他念念不忘，杨度的生命，不能承受如此之重。

这是他的悲剧，更是中国一代宪政人的悲剧。

四、一份向往几人知

1918 年 3 月，北洋政府颁发赦免令，所有“洪宪帝制祸首”和“宣统复辟罪犯”一律特赦。在洋人租界上躲藏一年八个月之后，杨度终于可以公开回到北京了。

曾经声名狼藉的他，来到北京，无人理睬。拖家带口，京城米贵啊。杨度天天闷在家中参悟佛经、悬腕写字。他还找到画师齐白石，跟人家学画花鸟鱼虫。

作为名士，需得有一手好诗、一笔好字。杨度有这些。所以求字者众，润笔费高。所以，靠一支笔，杨度养活了自己一家人。

当时的大总统曹锟，小商人出身，后为职业军人，胸无点墨。那个时代的政客，对读书人都还是有好感的。曹锟也一样。他闻讯后，很是同情，让人送来银元两万，帮助杨度解决生活困难。然而，曹锟没有想到的是，自己作为国家领导人送上了亲切关怀，却没使杨度灵魂深处产生忏悔之情。杨度，悄然帮助着国民党准备推翻北洋政府。

君主立宪失败，促成了杨度政治主张的改变，他逐渐转向民主共和。

在北京写字谋生的日子里，有一天，一位南方来客叩响了大门。

来者是谁已不重要，重要的是来人带来了孙中山的紧急呼救。

当时，孙中山在南方建立政权，与中央政府分庭抗礼。可是，孙先生说革命是行家，干革命却还差点儿，他的内部总是不团结，分管军事工作的助手陈炯明发动政变，与孙中山反目为仇，而且用大炮轰击孙中山的元帅府！孙中山知道自己实力不行，害怕湖南的北洋军队奉命与陈炯明联手，那样的话，真的是小命不保啊。于是，孙中山急遣密使来到北京，找到杨度门下，请杨度做工作，说服曹锟别让驻军湖南的北军将领吴佩孚与陈炯明合作。这是1922年的事。

杨度在北京无人重用，此处不留爷啊。管他呢，此处不留爷，自有留爷处。孙中山的南方政权对他委以重任，任命杨度为“中山特使”，专门做北京的工作。杨度久已干涸的政治热情一下子被激活！

杨度宣称：我杨某人，“除救国外无事”！于是，他立即忙碌起来，通过老友把直系的几员大将说转了。不知是杨度的政治设计太天衣无缝，还是那位布贩子出身的曹大总统过于迷糊，前去扫荡南军的吴佩孚果真奉命按兵不动了。

孙中山和国民党因此躲过“鬼门关”，渡过了政治危机。

其实，杨度甘心效力国民党，当然也是为了践约——当年在日本时不就对孙中山说过嘛：你若成功，我就放弃原来的主张全力帮你！

孙中山事后说：“杨度其人，能履行政治家诺言。”

本来已经下定决心不怕寂寞要做职业佛学家和书法家，现在，却另有新的奋斗目标了。杨度终于又可以实现他的“帝道”了！他索性跑到上海，找到孙中山，主动提出要加入国民党！孙中山乐不可支，但国民党内却有人怀疑杨的入党动机是否纯洁。总理连忙通电党内干部亲为解释：“倾心来归，志坚金石，幸勿以往事见疑。”大意是这会儿杨度是铁了心回到革命队伍中来了，希望你们不要拿他往年不屑于加入本党的事来怀疑他。

1922年，杨度在上海加入中国国民党。加入了国民党的杨度，是不是可以大展雄才了？

不是。杨度一生，总不得志，总感觉斗志难酬。在北京，北洋直系政府倒台了，国民党好像觉得杨度没有多大用处了，干脆让他失业。

失业的杨度总得找事做，总得养家糊口。1926年春天，他到张作霖手下的大将张宗昌那儿挂了个虚职——总参赞。后来，张宗昌混上了直鲁联军总司令,杨度成为联军的总参议!

其实,这时候的杨度,是真切地盼望着全国共和的。他的内心的热望,又有几人知道?

北洋时代后期,杨度已经发生了巨大的变化,他"身在曹营心在汉",利用自己身为北洋政府高级幕僚的方便条件,游说京津济各系军政,尽可能给国民革命以帮助和方便,一度连张宗昌都被其离间,差一点转向南方的共和革命!

为了南方的共和革命,杨度周旋在北方的军阀巨头之间,一身胆,一身智,真有点像日后打入威虎山的杨子荣,只身闯入虎穴,离间敌人,赢得己方的胜利。

后来,北京政府倒台,南京政府统一中国,中国在名义上实现了共和。按说,杨度可以公开身份转入"地上"了,可以公开其国民党党员的身份了。可是,国民党高层不承认他,不接纳他,新上台的国民党新贵族们,如蒋中正等所谓的四大家族,几乎无人理睬这个曾经为他们深入虎穴的特殊人物,想想真让人寒心的!蒋介石掌握的国民政府在南京开张后,杨度下了岗。功臣下岗,历朝历代总是有的,反正杨度也不是第一次下岗了,无所谓!

最后,杨度找了一个很让人非议的岗位:给上海黑社会的老大杜月笙当秘书!

杨度对这位黑帮头子有过自己的评价。他一生最后的一篇文章是为杜月笙写的《杜氏家祠记》。在这篇文章中,杨度这样描写杜月笙:"予初闻杜君名,意为其人必武健壮烈,意气甚盛;及与之交,则谦抑山下,恂恂如儒者,不矜其善,不伐其能。人向往之,其德量使然也。"看来,杜月笙也不简单!

堂堂帝王学大师,怎么会给黑帮头子当秘书?杨度是不是又在玩什么花样?

有可靠消息说,此时的杨度,确实另有重任在肩:中共中央特科驻上海高级情报员!

杨度的一生,似乎走着一条奇特的道路,这条路很长很崎岖。

早在国民政府取代北洋政府之前,杨度和共产党人就有所交往,并接触到马克思主义，早在上海时就通过孙中山认识了李大钊。1927年，他曾在北京设法营救共产党人李大钊、成舍我。1928年，杨度到了上海，名义上是黑帮头子杜月笙的门下“清客”，也就是秘书，实际上为处于地下的共产党组织提供重要情报。

1929年秋，正是国民党白色恐怖最严重的时候，正是国民党对共产党人宁可错杀一千不可放走一人的时候，杨度就在此时申请加入中国共产党。作出这样的选择，要有勇气，有智慧，有牺牲精神！杨度有这些品质。

他的入党介绍人是潘汉年，批准人是中共上海地下组织的负责人周恩来。当然，上海形势严峻，杨度只能秘密入党，并与周恩来单线联系。周恩来离开上海后，杨度与夏衍单线联系。个别友人知道他加入了共产党，讥讽他投机。杨度说：“方今白色恐怖，云何投机？”

没错，杨度的这个回答，非常有力。共产党正处在极为困难的条件之下，他杨度用得着投这个机吗？他是真心的，是真诚的，是真心真诚地向往着共和的。

杨度共产党员的身份鲜有人知，直到四十多年后周恩来病危时才公之于世。

那是1975年冬天，周恩来重病在床，找王冶秋过来谈话。谈话中，周恩来谈到了重新修订《辞海》的工作，他说，对中国近代历史人物的评价要客观公正。周恩来还特别提到了杨度晚年参加共产党一事，原话如此：“他晚年参加了党，是我领导的，直到他死。”

1978年7月30日，《人民日报》发表王冶秋的回忆文章《难忘的记忆》，专门说到此事。

杨度一生，谜团很多，比如在清政府时帮助清政府的打击对象袁世凯，在北洋政府时帮助北洋政府的斗争重点南方国民党，在国民党时又帮助国民党的消灭目标共产党，一个接一个的谜，简直让你搞不明白这位老人家到底想干什么。

诸多谜团中，有人认为，杨度晚年加入中国共产党是最后一个难解的谜面。而且这个谜底埋藏近五十年，从他1931年病逝于上海，直到1978年7月30日，曾跟随周恩来总理从事秘密工作的国家文物局局长王冶秋，才第一次将这件事说了出来。如果不是周恩来最后嘱咐，也许，杨度的共产党员身份之谜，就会永远淹没在时间的长河中。

王冶秋的文章，讲述了这段历史真相：

> 亲爱的周总理在逝世前几个月，有一天，派秘书来告诉我：当年袁世凯称帝时，'筹安会六君子'的第一名杨度，最后参加了共产党，是周总理介绍并直接领导他的。总理说，请你告诉上海的《辞海》编辑部，《辞海》上若有'杨度'条目，要把他最后加入共产党的事写上。
>
> 我听了以后，一面告诉上海《辞海》编辑部，一面向许多人打听。大家都觉得很奇怪，从来没有听说过杨度加入共产党。但是大家也都一致认为总理重病在身，还记住向有关同志交代这件事，说明他关心同志，不忘为革命作过任何贡献的人，确实是胸襟磊落、处处体现党的政策的典范。

1982年11月23日的《人民日报》上，夏衍写文章纪念潘汉年，又一次提到杨度晚年入党的事情。原文如下：

> 大约在这一年（1931年）深秋的一个晚上，他（潘汉年——引者注）通过良友图书公司找我，见面之后，他就要了一辆出租车，开到法租界的薛华立路（现建国中路——原注）的一家小洋房里，把我介绍给一位五十出头一点的绅士。他们似乎很熟脱，相互间没有什么寒暄。汉年同志一上来就说："过几天后我要出远门了，什么时候回来也难说，所以……"他指着我说："今后由他和您单线联系，他姓沈（夏衍本名沈端先——引者注），是稳当可靠的。"这位老先生和我握了握手。潘又补充了一句："他比我大六七岁，我们是老朋友。"他们随便地谈了一阵，讲的内容，特别是涉及到的人的名字我全不了解。临别的时候，这位老先生把一盒雪茄烟交给了他，潘收下后连谢谢这句话也不说，我也猜到了这不是什么临别的礼品了。出了门，他才告诉我："这是一位知名人物，秘密

党员，一直是我和他单线联系的，他会告诉我们许多有用的事情，你绝对不能对他怠慢。”停了一会，又说，“这座洋房是杜月笙的，安南（指当时的法属殖民地越南——引者注）巡捕不敢碰，所以你在紧急危险的时候可以到这儿来避难。”这之后，我和潘汉年同志阔别了五年，直到抗战前夕才再次会面。他给我介绍的那位老先生，开头我连他姓什么也不知道，大约来往了半年之后，他才坦然地告诉我：“我叫杨皙子，杨度。”这一下可真的使我大吃一惊。

关于杨度入党有三种说法：一、是周恩来亲自介绍其加入中共。周恩来在 1928 年的中共六届中央领导机构里，系排名第二的政治局常委（仅在当时的党主席向忠发之后），组织部长、军事部长和中共中央秘书长，绝对核心，由他亲自发展党员，可见发展对象之非常；二、是中共特科的干将陈赓游说杨度，使杨度从此信仰了共产主义，后来经周恩来批准，潘汉年把杨度发展成了共产党员；三、国共两党第一次合作进行大革命的时候，李大钊就在北京将杨度发展成了共产党。当时，杨度是北洋将领们的座上客。

杨度特立独行，几乎是当时中国政坛的独行大侠。一个独行的侠客，除了相信个人的力量，几乎不会相信其他。杨度也是这样的。他用自己的一生，冒天下之大不韪，做人所不敢做之事。他所谓的帝王道，是相助“非常之人”，成就非常之事，完成救国大业。如此看来，一个学帝王之学的人，必须是位侠客型的人物，必然是位侠客型的人物。杨度就是大侠，他的精神深处，充满了救难助危、扶植弱者的豪杰习性。所以，袁世凯弱小时，他帮助袁世凯；孙中山弱小时，他帮助孙中山；共产党弱小时，他帮助共产党。是的，上个世纪 30 年代前后，中国共产党正是全中国的“弱势群体”，他们怀着高洁的理想，却到处受打压、被杀害。杨度这位大侠，能够不管吗？杨度无法按自己的政治理想改造中国，在帮助过袁世凯和孙中山之后，他便把最后的智慧献给了最能代表他理想与性情的中国共产党。

梁启超曾写信给康有为，专门介绍到杨度，说他“才似谭嗣同，当以国士待之”。今日看来，我们依然得佩服杨度的眼力与勇气。他对世界潮流的走向，总是判断准确，同辈人有多少晚节不保，他却能“晚节弥坚”。

有学者总结出了杨度和毛泽东的共同点，说法如下：

中华民国建立不到半个世纪，在这段时间之内，就有两个人企图要推翻它，并且都成功地实现了他们个人的计谋。奇怪的是，这两人竟然都是湖南湘潭人。其中一个是杨度，另外一个是毛泽东。

总结此说的人，是萧子升。萧先生是杨度的朋友，是毛泽东师范时的同学。

萧子升曾写回忆说，上中专时的毛泽东，“曾对杨度和他的政治行动感到极为兴奋和热切”。

而杨度，也对毛泽东充满好奇。1926年秋，杨度出任张作霖的安国军政府的要职（政治讨论会专职委员）时，曾向萧子升打听过毛泽东，因为他知道萧与毛为同窗好友。杨度问萧子升：毛泽东这个人，是否有才？是否能写文章？是否全无人情味？是否有杀父之心？杨度还问道：毛泽东的相貌是否丑陋？然后，杨度谆谆告诫萧子升：你与毛泽东关系密切，这已是公开的秘密，所以，你要多加小心哦。

那时的毛泽东，拿着在北京募到的一大笔钱正在家乡到处发动急风暴雨式的农民运动呢！

五、一名国士几人知

国士，顾名思义，国家级士人。士，是古时候对介于大夫和庶民之间的一个阶层的称谓。现代学者注解说，士，其实就是王公贵族的小老婆们生下的子孙，因为他们不是大老婆所生，所以没有土地公权等方面的继承权，只有一个贵族的名号——士。士人们没有产业，没有事业，只好整天挂着一把剑，到处找事做，干打工的活。而这些人因为出身的关系，又不会什么谋生的技术，当不了工匠，所以，只好去做战争的工具，古时候军队的主体，就是这些士人们。高级些的士人，用不着到军队到阵前冲杀，他们去做给诸侯们出主意的事情，就是谋国的大事情。这些人，是士人，是士大夫阶层。如果在这种工作中干到顶峰的水平，那就是国士了。

辞书上对“国士”的解释是：古时指国中才能或勇力出众的人，举例为司马迁说到淮阴侯时即发过如许感慨：“诸将易得耳，至如信（韩信）者，国士无双。”只有韩信那样的人才称得上是“国士”，而且，这样的人是“无双”的。

杨度晚年，曾根据孙中山的建议，准备撰写一部《中国通史》，他做了许多准备，并写好了大纲，然天不假年，未能完成。1931 年，他在上海租界因病去世，葬上海外国公墓。周恩来、潘汉年前往吊唁。

杨度 1931 年去世之前，早在病中就已为自己写好挽联：

> 帝道真如，如今都成过去事；
> 医民救国，继起自有后来人。

也许，一切的一切都是由于杨度的愿望太过美好。

杨度一生时运不济，虽然达到了立法者的位置，虽然当了帝王和贵族的老师，却有力无处施展——清政府的立宪，在很大程度上，只是欺骗民众的幌子，有谁会认真听杨度先生的“定法治”与“开国会”等学说呢？而朝廷的腐败成风与钩心斗角，以及外界的误解，更令杨度心灰意冷。

只有到了清朝灭亡之前的那几年，杨度的人生才开始灿烂起来。如果我们抛弃意识形态的成见，我们不得不承认，晚清政府“预备立宪”，是有一定正面意义的，它毕竟是近代中国的第一次宪政实验，无论真心还是假意。为此，杨度积极地努力着，他的努力值得尊敬。杨度还是清朝末年如火如荼的国会请愿运动的首倡者。

杨度一直强调法治的意义。即使在《君宪救国论》这样的文章中，他也如是立论：

> 盖立宪者，国家有一定之法制，自元首以及国人，皆不能为法律以外之行动，人事有变，而法制不变；贤者不能逾法律而为善，不肖者亦不能逾法律而为恶，国家有此一定之法制以为之主体，

则政府永远有善政而无恶政，病民者日见其少，利民者日见其多，国中一切事业，皆得自然发达，逐年递进，循此以至于无穷，欲国之不富不强，乌可得乎？

据说梁启超读到这一段，“深叹其于立宪精义，能一语道破。惟吾欲问杨氏所长之筹安会，为法律内之行动耶？抑法律外之行动耶？杨氏贤者也，或能自信非逾法律以为恶，然得毋已逾法律以为善耶？呜呼！以昌言君宪之人，而行动若此，其所谓君宪者，从可想耳，而君宪之前途，亦从可想耳”。（见梁启超《异哉所谓国体问题者》）

与杨度同时代的人，几乎都一样地对法治存有莫大的向往。但他们远远没有认识到，做一个优秀的立法者是何等艰难。而要做一个伟大的立法者，不仅要为国家与民族建设完好的宪政制度，更要作为宪政最忠实的守护神！

以往的历史，提及杨度，当然是没有什么好话的。直到近些年，学术言论日益宽松，对杨度的评判，可说是多样化了。但对于更多人来说，已经忘记了杨度是何许人也。

无论杨度持着怎样的理想，无论杨度怀着怎样的变化，但是，有一点是可以肯定的，杨度一生，都以一个学人的姿态在追求，在追求中坚持。这份追求，这份坚持，许多时候显得很固执，也因此显出了他的单纯。他，是一个真正的学人，一个有品质的学者。

当然了，杨度也是可悲可叹的。他执著于宪政。宪政，在中国进行得又如何呢？

所以，国士杨度的悲剧，应该是第一代宪政人的悲剧，是整个中国的悲剧。

朗月清风游侠心（代后记）

朗月清风的晚上，我总会换上宽松的衣服，蹬上粗布的鞋子，悄悄来到某个宁静的公园，一招一式，演练曾经演练了三十多年的拳法。我知道，我的一招一式，都在重复着他的影子，甚至连呼吸和意念都与他相似。他是我的启蒙师傅，一位身经百战而又宽厚善良的老人。如今，虽然他早已仙逝，可我却永远不能忘记他给我的一点一滴。

一

八岁那年，准确地说，是我吃罢母亲煮的八岁生日面条后的晚上，父亲从他工作的外地赶回家。他拉住我的手，拉着我到他的书房。

我家住的是老祖宗们留下的老房子，房子在江汉大平原的凤凰河边。屋顶高大的房子，里面是清一色的红杉，粗大的整根红杉列成排，作为房屋的支柱和骨架；宽厚的红杉木板，作为屋内的内墙；四周厚实的砖墙内，还有碗口粗的红杉做成的栅栏。后来有人说，这房子大概是清朝道光年间留下的。历史上的江汉大平原，匪患丛丛，水灾连连，所以，爷爷辈的人们，用木做房架以防水灾，以木做栅栏以防匪贼。只是由于新中国成立以后拆除了房子周边的配套建筑，唯一保留的这座老宅，已经不大，书房也很狭小，堆放了许多老旧的书籍。老旧的书籍，或躺或立，静静地，在它们该在的地方。昏而暗的油灯下，一个影子，静坐在书房的一角，静听父亲对我即将开始的教诲。

在我童年的记忆中，我的父辈们从来没有责骂过我，更从来没有体罚过我。每当我惹了祸，犯了错，他们总会将我带到这个小小的书房，隔一张桌子坐下，慢慢地对我讲述某一段历史故事，讲述某一个历史人物，让我从故事中明白我的错。这样的时刻，我会诚惶诚恐，我会战战兢兢。他们的每一个字，每一句话，落在我童年的心上，比任何鞭棍的抽打都重啊！我童年的记忆，几乎就是在书房谈话的记忆。我童年记忆中最惧怕的事情，也是书房的谈话。

八岁生日的这一天，父亲专程回家，带我来到小书房。我的心忐忑不安。今天，这个月，我并没有出什么错，也没有犯什么事，父亲为什么要和我谈话？我在猜测。

“今天你八岁了。”父亲说。凝重的眼神里，闪过一丝难以察觉的怜爱。

“八岁该做什么？”父亲在问。

我一时想不起该做什么。我是家中的长子，没有哥哥做榜样，八岁的我该做什么？我小心地摇头。

父亲叹了一声，很轻。我知道他有叹气的习惯，大约怀才不遇的人，都会常常这样叹息。父亲的这声叹息，应该不是对我的责备。然后，父亲端着油灯，从屋角请出那个影子。

影子径直走到书桌前，坐在父亲坐过的椅子上。我看清了，哦，他是我的外公的堂弟，是远近闻名的拳师和大侠！

“从今天起，我是你的师傅。”影子说。师傅姓左，讳召炎。昏暗的灯光下，他形容枯槁，双目炯炯有神。简短的拜师礼仪之后，师傅、父亲和我，走出书房，来到我家的大堂。

二

时值隆冬，滴水成冰。南方人家，居无暖气，屋内冷风如刀。师傅要我脱去棉衣，只剩下身上的单衣单裤。我冷得浑身哆嗦，直哈凉气。我的第一课，就这样开始了。第一课的内容，有些枯燥：站桩，也就是扎马——双脚分开平放，大腿和小腿成九十度直角，稳稳蹲在一条长凳上，双臂平伸向前。

冷风吹来，我要保持这种姿势，不能动弹。师傅就在身后，父亲坐在身前。我不能选择逃避。咬着牙坚持吧。

不知道过了多久，不知道蹲了多长。总之，当我从长凳上跌下来的时候，我已经神志不清。第二天醒来，我已经躺在床上，腿疼、头晕、口渴。师傅坐在床沿上，端着气味刺鼻的中药汤，往我的嘴里灌。原来，第一课的我，被冻成了重感冒。

父亲一大早就赶回他工作的地方去了，师傅成了我的医生，负起照顾我的责任。还好，江汉大平原的拳师们，都是中医的高手，这点小病，真的算不了什么。

师傅说，这样病一次，以后就不怕冷了。

因为卧床不起，师傅教我背一些口诀。

“这是你们家的口诀，你应该先背会它。”师傅说。

背课文一向是我的强项。一碗药没喝完，我就已经将这口诀烂熟于心，如今依然记忆清晰。

八岁扎马九岁拳，十岁棍棒锁刀剑。
龙爪虎步燕子行，三守丹田铸坚城。

这是家传的口诀，也是家族子弟习武的启蒙诗。江汉大平原的许多人家，都依然保留了尚武的风俗，流传在江汉大平原上的传统拳术，也都是在一个个家族中流传。每一个村落，往往是同一姓氏的族人居住着，他们共有一个祖先，也会共有某一种传统的拳法。邻村的陈家湾，拥有他们相传已久的陈家长拳；邻村的左家台，拥有他们传统的左氏短打。罗家，当然也有自己的武术。只是我的父亲很早弃武从文，已经没有可能教我什么了。所以，他请来了左家的师傅，因为左家是我母亲的家族的缘故吧。

这一天，我到了八岁，所以要练扎马了。

扎马站桩，是练习武术的最基本的功夫，练的是腿力，是腰劲。八岁练扎马，几乎没有拳上的动作，好单调，好无聊。九岁开始练拳，才有了些趣味。这期间,师傅陆续带来两名少年,作为我的陪练,也是我的师弟。

三

上个世纪六七十年代,江汉大平原的日子清贫如洗,生产队产出的粮食大多被收缴上交,人们食不果腹。每天白天,我们要到学校上课,练武功全部是晚上的事情。每天晚上,我们喝上几大碗稀粥,脱掉厚衣服,开始练习。极度的疲惫,极度的营养不良,让我和师弟昏倒过,我记不清到底有多少次了。每一次,我们都是被师傅的大手拉起来,在师傅熬的中药汤中恢复了元气。后来,师傅让我的母亲买来许多肥肉熬出猪油,又将大米炒熟,磨成粉末。每天晚上,母亲用米粉、开水拌猪油,做出一小碗,作为我唯一的营养品。当然,我的师弟们也同样可以吃上一顿。时至今日,我仍然对浓郁的猪油香情有独钟。许多次,母亲和我们都要求师傅吃上几口,但他始终不肯。师傅十分瘦弱,干瘦如柴,像一阵风就可以吹走。可是,猪油和米粉,实在是那个时代的奢侈品,他老人家是绝对舍不得品尝一口的。那时候,我们吃罢猪油米粉,小嘴上油汪汪的,武打中扬起一阵阵的灰尘,休息的时候,我们的小手抹着额上的汗,抹着嘴上的油,抹着面上的土,脸上经常弄得白一块、黑一块,像唱京剧的脸谱。这时,师傅便会对着我们哈哈大笑,而年少的徒弟们也会兴奋起来,你给我一拳,我还你一掌。清苦的岁月中,也洋溢着无限的快乐。

师傅教我们的第一套拳法,是南拳唐手,据说是唐代一位大侠传下的套路,全是贴身短打、空手入白刃的功夫。师傅教我们的第一套刀法,是地镗双刀,近战肉搏,滚地而行,斩敌脚于无形之中。年过花甲的师傅不仅有传神的功夫,还有传奇的经历。早年,他老人家行走江湖,是位青年游侠。抗战爆发,日寇侵入中原,我的外公弃学从军,投奔国民革命军128师。128师驻守江汉大平原米粮之仓,是陪都重庆东边唯一的平原上的屏障,其苦其险,可想而知。外公投军后,招来了他的一些堂弟,一起效力阵前,师傅就这样结束了游侠的逍遥日子,成为一名军人。师傅虽然从军，却怎么也学不会开枪发炮，他说那些铁疙瘩拿在手上不好使唤。也许是他老人家太过钟爱自己的冷兵器了吧！不会开枪发炮的师傅，没法子在外公的特务连干活，只好领着一班江汉大平原上曾经游侠习武的好汉，到前线作战。

我们练武休息时，师傅讲起这些，眉飞色舞，仿佛回到了吹角连营之中。师傅和他的同伴们被编成赤膊中队。每当敌我交战时，师傅的赤膊中队悄悄埋伏在阵地某侧的战壕中，静听我军与敌方鸣射的枪炮声。一旦枪声停息，双方的队伍催马扬刀，发起冲锋。这时，师傅的赤膊中队，就会如幽灵一样跃出战壕。这些好汉们一个个光着膀子，扬着刀枪剑戟，向鬼子无情地挥洒平生的绝学。半个多世纪前的那场战争，也有其特定的规则。冲锋肉搏的时候，国民革命军的口令是："上刺刀，退子弹！"而日军也同样会退出子弹，在肉搏中决不开枪。这种双方遵守的潜规则，为游侠们提供了施展才华的机会。师傅说，在我们面前，鬼子的人马就像菜板上的鱼肉！师傅往往使的是地镗双刀，这套刀法，对付敌骑尤为管用。幸运的是，我是用师傅杀敌的双刀练习师傅的地镗刀法的。这刀形如柳叶，刀长两尺七寸，刀柄短小，方可盈握；刀刃锋利，残留着少许的缺口。那是战争给双刀留下的纪念。每当冲锋开始，师傅双手各执一刀，席地滚去，迎向敌骑，一刀砍马腿，一刀刺向从马背滚落的鬼子。师傅说，每次肉搏战，他都是杀人如麻的。想想看，年轻而骁勇的他，孤影如电，双刀如风，这是何等的快意啊！师傅的故事，令我们无限神往，也成为我们奋发苦练的动力。

半个多世纪前的那场中日较量，师傅有幸赶上了，有幸施展了他的平生绝学。后来，日军不断增兵，尤其是增加了大量的坦克，武汉陷落了，大队的日军向西挺进，直逼江汉大平原。平原上的128师成了孤悬敌前的孤旅，每个村落，每条道路，每道河沟，都展开了疯狂的拉锯战；每个老人，每个孩子，每个女人，都拿起了可以拼杀的武器。那是江汉大平原史无前例的全民战争，是江汉大平原的人们有史以来第一次自觉自愿抛头洒血的战争！没有哪一个村庄免于战火，没有哪一个百姓免于战乱，真的是一寸土地一寸血，战争的惨烈，无与伦比。后来，128师的一名旅长叛国，撕开防线，献上防御图，致使128师全军溃败。

溃败的那天深夜，日军直入平原，疯狂掠杀。师傅的赤膊中队，受命一直潜伏在一处水塘边。天亮时，日军的坦克，呼啸冲来。赤膊中队的游侠们飞身而出，以他们惯用的刀枪剑戟冲杀上去。师傅真的在转眼间冲到了坦克的前面，他的双刀砍在坦克的铁身上铮铮作响，却不能伤其毫发。回眸望去，游侠们的冷兵器，围住了坦克却无法击伤。师傅知道大势去矣，吹一声口哨，领着中队的游侠们跃身江湖，潜水离去。据说此役之后，师傅再也不用他的双刀了，再不提他地镗刀法的神妙了。

四

为了教我们武功，师傅还是请出了他的地镗双刀，那双曾令敌骑丧胆丧命的刀，那双曾在坦克前威风尽失的刀。师傅说："练武只能强身，将来一旦国家有难，你们还是要学会火炮火枪，万不可学师傅冥顽不化。"他说得很认真。多年以后，我们师兄弟三人，除我之外，另外二人都从军了，他们至今还在军中效力，其中一人，已是解放军某舰队的一名军舰指挥官，领衔大校。他和他的军舰，驻守在东部的一片海域。在自己的海域上，师弟常常可以远眺遥远的日本海。有一次我们返乡探亲，把酒话旧。师弟说，万一中日再战，他的舰艇将是前锋。三分酒意，师弟咬牙切齿说："师傅的地镗双刀败给了日本人的坦克，我要为他洗雪耻辱！"我们说这些时，师傅早已仙逝经年了。

学拳苦，学地镗双刀更苦，而且险。锋利的双刀裹着身体舞动，无论跳起，无论滚地，双刀都要不停地舞动，不断地砍杀。为了学习这套刀法，我们都受了许多皮肉伤。有一次，我在向前倒地翻滚时，左手的刀脱手了，一下子砍在自己的右膝上，伤口中露出白森森的骨头。这下伤得不轻，需要马上到医院缝合。师傅跃身而起，从地上托起我，奔向医院。六十多岁的师傅，身体本来单薄，加上乡村贫瘠的食物，使他看上去像风中的老竹竿一样。师傅一手抱着我，一手紧捂着我腿上的伤口，健步如飞。至少十公里坎坷的泥土路，师傅就这样一路奔跑，丝毫不停，很快将我送到了医院。我的伤口缝合之后，师傅又背着我往回走。因为太穷，那时候我们真的住不起医院，付不起并不昂贵的医药费。所以，师傅只好背着我回家去。这一夜，没有月光，没有星斗，连草丛中的虫子也没了嘶鸣的声音。一路上，我趴在师傅的背上，看不清他花白的头发，只闻到他头上丝丝的热汗味，禁不住悄悄哭了。师傅，我一定会好好练功，好好学文，我一定要对得起你老人家！我的泪水滴在师傅的后脖子上。师傅一边走，一边轻声说："是疼了吧？不怕不怕，一会儿到家了，我给你熬草药。喝了草药汤，不会疼，好得快。"伤口疼，我的心更疼，疼我年迈的师傅，因为我不小心的失手，竟害得他老人家这么辛苦！夜深了，我们才到家。而我的师弟们还在家等待着呢。师傅又给我去熬草药，直到我睡着了，他才休息。地镗刀法，在我的身上留下多处伤痕，也将游侠般坚强的意志注入了我的血液！

五

和众多那个时代的游侠一样，新中国宣告成立后，师傅在和平安宁的岁月中，安于寂寞。没有奸恶要他去惩处，也没有不平要他去打抱，于是，师傅娶了妻，回到家乡的生产队，学会了木匠活，成为一个手巧的木工。在做我的师傅之前，他一直这样寂寞而宁静地生活着。尽管有好多人常常慕名找他学武，但他一概以身体不好拒绝，没有收过一名弟子，连他的几个儿子，也不曾教过。宁静的岁月中，师傅真的宁静了吗？我不知道。听说他从不与人斗狠，从不与人动手，也很少提起过去。一个寂寞的游侠，在寂寞中打发着寂寞的日子。他为什么会答应了我的父亲，又为什么破例第一次收徒教我？我曾经为此问过师傅，师傅说，你身体太弱，又多病，又老实，不斗狠，所以，我才同意教你的。师傅说得对，我从小体弱，常常被莫名的病魔折磨，从一岁到八岁练武之前，几乎没断过中药。母亲说过，我是药水喂大的，并不是米粮养大。师傅大约是太可怜我，才收我为徒吧？做了我师傅后，他老人家才陆续收了两个弟子。教授着我们武功，师傅仿佛重温着游侠的梦，干瘦的脸上，开始有了快慰的笑容。

无论从哪个角度看，师傅都不像个练武的人。他很矮小，身高大概只有一米六五的样子，很瘦，如同秋天里的一片柳叶。稀而淡的眉毛，细长的眼睛，眉目之间，更多的是一种慈祥和平静。也许经历了太多的厮杀搏斗，也许经历了太多的人生悲喜，也许看透了太多的世间美丑，师傅是不是如佛一样，修炼而通达了？对此，我不曾问过他，少年的我，也不懂得和他谈论这些。只有看到他在暗淡的灯光下出招，才能感受到一股冷烈的风，一团肃杀的气，一种迅急的神。多少回的修炼，多少次的磨炼，才可以有这样不动声色的形、动如脱兔的神？我向往他的武功，更神往他的怡然。

传授拳法，传授枪棒，师傅便讲心法。严格地说，我所背的第一首武术口诀，应该不是什么练武术的口诀，只能是一首启蒙读物，是基本的要求。那意思十分明了：八岁学扎马，九岁学拳法，十岁，才可以学习器械。然后，手掌出击，要有龙爪般的力道，指爪要如龙爪那样的紧束。脚下要稳，步步如虎。而身体却要灵活，轻盈如飞燕掠空而过。稍稍需要解释的，是最后一句“三守丹田铸坚城”。师傅说，人身有三个丹田，眉心为上丹田，在双眉正中；胸口为中丹田，在两乳之间；脐下为下丹田，在身体正中。三守丹田，有两层意思，一是三守，练武之前，意守丹田；练武之中，气贯丹田；练罢收手，神归丹田；二是守三丹田，就是说，每一守，都要贯于上中下三丹田，是三丹田神归如一。简言之，专注就是了。三守丹田，练的是定力，练的是静心。我如此认为。有了如此三守，身躯便像坚城一般了。这些是练的神，练的内在功夫。

一招一式，是外在的形式，是拳法的套路，兵器亦然。我的师傅，对三种兵器之王有独特而精辟的解释。他的解释，将每一种兵器人格化、侠客化，让我至今不忘。兵器中，师傅先教的是刀法。他对刀法的注解有两个字：狂刀。舞刀要狂放，尽情挥洒，目中无人，不如此不能练成好刀法。后教剑法，他传授的那套纯阳剑法，相传是八仙中最潇洒的那位——吕洞宾所创。师傅也用两个字总结：傲剑。他说，舞剑要有傲气，一剑在手，上刺青云，下翻猛龙，傲然在握，天地无物。哈哈，何等的傲气啊！这套剑法，也确实美轮美奂，一直成为我的最爱。师傅还说，剑身挺直，就是傲骨挺直！练棍，师傅的注解仍然是两个字：乱棍！乱棍其实不乱，乱是棍法外在的形式。师傅的棍法舞将起来，风卷落叶，四面出击。师傅说，棍法如枪法，棍扫一大片，棍点一条线，可攻可守，可敌一人，可敌万众。于万军丛中一棍破敌，当然就乱成一片了！狂刀、傲剑、乱棍，六个字可以成为一部武侠小说的名字了！师傅的刀法、剑法和棍法，培育了我们的冲天胆气和万丈豪气，也教得我们几个弟子长大成人后，个个狂放不羁，常常目中无人，虽然朋友多多，却是命运坎坷。狂刀、傲剑、乱棍，六个字也许就是师傅游侠心境的写照吧！但我们却没有成为游侠，游侠的时代在法统社会和和平环境中荡然无存，我们只能怀一颗游侠的心，做凡俗的事。

六

练武先练心，先练德。这是师傅挂在嘴边的话，也是他谨守的准则。

有一天晚上，是夏日之夜，南方大热，月明星稀，月亮将大地照得如同白天，于是，我们将长凳拿到屋外的场地上让师傅坐下，我们三人就在夏日月光下，在屋前的场地上练习。

不一会儿，当地很有名的青年拳师赢山来了，他带来了两个徒弟。赢山年近三十，正是血气方刚、身强力壮的年龄。他的两个徒弟，均在二十岁左右，人高马大。相形之下，我的师傅已在六十开外，瘦骨伶仃，一副弱不禁风的样子。我们师兄弟三人都不到十五岁，还是些弱小的少年。赢山一来，就对师傅说："左师傅，我是来讨教拳法的。"看看，他要让我们的师傅难堪。看着师傅瘦弱的身体，我们的心提到喉咙口。

师傅坐在长凳上，不动，不怒，也不笑。

"我老了，不是你的对手。我们就别玩手艺了。"师傅说。

年轻的赢山怎么能放弃机会？对他来说，如果击败了我的师傅，他会威名大振的。我想，他一定这么想着。

"你老了，你的徒弟不老啊。让我的徒弟和你的徒弟玩玩吧？"赢山说。月光虽然明朗，我却看不清他的表情。这时的赢山，一定在得意地笑着。从身高和体形上说，我们师兄弟三人，没有一个有把握战胜他的徒弟。

看来，争斗无法避免，我和师弟们暗暗握了一下手，下决心拼死一搏，为了师傅的荣誉，为了师傅的尊严，我们还怕什么？

这时，师傅说话了，很苍老很低沉的嗓音："别跟我的徒儿过不去！谁也不能动他们一根毫毛！"师傅的语气有些狠了。

寂静，死一样的寂静，我们听到虫儿在草丛中喘息的声音。月光下的宁静，让人心房颤动！

师傅坐在长凳上，右手拿起茶壶，端起来，准备送到嘴边。

然而，就在这一刹那，赢山猝然出手，不，是出脚了。他一脚踢在师傅所坐的长凳上，木凳哗啦一声碎成数片。木板木腿，哗哗掉在地上。踢碎的木屑，撞击在墙上又反弹在地。

然而，师傅没有动，他仍然保持着坐姿，虽然木凳已经粉碎。他的右手仍然握着茶壶，并且将壶嘴送到唇边，轻轻地吸了一口茶。

"好茶！"师傅说。

师傅的镇定，让赢山更加恼怒。他呼喊着冲上去飞脚踢来。这一次，他踢向师傅。

电光石火之间，师傅仍然没有动，动的是赢山。他踢出一脚后，竟然失去重心，后背重重地跌在墙根！

我们师兄弟三人开心地大笑起来。看看师傅，他还保持着不变的坐姿，右手拿着茶壶，壶嘴叼在他的口中。

"好茶！"师傅又说了一声。

赢山爬起来，他输了，是师傅在弹指间摔出了他胖大的身躯。赢山跪在师傅的面前。

"你收我吧，你当我的师傅吧。"他说。

江汉大平原的男儿们好武尚勇，也知情达义。赢要赢得光明，输要输得磊落。所以，他是诚心地想拜我的师傅为师。

"不。"师傅只说了一个字。

"有武无德，祸害百姓；有勇无德，祸害国家！"师傅又说。这是师傅在骂他呢。

赢山说："师傅，不管你收不收我，我都认你是师傅。你的话，我记清了。"说完，他领着自己的徒弟悄然离去。

师傅后来告诉我们，赢山踢来时，师傅的坐姿就是可攻可守的马步。等赢山飞起一脚时,师傅轻轻一脚,绊在赢山支撑身体的另一条腿上,赢山失重,怎能不摔?技艺高低,只在一丝一毫之间。哈哈!

七

十六岁时,我离家求学,远走他乡。师傅,孤单地留在了江汉大平原的土地上,留在他游侠过、抗敌过的故土上。

十多年后,我已在北京工作,突然听说师傅去世了。家乡的人说,师傅没有病,身体很好。有一天晚上,他喝了一点酒,早早睡下,谁知一睡不醒,次日日上三竿,家人还不见他起床,于是想唤醒他。而我的师傅,已在睡梦中与世长辞!他走得好安详,一个行侠仗义了一生的人,是应该安详离去的。他没有痛苦,只把痛苦的思念,留给了我们。

有一年的清明节,我回乡祭祀扫墓,在荒草间遇到赢山。这时的赢山年过四旬,已经成为江汉大平原最大的城市——仙桃市武术馆的馆长,还兼任总教练。赢山是来给我的师傅扫墓的。他说,左师傅的那一脚,教了我一生受用不尽的道理。他是你的恩师,也是我的恩师。

我的师傅,用一个真正习武之人的操守,用一个游侠的德行,默默走完了他的一生。也许他是平凡的,可是,他却传载了我们民族中最经典的精神:娴熟的武艺和高尚的品德。如果武术为国术,谦让与善良的美德,该是国术中的国宝。

师傅,没有游侠的时代,我们真的寂寞……